本书受中国博士后科学基金项目“中国家庭能源消费不平等性及驱动因素研究”
（项目编号：2018M642733）的资助，系该项目的阶段性成果之一

# 中国家庭能源消费不平等性及驱动因素研究

Research on inequality and driving factors of household energy consumption in China

郑佳佳◎著

中国经济出版社
CHINA ECONOMIC PUBLISHING HOUSE
·北　京·

**图书在版编目（CIP）数据**

中国家庭能源消费不平等性及驱动因素研究/郑佳佳著. --北京：中国经济出版社，2021.8
ISBN 978-7-5136-6570-4

Ⅰ.①中… Ⅱ.①郑… Ⅲ.①居民-能源消费-研究-中国 Ⅳ.①F426.2

**中国版本图书馆 CIP 数据核字（2021）第 157958 号**

组稿编辑 崔姜薇
责任编辑 罗 茜
责任印制 马小宾
封面设计 任燕飞工作室

**出版发行** 中国经济出版社
**印 刷 者** 北京九州迅驰传媒文化有限公司
**经 销 者** 各地新华书店
**开 本** 710mm×1000mm 1/16
**印 张** 13.5
**字 数** 186 千字
**版 次** 2021 年 8 月第 1 版
**印 次** 2021 年 8 月第 1 次
**定 价** 88.00 元
**广告经营许可证** 京西工商广字第 8179 号

**中国经济出版社** **网址** www.economyph.com **社址** 北京市东城区安定门外大街 58 号 **邮编** 100011

# 前言

能源是人类进行一切生产、生活活动最重要的物质资源之一。在世界范围内，居民家庭是仅次于工业生产和交通用能的第三大能源消耗部门。改革开放以来，中国能源消费总量呈爆发式增长的同时，居民家庭能源消费量也呈现出持续增长的态势。然而，这种能源消费量持续增长的趋势在不同地区、群体中却呈现出差异化的分布状态。这种差异化的分布状态不仅是经济、社会、政策、生活习惯等多种因素综合作用的结果，同时也影响着“节能减排”“平衡性、包容性发展”等相关能源政策的实施效果。因而，对我国居民家庭能源消费状况及其分布差异性趋势的分析，不仅有助于我们深刻了解居民能源消费的历史变迁，更是在“可持续发展”理念下，公平、合理分担“节能、减排”责任，实现“发展责任全民共担、发展成果全面共享”必须要考虑的重要部分。鉴于此，本书从分布差异性角度切入，对我国居民家庭能源消费状况、演变趋势及其可能的驱动因素进行研究。

本书主要分为以下三个部分：

(1) 对我国居民家庭能源消费状况及其分布差异性进行测度和分析。第一，将我国与世界主要国家居民家庭能源消费情况进行对比分析，初步了解我国居民家庭能源消费的基本状态与世界平均水平、发达国家之间的差距；第二，对我国自 2000 年以来居民整体能源消费量、能源结构的变化趋势进行描述和分析；第三，从空间角度对我国省际居民的能源消费量、消费结构的分布状态进行分析，初步掌握地区之间居民能源消费上的分布差异性状态；第四，对我国居民在各类能源消费上的差异性分布进行测度，并分别以收入水平、能源资源禀赋水平等为权重探讨能源消费的差异性状态。

（2）对我国居民家庭能源消费的综合发展状态进行测度和分析。首先，基于国际能源署（International Energy Agency，IEA）提出的“能源发展指数”对我国各省份居民的家庭能源发展指数进行测度，并探讨我国省际居民在能源消费上的综合发展程度及其分布差异性；其次，基于“节能减排”“清洁发展”战略对“能源发展指数”进行修正，获得“新型能源发展指数”，并对我国各省份居民能源消费的“新型能源发展指数”进行测度和对比分析，综合探讨我国居民在能源消费上的综合发展状态、分布差异性及其演变趋势；最后，基于空间相关性检验探讨各省份之间居民在家庭能源发展指数上的空间相关性状态。

（3）对居民家庭能源消费驱动因素进行分析。分别基于 LMDI（Logarithmic Mean Divisia Index）因素分解法、随机前沿分析以及面板模型分析三种实证检验方法，对居民能源消费的驱动因素及其地区差异性进行分析，深入探讨造成居民能源消费差异性的内在原因。基于 LMDI 因素分解法，重点从城乡差距的角度分析城镇和农村地区的人口规模变动、收入水平变动、能源消费结构变动等因素对居民能源消费总量的影响；基于随机前沿分析法，重点从居民能源消费的“潜在能源效率”角度探讨其对居民能源消费的影响、在地区间的分布及演变趋势；面板模型分析则重点从人口结构、居民家庭属性特征变动的角度探讨居民能源消费的影响因素及其作用方式；最后基于实证分析，提出改善能源消费差异性分布的政策建议。

# 目 录

# 1

# 绪　论

## 1.1　研究背景和意义

### 1.1.1　研究背景

“十三五”规划强调了“创新、协调、绿色、开放、共享”的发展理念，在提高发展平衡性、包容性和可持续性的基础上，解决区域性整体贫困，促进生态环境质量总体改善的目标。其中，切实贯彻节能减排、积极应对气候变化不仅是我国实现可持续发展的内在要求，也是积极参与全球治理、打造人类命运共同体的责任担当。为了切实践行中国在最新的《巴黎协定》中提出的“在 2030 年左右达到碳排放峰值”的承诺，我国国家发展和改革委员会与国家能源局共同发布了《能源发展“十三五”规划》，进一步明确提出了“到 2020 年将能源消费总量控制在 50 亿吨标准煤以内”的目标。这不仅会影响到经济生产领域的能源消耗，也会对居民家庭能源消费领域产生全面的影响。

在世界范围内，居民家庭是仅次于工业和交通的第三大能源消费部门。首先，从横向数据来看，国际能源署（International Energy Agency，IEA）公布的能源消耗数据显示，在 2015 年的全世界终端能源消费中，居民家庭能源消费占比达 22%，仅次于工业和交通能源消耗占比（二者均为 29%）；在具体的国家中，经济合作与发展组织成员国在工业、交通、居民家庭能源消费上的占比分别为 22%、34%和 19%，在中国，这三个部门能源消耗占比则分别为 51%、16%和 16%。在中国的能源消耗中，工业依然是主要的耗能大户，而居民能源消费水平则偏低。2015年，在国内生产总值排名前30的主要国家中，中国的GDP居世界第二位，然而我国的人均能源消费量以及居民家庭能源消费在终端能源消费中所占的比重均低于世界平均水平，更明显低于这30个国家的平均水平。我国的人均能源消费量仅为加拿大的24%、美国的28%、日本的67%，这意味着未来我国居民能源消费依然存在着较大的增长空间。随着我国综合国力的提升以及经济发展模式向消费驱动型转变、居民收入水平持续增长以及中等收入阶层的逐渐崛起，居民家庭能源消费在绝对量和占比方面将会呈现显著的增长趋势，逐渐趋近世界平均水平，并追赶发达国家水平。其次，从纵向数据来看，我国国家统计局的数据显示，1980—2000年，我国居民能源消费量在终端能源消费中所占的比重从18%持续下降至10%；2000年以后，这一比重持续上升，至2015年达到16%。从能源消费绝对量来看，自2000年以来，我国居民人均能源消费量快速增长，2015年较2000年增长了约1.8倍，其中电力、天然气等现代清洁能源的增长趋势最为显著，而煤炭的消费量则表现出逐渐下降的趋势，这反映了我国居民能源消费结构的变化。

然而，不可忽视的一个因素是，与居民整体能源消费的持续增长态势同时存在的地区之间、群体之间生活能源消费的差异性分布状态。这种差异性分布不仅与我国居民所处的地理位置、能源资源禀赋状况、居民收入水平相关，也与家庭受教育水平、人口结构特征、个体价值观、社会关系等因素相关，还与各地区居民的潜在能源利用效率、能源政策息息相关；同时这些因素也影响着具体能源政策的实施效果，是我国在持续推行“节能减排”“可持续发展”战略背景下，兼顾“平衡性、包容性”发展必须考虑的因素。鉴于此，本书从居民家庭能源消费入手，基于差异性、平等性的角度，对我国居民家庭能源消费的分布状态及其演变趋势进行测度和分析。

### 1.1.2 研究意义

居民家庭能源消费状况是对家庭能源获得能力、能源支付能力、能效提升能力等多方面的客观衡量，然而不同群体、不同地区的能源消费状况基于行为习惯差异、资源禀赋差异、教育文化背景差异等呈现出差异化分布的特征，即家庭能源消费的分布“不平等性”状态。这种分布状态决定了能源政策的可行性和实施效果。基于能源政策与家庭能源消费状态之间的内在关联性，对居民家庭能源消费及其分布状态进行研究，是践行“平衡性、包容性发展”的题中之义；同时，“节能减排”“可持续发展”也必须关注能源政策对不同群体、不同地区居民能源消费的差异性影响，进而实现能源消费不平等性降低、能源消费效率全面提升、清洁发展成果全面共享。因而，本书的研究具有理论和现实双重意义。

（1）在理论方面。本书从“能源阶梯理论”出发，对我国居民家庭能源消费状况进行横向和纵向的对比分析，探讨我国居民能源消费所处的“能源阶梯”状态以及未来的变化趋势；基于国际能源署提出的“能源发展指数”对我国居民能源消费的整体发展状态进行综合测度和评析；基于“清洁发展”的战略背景，对传统的“能源发展指数”进行修正，并对我国各省份居民能源消费的“新型能源发展指数”进行测度和分析，综合评价我国各省份居民能源消费的综合发展程度及其演变趋势；基于收入分配领域的差异性（不平等性）测度指数，对我国居民能源消费的不平等性分布状态进行分析，并基于家庭收入水平、能源资源禀赋状况等指标考察不同权重下居民能源消费的差异性分布状态。这些研究不仅丰富了居民能源消费领域的研究，而且扩展了关于不平等性的研究，同时又将“清洁发展”与居民的能源消费状况相连接，丰富了“平衡性、包容性发展”的内容，因而具有较强的理论意义。

（2）在现实方面。本书基于我国居民家庭能源消费状况，对其能源消费量、消费种类、能源消费结构等进行定性、定量分析，进一步考察能源消费在不同区域、不同群体中的差异性分布状态及其演变趋势；家庭能源消费不平等性涉及的范围和分布程度直接决定着不同类型的能源政策（能源价格补贴/信贷优惠/节能奖励等）的实施成本和实施效果，是政策制定者在进行能源政策可行性分析、政策执行的成本收益分析时必须要提前考虑的问题。然而，针对居民能源消费分布状况的研究极少，少数研究仅仅止步于部分地区的居民在某一方面的能源消费差异性分析，尚未有文献对我国居民能源消费进行全面而综合的分析，尤其是从差异性分布的角度对其进行探讨。基于此，本书对我国居民能源消费的分布差异性进行全面而系统的分析，并对其潜在驱动因素进行实证分析，这是考察现有能源政策的实施效果以及成本收益的重要依据；同时，本书的研究也是“平衡性、包容性发展”的重要组成部分，可以为进一步改善居民在能源消费方面的不平等性提供解决思路。

## 1.2 研究方法和数据来源

### 1.2.1 研究方法

（1）对居民家庭能源消费状态及其不平等性的测度。本书结合收入分配领域的主要不平等性测度方法，包括集中度指数、基尼系数、拟基尼系数、洛伦兹曲线等对我国家庭能源消费分布状态进行测度；同时，基于居民家庭收入水平、能源资源禀赋差异等不同权重，对居民能源消费分布差异性进行比较，获得与社会经济状况、能源供给条件等相关的家庭能源消费分布状态及其变化趋势。

（2）对居民家庭能源发展状况的综合测度与评价。居民的能源消费状况不仅体现在能源消费量的多少上，还包括清洁能源可获得性、能源基础服务可获得性等。基于国际能源署提出的“能源发展指数”概念及其计算方法，本书在对我国居民能源消费指数进行测度和对比分析的基础上，结合“清洁发展”战略对该指数进行修正，并基于修正的“新型能源发展指数”，对我国各省份居民能源消费的综合发展状态进行测度和对比分析。

（3）对居民能源消费驱动因素的研究。本书以 LMDI（Logarithmic Mean Divisia Index）分解方法、随机前沿分析以及面板分析模型为主要实证研究方法，对引致居民能源消费变动的因素进行分解分析或实证分析。本书运用 LMDI 分解分析方法，综合考察城镇化进程引致的人口城乡流动、城乡居民收入水平变动、能源消费结构差异、能源供给率差异等因素在居民能源消费总量中的驱动程度；基于居民家庭能源消费理想需求函数以及面板随机前沿分析模型（Stochastic Frontier Analysis, SFA），对我国各省份居民能源消费的“潜在能源效率”进行估计，并基于该估计结果，对省际居民家庭能源利用效率分布差异进行比较分析；基于省际面板模型，分析人口结构、居民家庭属性特征等因素在居民能源消费变动中的影响作用。

### 1.2.2 数据来源

本书的数据主要有以下三个方面的来源：

（1）在宏观国家层面的能源消费对比分析中，世界各国能源消费数据主要来源于国际能源署数据库、BP 世界能源统计年鉴中能源消费部门的能源消费数据。

（2）中国各省份居民的能源消费数据主要来源于《中国能源统计年鉴》，其统计了各省份不同部门的各类能源消费量（实物量）。本书在对各省份居民能源消费实物量进行统计的基础上，结合联合国气候变化政府间专家委员会（Intergovernmental Panel on Climate Change, IPCC）指南中给出的各类能源转换为标准煤的转换系数，将各省份居民在各类能源上的消费转换为以标准煤为单位，便于计量和计算。

（3）在本书的实证研究部分，与居民能源消费相关的诸如人口、经济发展水平、城镇化水平、能源价格指数、居民家庭属性特征因素等基本数据均来自《中国统计年鉴》。在实证研究中，各变量参考既往文献进行设计和计算。

## 1.3 研究框架和章节安排

### 1.3.1 研究框架

本书从中国家庭能源消费出发，探讨我国居民家庭能源消费状态（能源消费种类、消费结构、能源发展指数）及其差异性分布状态，并基于消费状态，对其驱动因素及影响路径进行实证分析，具体的技术路线如图 1-1 所示。

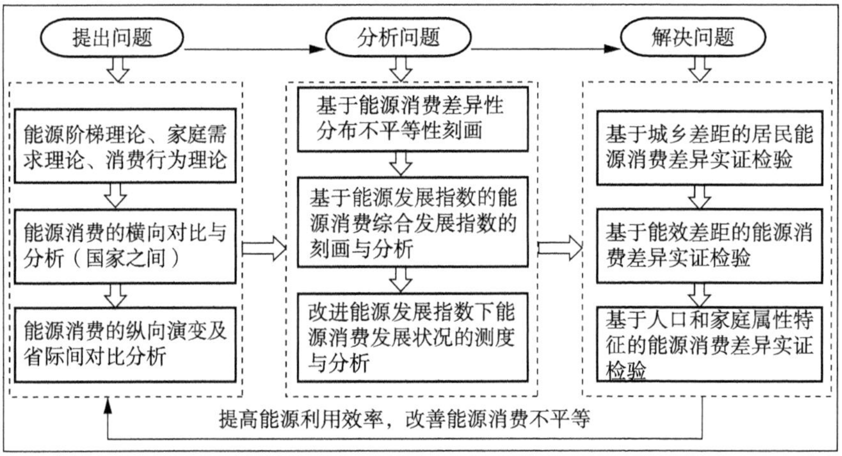


**图 1-1 技术路线图**

本书遵循“提出问题—分析问题—解决问题”的基本思路展开研究。在基于能源阶梯理论、家庭需求理论以及消费行为理论对居民的能源消费相关理论进行综述的基础上，得出居民能源消费的一般发展规律。同时，对我国居民能源消费的整体状况进行宏观层面的分析：首先，从横向角度对我国与世界主要国家的居民能源消费状况进行对比分析，以充分了解我国居民能源消费在世界总体能源消费中所处的位置以及与其他国家之间的差距；其次，从纵向和国内省际展开对比分析，观察我国居民能源消费分布的历史演变趋势及其在不同省份之间的发展状态，提出我国居民能源消费进一步发展中所面临的“总量增长与发展不平衡”的现实问题。在分析问题部分，本书主要从三个方面对我国居民能源消费差异性进行分析：首先，结合收入分配领域的经典不平等性测度方法对我国居民能源消费的分布状态进行测度和分析，了解居民能源消费在消费量、消费种类、消费结构上的差异；其次，基于国际能源署提出的综合测度居民能源消费状态的“能源发展指数”（Energy Development Index，EDI）对我国各省份居民在能源消费上的综合发展状态进行测度和分析；最后，在“节能减排”“清洁发展”的发展战略下，在传统的 EDI 中加入各地区在清洁能源服务可获得性以及清洁能源消费状况的测度，获得“新型能源发展指数”，并基于此对我国各省份居民的能源发展程度进行测度和对比分析，综合考察我国各省份居民能源消费的新型能源发展指数及其分布差异。在解决问题部分，本书分别基于 LMDI 分解分析方法、随机前沿分析方法以及面板数据分析方法，对引致我国居民能源消费差异性分布的因素进行实证分析，并基于此，提出进一步改进我国家庭能源政策，提高居民能源消费效率的同时降低能源消费不平等性的建议。

### 1.3.2 章节安排

本书的各章节安排如下：

第 1 章为绪论。本章主要介绍本书的研究背景与选题意义，本书所使用的相关数据及其来源，本书的主要研究框架和思路，主要的创新点以及可能存在的不足之处。

第 2 章为文献综述。本章分别从家庭能源消费不平等测度和家庭能源消费不平等性的驱动因素两个方面对国内外相关研究进行梳理和综述，探寻既有研究中的不足之处，并从中提炼出本书的研究重点和主要研究思路。

第 3 章为中国家庭能源消费状况及不平等性测度和分析。本章基于家庭能源消费的基本理论，对我国居民能源消费状态进行整体分析，分别从横向国际对比分析和纵向演变趋势分析的角度对我国居民整体能源消费所处的阶段以及未来的演变趋势进行探索；此外，结合我国各省份居民能源消费的基本数据，对我国内部省际居民的能源消费分布差异性状态进行测度和分析，并对我国居民能源消费状态有一个初步的掌握。

第 4 章为基于能源发展指数的家庭能源消费状态测度和分析。本章首先基于能源发展指数的概念和测算方法，对我国居民在能源消费方面的发展程度进行测度和对比分析，了解我国与世界其他国家在居民家庭能源发展指数及其子指标上的差距；其次基于该能源发展指数对我国国内各省份居民的能源发展指数进行测度和对比分析，了解地区之间能源发展程度的差异；再次基于“节能减排”“清洁发展”战略目标对现有能源发展指数进行修正，获得包含居民清洁能源服务可获得性以及清洁能源消费量的“新型能源发展指数”，并基于此对我国省际居民能源消费的发展程度进行测度和对比分析，探讨清洁发展战略下省际居民能源消费存在的差距；最后基于地理经济学的空间相关性定理，对我国地区间居民的清洁能源发展指数进行空间相关性检验，探寻地区之间居民能源消费差异的空间相关性及其表现状态。

第 5 章为城乡居民能源消费差距分析。城乡居民在能源消费上存在着显著的差异，本章基于 LMDI 分解分析方法引入城镇化和城乡“二元”变量，对城镇化过程中引致的人口规模变动、城乡收入差异、能源消费结构差异等因素在居民能源消费中的影响进行分解分析，实证检验各因素在不同阶段对城乡居民能源消费量的促进（或抑制）作用及其作用程度。

第 6 章为基于能源需求和能源效率的家庭能源消费分析。本章基于我国省际居民能源消费的面板数据以及其他相关变量，使用面板 SFA 模型对居民能源消费的“潜在能源效率”进行估计，并基于该估计结果对地区之间居民能源消费效率进行比较分析，探讨居民能源消费效率对其生活能源消费差异的影响。

第 7 章为居民家庭能源消费的驱动因素分析。本章基于面板分析模型，从人口结构、居民家庭属性特征（受教育水平、年龄结构、家庭规模）在地区间差异性分布的角度，探讨其对居民能源消费分布的影响。

第8章为研究结论和展望。

## 1.4 主要创新点和不足之外

### 1.4.1 主要创新点

本书的研究重点是对我国居民家庭能源消费状态及其分布差异性的测度和分析，以及对其可能存在的驱动因素进行检验与分析。本书的主要创新点包括以下几个方面：

（1）家庭能源消费不仅在消费量、消费种类和消费结构上存在着差异，而且在地区间、群体间也存在着显著差异，本书引入收入分配领域的不平等性测度方法对我国居民能源消费分布的差异性进行多方位的测度和分析。此外，居民能源消费差异还表现为基础能源可获得性的差异，因而除了对能源消费结果上的差异性进行度量之外，本书还结合国际能源署提出的“能源发展指数”概念及其计算方法，对我国居民能源消费的整体发展指数以及各省份居民的能源发展指数进行测度和对比分析，从综合发展角度探讨居民能源消费的发展状态；进一步结合我国当前全面推行的“节能减排”“清洁发展”战略，对传统的能源发展指数进行修正，获得包含地区清洁能源基础设施建设程度以及居民清洁能源消费状况的新型能源发展指数，并对我国各省份居民的能源发展程度进行测度和对比分析，综合考察新时期省际居民能源消费的分布差异性。这是本书的第一个创新点。

（2）造成家庭能源消费差异的因素有多种，其中不可忽视的一个因素为居民能源消费效率的差异。在既往的文献研究中，无论是生产领域还是生活领域的能耗水平研究，多数文献都使用“能耗强度（单位 GDP 能源消费量）”或“人均能源消费量”综合代表其能源使用效率，极少数文献对能源使用的效率进行测度和分析。本书基于家庭生产函数和理想能源需求模型，使用面板随机前沿分析方法对我国各省份居民在能源消费中的“潜在能源效率”进行测度和分析，探讨地区之间在能源消费效率上的差异及其变化趋势。这是本书的第二个创新点。

（3）在影响家庭能源消费的相关因素中，城镇化引致的人口结构变动、计划生育政策引致的人口年龄结构变动、居民家庭受教育水平的提高以及居民家庭规模的变动等家庭属性特征因素，都与能源消费状况息息相关，本书基于此对我国地区间居民能源消费的驱动因素进行了实证分析。这是本书的第三个创新点。

### 1.4.2 不足之处

本书的研究仅仅展现了居民能源消费领域的一小部分，实际上，居民能源消费是一个存在多样性的领域，大多数关于居民能源消费的研究多集中于某一个地区或某一个群体的能源消费上。本书的研究虽然从整体上、宏观上对我国居民的能源消费状况及分布差异性进行了探索，但依然存在以下几个方面的不足：

（1）在我国西南地区，尤其是农村地区，居民的能源消费中包含着大量的非商业能源（如薪柴、生物质能等），甚至有太阳能、风能、水能等可再生能源，这些能源的消费并未在我国的能源统计年鉴中进行统计，而本书的研究基于整体综合考虑仅仅探讨了居民能源消费中的商业化能源，上述这些多样性的能源消费并未考虑在内。事实上，这些多样化的能源种类以及能源利用方式均有待于通过实地考察、统计问卷的方式获得并进行分析，这可能是未来研究的一部分。

（2）在驱动因素的研究中，本书基于既有研究文献，分别从城乡差距、能源效率差距和家庭属性特征三个方面探讨了这些因素在居民能源消费中的影响，并基于此分析这些因素在地区间的分布差异对居民能源消费分布差异性造成的影响。本书基于空间相关性的分析，认为地区间居民的家庭能源发展指数存在着显著的空间相关性，而且这种相关性在以经济地理距离为空间权重的作用下更为显著，因而地区间影响居民能源消费的驱动因素也可能存在着空间相关性，如城镇化水平、能源效率等在空间上的相关性，但由于时间限制，本书并未对此展开研究，这是本书研究中存在的另一个不足之处。

# 2 文献综述

能源在人类的生产、生活中扮演着不可或缺的角色，其不仅是经济生产活动中最重要的“物质输入”要素，也是人们家庭生活消费中最重要的物料资源。居民家庭能源消费在总能源消费中占有不容忽视的比重。随着经济快速发展和人民生活水平的提高，各类能源的消费呈现持续增长趋势。然而，这种整体增长的趋势在不同地区、不同群体中却表现出迥异的分布状态，这种不平等性分布状态是经济、政治、能源政策等多方面因素综合作用的结果，同时也是我国新时期实现“发展成果的可持续性、平衡性和包容性”应当重点关注的民生问题。改善家庭能源消费分布不平等状况，提高家庭能源利用效率，这不仅是实现“共享发展”的关键路径，也是实现“节能减排”环境政策公平性和有效性的重要内容。

## 2.1 家庭能源消费不平等性测度方面的研究

### 2.1.1 国外研究综述

关于居民能源消费问题的研究，可以追溯到 20 世纪 90 年代。Boardman（2010）最早对英国国内部分贫困家庭居民“越冬死亡”（excess winter deaths）的现象进行了分析，认为英国的贫困户居民家庭能源支出占收入的比重显著高于非贫困户，而那些“越冬死亡”的居民家庭大多存在着取暖能源获得困难的问题。这是最早的关于居民能源消费的研究。Roberts 等（2015）基于英国国家内部的居民能源消费微观数据，考察了该国城乡居民在家庭生活燃料消费方面的分布状态及其变化趋势。以热力服务为代表的能源服务获得的研究主要集中在欧洲国家，尤其是英国，也包括法国和德国（Hills，2011，2012）。Dubois 和 Meier（2016）利用 EU-SILC 数据库中的家庭用能调查数据，考察了宏观层面上欧洲不同国家居民家庭在能源服务获得方面的不平等状态，发现欧洲不同国家的居民在热力服务获得方面存在着较大的不平等状态。除了热力服务的获得方面，能源服务支付困难以及家庭用能能效提升困难也被视为居民家庭能源服务无法获得满足的重要表现。

Healy（2004）利用欧洲国家居民的家庭能源消费数据，对家庭能源缺乏的状况进行了测度，他是第一个使用家庭层面数据对欧洲居民家庭能源情况进行测度的人。Barnes 等（2011）将能源贫困线定义为能源消费随着家庭收入增加而开始上升的临界点，若家庭能源消耗处于或低于该临界点则被视为能源不足，即能源贫困。Thomson 和 Snell（2013）进一步基于家庭收入和居住条件等因素，对欧盟不同国家居民的能源消费被满足或被剥夺程度进行了测度和比较。欧洲经济与社会委员会（European Economic and Social Committee，EESC）的《能源贫困——自由化和经济危机的影响》报告（2010，2013）显示，居民家庭能源可获得性及可支付程度逐渐成为越来越多欧洲国家政府在制定能源政策时会重点考虑的因素。在这些文献中，家庭是否能够获得基本燃料，尤其是高纬度国家居民冬天是否能够获得足够的供暖燃料，是通常被用来衡量居民能源贫困的主要代理变量。

Herrero 和 Ürge-Vorsatz（2012）在研究匈牙利的能源贫困问题中加入了对社会制度的考量，认为集中供暖带来的能源贫困不仅表现为能源服务获得能力的贫困，还表现为社会制度引致下的账单支付贫困、个人效率提升贫困等。Walker 和 Day（2012）将获得基本取暖服务的贫困视为社会分配不平等的一种体现，具体表现为政治、文化、经济的差异。Patrick 等（2012）提出了侧重于测量现代能源服务机会的多维度能源贫困指数（Multidimensional Energy Poverty Index，MEPI）。Walker 等（2013）基于地理信息系统（Geographic Information System，GIS）技术，对北爱尔兰地区的多维燃料贫困风险进行了测度，重点考察了家庭能效装置在地区间的差异性。Mayer 等（2014）应用低收入—高成本（Low Incme High Cost，LIHC）指标构建了特拉斯堡市的家庭居民住房和交通方面的双重能源负担模型，认为家庭交通成本也应作为考察家庭能源贫困的重要指标。Dubois 和 Meier（2016）从宏观层面对欧洲国家居民能源贫困问题进行分析，认为能源贫困首先表现为能源服务的剥夺（energy service deprivation），其次表现为能源不平等（energy inequality），即不同家庭群体受到的能源服务剥夺程度不一。Dubois 和 Meier 将能源服务剥夺的定义进行了拓展，认为其不仅包括家庭供暖服务的剥夺，还包括能源服务支付困难和能效提升困难两个方面。基于这三个维度，Dubois 和 Meier 使用距离前沿法（Distance to The Frontier，DTF）和极坐标法（Polar Plots）对欧洲不同国家之间的居民能源消费不平等性程度进行了测算，并基于此提出改进措施。Simcock 等（2016）将家庭交通出行用能状况也纳入家庭无法获得的能源服务状况之中。亚洲开发银行（Asian Development Bank，ADB）（2010）认为，能源贫困包括人们在获得充足且负担得起、可靠、高质量、安全和环境友好的能源服务方面缺乏选择性。Okushim（2017）也强调了家庭能源贫困至少应当包含可获得性困难和支付困难两个维度。以上对于能源贫困的研究多从绝对能源贫困的角度对居民家庭能源获得或支付或二者结合的困难进行描述。

也有一些学者从能源恩格尔曲线（Energy Engel Curve，EEC）的角度对居民能源消费进行对比分析。Navajas（2009）计算了阿根廷地区居民家庭天然气和液化石油气的能源恩格尔曲线，并探讨了居民收入和家庭特征因素在居民家庭能源消费支出中的作用。Gundimeda 和 Köhlin（2008）对印度地区家庭能源（电力、柴油、液化石油气和木柴）的价格和收入弹性进行了估计，并针对不同收入群体以及不同地区进行了划分，以全面考察不同种类家庭能源的恩格尔曲线在不同地区、不同收入群体中的表现。在针对发达国家的研究中，Ironmonger 等（1984）基于澳大利亚居民家庭能源支出数据，测算了不同种类家庭能源（电力、天然气、汽油等）的恩格尔曲线，并从各类能源的恩格尔曲线对比中发现，在澳大利亚，只有汽油对于该国居民而言是奢侈能源，其他能源均属于必需家庭能源。Meier 等（2013）对英国居民家庭生活用电和天然气通过恩格尔曲线测算得出，在英国，居民家庭能源支出的收入弹性呈现出先下降后上升的“U 形”变化趋势；他们的研究进一步指出，虽然该国居民在天然气和电力方面的支出在长期内是持续增长的趋势，但是这两类能源支出的收入弹性均小于 1，这意味着这两类能源是居民生活的基本必需品。Hasan 和 Mozumder（2017）使用孟加拉国居民收入和电力消费支出数据构造能源恩格尔曲线，发现在孟加拉国，居民能源消费支出随着收入增长呈现“U 形”变化趋势；当收入增长越过拐点后，能源消费的增长与收入增长呈正向比例关系，其中电力消费的增长尤为显著。

随着经济发展和人民生活水平的日益提高，人们的能源需求日趋多元化，一些学者提出，相对于绝对能源贫困，多维度的能源贫困更能有效挖掘能源贫困的本质（Mendoza et al.，2019）。Nussbaumer 等（2012）首次提出了多维度能源贫困的定义，将其定义为无法获得以人类可持续发展和社会繁荣为出发点的清洁能源，并借鉴 Alkire 和 Foster（2011）的“双界线法”构造了宏观层面的多维度能源贫困指数（MEPI）。根据该指数的定义，如果一个地区的能源贫困指数超过了预先确定的“贫困线”门槛，则意味着该地区存在着多维度的能源贫困，这是一种相对能源贫困测度指标。Day 等（2016）将 MEPI 定义为无法获得负担得起、可靠、安全的能源服务，进而无法实现人类基本生存和发展功能的能源消费状态。Njiru 和 Letema（2018）结合肯尼亚 Kirinyaga 地区居民能源消费状况，将能源贫困的多维度定义为包括热量摄入、预期寿命住房质量等方面所处的相对贫困状态。Aristondo 和 Onaindia

（2018）则基于西班牙居民 2004—2015 年的能源消费状况，从居民是否能够保持其住所足够温暖、是否能够保证其住所完整度、是否能够支付能源消费账单等方面探讨能源贫困的多维度。中国学者张建新和朱汉斌（2018）基于电力覆盖人口比例和人均商业能源消费量两个指标，对非洲撒哈拉以南地区居民能源贫困现状进行了分析，并进一步探讨了中国和非洲国家通过可再生能源合作，帮助非洲国家降低能源贫困的制度框架。Khanna 等（2019）根据南亚和东南亚地区居民生活用电量、现代燃料和技术的使用程度、总能源供应和消耗等多项指标构建多维度能源贫困指标体系，重点强调居民家庭能源账单支付能力、现代能源利用能力和基础能源设施可获得性三个方面的能源消费状态。国际能源署（IEA）基于人类发展指数提出了对居民家庭能源贫困状态进行评估的能源发展指数（EDI），其中居民无法获得电力的人口所占比例、家庭终端能源消费中商品能源所占的比重是 EDI 常用的衡量能源贫困的指标，该类指标重点考察电力和商品燃料的可获得性。2012 年，国际能源署对这些指标的覆盖性进行了重新评估，同时对相关变量数据集的覆盖性、频率和可靠性进行了检验并更新了 EDI，新的 EDI 分别从人均生活电力消费、家庭总能耗中商业能源占比、有电力供应的人口比重三个方面对居民能源贫困状态进行衡量。

### 2.1.2 国内研究综述

我国有关居民家庭能源消费不平等性的研究起步较晚，多数研究集中在对不同地区居民家庭能源状况的测度方面。李慷（2014）、张忠朝（2014）从家庭供暖能源支付能力不足的角度将能源贫困定义为居民无法承担为保障其住所适宜温度的能源消耗费用。国际能源署（2002）认为，除了支付困难以外，人们在炊事方面主要依靠传统生物质燃料或无法获取和使用天然气、电力等清洁能源的状况，即能源不可获得性也是能源贫困的题中之义。孙威等（2016）从能源贫困的广度、深度、差异度三个维度对我国云南地区的能源贫困状况进行测度和分析，并基于此提出中国西南地区能源贫困线的具体标准。赵雪雁等（2018）在对中国 30 个省份农村地区居民能源消费状况进行测度的基础上，引入空间杜宾模型对不同地区农村家庭能源贫困的空间分布特征进行研究，证实我国农村地区的能源贫困状况具有显著的空间集聚特征。张梓榆和舒鸿婷（2020）基于 CGSS 2015 年的调查数据对我国家庭层面的能源贫困状况进行了多维度的测度，并从居民身体和心理健康两个角度探讨了家庭能源贫困与居民健康之间的关系。研究认为，多维度能源贫困不仅会损害居民的身体健康，而且会影响其心理健康，并且这种影响存在显著的区域、城乡和性别差异。借鉴新的 EDI 指标构建规则，李世祥和李丽娟（2020）对中国 31 个省份农村能源贫困程度进行了测度，并基于 Theil 指数对我国地区间农村能源贫困差异程度进行了分解分析，认为我国东、中、西部和东北地区农村能源贫困程度依次递增，且存在较大的区域差距，并基于 Tobit 模型深度挖掘了影响中国农村地区能源贫困区域差异的主要因素。

## 2.2 家庭能源消费不平等性的驱动因素研究

### 2.2.1 国外研究综述

除了燃料能源以外，居民家庭能源还包括制冷、照明和电力能源。Ruth 和 Lin（2006）基于美国马里兰州和华盛顿两个州居民天然气和电力消费数据，探讨了 1977—2001 年温度以及能源价格的变动对当地居民能源消费的影响。Fan 和 Hyndman（2011），Dilaver 和 Hunt（2011）分别探讨了能源价格变动对南澳大利亚、土耳其居民生活用电的影响。能源价格的变动通过影响居民能源消费可行性约束，进而影响居民的能源消费行为，这其实是能源消费与居民收入水平研究的另一个视角。除了能源价格和收入水平之外，影响居民家庭能源消费的还有其他因素。Bernard 和 Bolduc（2011）结合加拿大魁北克地区的居民电力消费数据，分析了 1989—2002 年居民家庭所处位置、温度以及能源价格的变动对当地居民生活用电的影响。Reiss 和 White（2005）则基于 1993 年和 1997 年的截面数据，对美国加利福尼亚州居民的电力消费进行研究，认为除了温度和能源价格以外，居民家庭住房条件也是影响居民生活用电的重要因素。Carter 等（2012）进一步研究了巴巴多斯地区 130 户居民家庭生活用电的价格弹性，认为居民家庭能源消费方式（如太阳能热水器或电力热水器、空调制冷等）对能源价格的弹性更为明显，而居民收入水平在居民家庭用能消费方面的影响并不显著，其进一步指出收入水平会影响居民家庭电器的购买，但在具体电器的使用频率、使用方式上并不会起到显著作用。Golley 和 Meng（2012）基于中国居民家庭能源消费数据的研究得到结论，即与贫困家庭相比，中国的富有家庭通过消费高能耗产品和服务消耗了更多的家庭能源。Youn 和 Jin（2016）基于韩国首尔地区生活用电价格增长对居民用电影响的研究认为，渐进式定价（Progressive Pricing）对居民生活用电有实质性的抑制作用。Salari 和 Javid（2016）结合 2005—2013 年美国各州居民家庭生活用电和天然气消耗情况，使用面板静态、动态模型分析了能源价格变动、收入变动、居民住宅特征等因素对居民能源消费的影响，研究认为，提高电力能源的价格和降低居民住宅房屋的寿命是降低居民能源消费消耗的主要手段。对于每个州人均收入超过 10000 美元的家庭而言，生活电力价格增长 1%会导致居民用电平均下降 7.3%，而华盛顿地区会下降 11.9%，北达科他地区会下降 10.9%，爱达荷地区会下降 9.7%；而在居民住宅寿命上，其住宅寿命平均减少 1%会导致居民天然气消耗平均减少 15.8%，而康涅狄格州居民天然气消耗会减少 33.2%，纽约地区居民天然气消耗会减少 33.0%，马萨诸塞地区则会减少 30.7%。Rehdanz（2007）结合德国 1998 年和 2003 年的居民家庭能源消费调查数据，研究了家庭住宅特征对居民生活取暖用能的影响，认为与租住房屋的居民相比，住在自有房屋的居民对能源价格的变动不太敏感，而且自有房屋居民通常会在家安装能效较高的供暖设备和热水设备。Meier 和 Rehdanz（2010）针对1991—2005年英国居民家庭住宅取暖支出决定因素的研究得出了类似的结论。除了能源价格和收入水平对居民生活用电有着显著影响以外，Moral-Carcedo和Vicéns-Otero（2005）针对西班牙居民日常生活用电的研究指出，居民生活用电与气温的变动密切相关，并且呈现出非线性的变动关系，而且在“Cooling Degree Days”（CDD）和“Heating Degree Days”（HDD）两种情况下，变动关系表现出显著差异。Hamilton等（2013）基于英国家庭用能效率数据库（Homes Energy Efficiency Database，HEED）的相关数据，考察了英国居民家庭生活住房翻新项目对居民生活用电、天然气消耗的影响，认为对居民住宅进行改造的诸如安装顶棚、加装空腔隔热层、更换锅炉等项目能够有效提升居民家庭能源消费的能效。Schuler等（2000）基于居民住宅的技术特征因素，结合居民能源消费的方式，探讨了西德地区居民家庭社会—经济特征（如家庭规模、社会地位、收入等）因素对不同种类住宅中居民空间取暖用能的影响程度。Santamouris等（2007）按照收入水平的不同将希腊雅典地区居民2004年的能源消耗样本划分为7个小组，并分析其不同收入水平下居民的能源消费情况，认为低收入水平的居民多居住在老旧且取暖条件较差的住宅区；低收入人群为了取暖和用电所支出的人均成本和单位住房面积成本均高于高收入人群；当地家庭能源贫困程度较为严重，尤其是考虑了真实的石油价格以后。除了天然气和电力以外，Sardianou（2008）基于希腊居民2003年汽油消费量数据，利用截面OLS、Probit、Tobit和分位数回归方法，考察了居民家庭在房屋取暖方面的汽油消耗影响因素，认为居民年龄、家庭规模、家庭年收入是影响居民在取暖方面使用汽油量的重要因素。此外，住宅面积、住宅使用频率也与希腊居民生活用汽油消费量显著正相关。Pachauri等（2004）针对印度居民家庭能源贫困状况的研究以及Barnes等（2011）针对孟加拉国农村地区能源贫困问题的研究，均考察了收入水平与能源贫困之间的关系，他们认为，家庭收入对其能源消费的影响并不是简单的线性关系。当家庭收入水平较低时，居民的能源消费量并不会随着家庭收入水平的提升而逐渐增长，只有当收入水平跨过某一个临界值时，居民的能源消费水平才会随着收入的继续增加而增长。这意味着收入水平虽然影响着居民的能源消费，但并不是唯一的影响因素，能源贫困的单一经济解释也不再具有足够的说服力。Herrero 等（2013）在对匈牙利国家居民能源贫困状态进行测度的基础上，探讨了居民收入水平、能源价格以及居民住宅能耗特征对居民能源贫困的影响。该研究重点指出，居民住宅能耗特征是影响该国节能投资收益范围的重要因素。基于成本收益分析，该研究详细探讨了该国对居民住宅进行节能改造的市场效果（能源节约）和非市场效果（降低与燃料贫困相关的死亡率，提高居民居住环境舒适性和降低温室气体以及其他有害污染物的排放量）。

在驱动因素之外，一些学者研究了居民用能不足与家庭成员的身体健康、社会福利情况之间的关系。英国能源贫困策略报告（2001）明确指出，居住在室温较低的家庭环境的居民患病风险较高，这些疾病包括流感（influenza）、心脏病（heart disease）以及中风（stroke）；较冷的居住环境同时有助于真菌和室内尘螨数量的增长，这样的环境会增加人们患哮喘和其他呼吸系统疾病的概率。英国针对较冷住宅和能源贫困的健康影响的研究报告（*The Marmot Review into the Health Impacts of Cold Homes and Fuel Poverty*，2011）进一步证实了低温居住环境与心血管疾病和呼吸系统疾病之间存在着较强的关联性。Lacroix 和 Chaton（2015）的研究探讨了法国居民能源贫困与居民身体健康之间的关系，认为与非贫困居民相比，家庭能源贫困的居民身体健康状况不良的概率高 2.36 个百分点，能源贫困是居民身体健康的重要影响因素之一。Liddell 和 Guiney（2015）的研究进一步发现，居民能源贫困不仅对其身体健康状况产生不良影响，同时也会对其心理健康产生不良影响。Thomson 等（2017）基于欧洲 32 个国家的家庭生活质量调查数据，分析了欧洲国家家庭能源、居民健康与社会福利之间的关系，认为能源贫困与居民健康状况、社会福利状况之间存在着显著的不平等性分布状态，其中以东欧和中欧地区的国家受到的影响最为严重。能源贫困和居民健康之间存在着高度一致性，即与能源充足居民家庭相比，能源贫困家庭的居民往往身心健康水平较低；有趣的是，该研究发现，在一些相对较为平等的社会（如瑞典和斯洛文尼亚）中，能源贫困家庭和非能源贫困家庭之间存在着较大的健康和社会福利差距。还有一些研究更为细致地探讨了能源贫困的典型表现（低居住室温、恶劣住房条件等）与居民健康之间的关系。Peate（2008）、Dear 和 Michael（2011）指出，与能源贫困相关的室内低温和居住条件恶劣与慢性病和严重疾病患者（包括心脏病和呼吸系统疾病）的健康风险增加有关，这在特定人群中表现得尤为突出（Ansari et al.，2008；Liddell et al.，2010；Day et al.，2011）。Stewart 和 Habgood（2008）对这种关联进行了解释，认为久坐或者患有慢性病的人往往自身无法产生足够的维持健康的热量。例如，帕金森症状（Parkinson's disease）就限制了患者的身体活动，进一步降低了身体产生和储存热量的功能。Howden-Chapman（2004）、Osman 等（2008）、Ormandy 和 Ezratty（2012）的研究认为，患有慢性阻塞性肺疾病（chronic obstructive pulmonary disease，COPD）的人需要生活在温度恒定在 21℃的环境中，而当这一居住温度无法保持时，这些人将会有较高的健康风险。

### 2.2.2 国内研究综述

丁士军和杨汉明（2001）利用农户调查数据，考察了贫困农户的能源使用现状，并从农户的能源使用方式、能源消费结构等方面分析了能源使用对农户贫困的影响。丁士军和陈传波（2002）基于能源使用的视角对“贫困”进行了重新定义，将其区分为“能源贫困”和“时间贫困”。其中，“能源贫困”是指由于收入或资产水平低而导致的能源获取能力不足，这意味着较低收入水平的家庭往往无法获得充足的家庭能源和能源服务，这进一步限制了其对高效能源的选择（Gerarden et al.，2015；Gertler et al.，2016；Chaton et al.，2018）；而“时间贫困”是指低收入家庭选择的能源往往比较低效，这种低效能源的使用挤占了家庭进行其他经济活动的时间，从而限制了家庭整体福利改善的空间和可能性，这意味着低效能源的使用会对贫困形成反向作用（Alberini，2018）。史清华等（2014）针对中国农村能源消费的调查分析显示，传统的生物质能源和高污染的化石能源依然是现阶段我国农村地区居民能源消费的主要种类，收入水平较低是限制这些农户进行能源消费结构转型的根本障碍。李世祥和李丽娟（2020）在对中国31个省份农村地区能源发展指数（EDI）测度的基础上，基于面板Tobit模型，深度挖掘了影响中国31个省份农村地区能源贫困差异的主要因素，认为农村居民收入水平、能源价格、农村能源基础设施普及水平、生物资源丰裕程度是影响我国农村地区家庭能源贫困区域差异的关键因素，而资源禀赋和农村居民受教育水平对我国农村地区的能源贫困区域差异影响并不显著。鉴于收入水平或资产贫困对居民能源消费的约束，畅华仪等（2020）借助"贫困陷阱"的定义，将居民因受制于资产贫困而产生的能源使用方面的困境定义为能源贫困"陷阱"，并基于中国综合社会调查（CGSS）2015年的调查数据，从农户心理视角探讨了低收入家庭更容易陷入能源贫困的根本原因。研究认为，低收入农户在能源消费中普遍存在着非经济理性型消费心理，导致其在能源消费方面表现出"既未省钱又未增效"的"双损"境地。畅华仪等运用中介效应模型对这一非经济理性行为进行解释，发现低收入农户普遍出现的消极心理状态、负面情绪和对未来的悲观预期，对其能源消费决策影响显著，导致其更倾向于选择传统能源，而拒绝做出能源改进的尝试。

此外，丁文广等（2007）基于甘肃省能源资源数据，利用因子分析和主成分分析方法，探讨了矿物质能源和生物质能源两种资源禀赋与居民生活贫困之间的关系，认为矿物质能源资源禀赋与贫困之间不存在显著相关性，而生物质能源资源禀赋与贫困之间存在显著的负相关性。肖运来等（2010）采用聚类分析和多变量协方差分析方法，对贫困地区居民炊事能源使用的影响因素进行了分析，认为除了收入水平、能源禀赋以外，生物丰度、劳动力受教育状况、政府行为、交通和市场状况等对贫困县的能源贫困均有不同程度的影响。郑顺安等（2017）分析了我国西北平原区7个省份农村地区1991—2012年的商品能源（煤炭、电力、石油、液化石油气、天然气、煤气）、非商品能源（秸秆、薪柴、沼气、太阳能）消费和能源（煤炭、焦炭、成品油、电力、薪柴）生产之间的关系和变化趋势。杨枝茂（2019）探讨了我国农村地区能源供给侧结构性改革对能源结构优化的影响，他们认为，能源消费结构也是影响农村能源贫困的因素之一。

## 2.3 研究述评

### 2.3.1 家庭能源消费不平等性测度文献评析

能源消费是人类维持基本生存条件不可或缺的物质因素之一，更多的能源消耗是提高居民生活质量的一种方式，然而，正如自然界的不平衡关系一样，大部分从化石能源衍生出来的能源都被发达国家或地区的居民消耗了，这样的一种能源消耗分布已经导致了严重的社会关系不平等；而且在当前能源供应逐渐紧张以及由能源消费增长引致的包括 $CO_2$ 在内的温室气体排放急剧上升的状况下，如何公平合理地利用有限的能源资源实现全人类和谐发展，保证人人都能够平等地享受生活质量逐渐被改善的发展成果，成为能源消费不平等性研究的出发点。家庭能源消费活动是复杂的，而且家庭能源消费种类、数量、方式等会随着经济发展、社会环境变化、能源政策改变而不断发生变动，这增加了对家庭能源消费状况进行全面测度和对比分析的难度。

在既往的文献中，早期关于能源消费不平等性的研究多集中于探讨高纬度国家或地区居民家庭取暖燃料获得性困难导致的能源消费不平等性分布状态，以家庭是否能够获得充足的取暖燃料作为衡量家庭能源贫困的主要标志，而且对于家庭能源贫困状态的表述基本停留在简单的绝对燃料获得量的比较方面。之后的一些研究，将能源贫困与家庭收入状况相联结，使用居民家庭能源消费，尤其是商品能源消费在居民家庭总收入中所占的比重这一相对指标来衡量居民家庭能源消费所处的状态，借鉴家庭消费支出的“恩格尔系数”来构建家庭能源消费的“能源恩格尔系数”，将某一临界值视为家庭能源消费的“贫困线”，并基于此对不同国家（地区）居民能源消费状态进行描述，这是一种相对衡量指标和相对状态描述，这一时期的相对能源贫困指标构建依然以家庭燃料消费为主要内容；少量文献中开始使用家庭电力、天然气消费占总可支配收入的比重来表征家庭能源消费状况，这说明与仅关注能源消费量的多少以及取暖燃料消费占比来衡量家庭能源消费状态相比，后来的研究者开始沿“能源阶梯”攀爬对家庭能源消费中现代的、便捷的、清洁的能源消费量以及消费占比在家庭能源消费中的分布状况进行研究，与以往文献相比，这不仅是研究视角上的进步，而且是对研究对象的更新。自国际能源署在基于人文发展指数的基础上使用包括了居民电力可获得性、现代商品能源消费占比在内的能源发展指数（EDI）综合指标对各国居民能源消费状况进行测度以来，越来越多的研究者开始使用综合指标来代表家庭能源消费状态，能源服务可获得性、能源服务可支付性、家庭用能效率提升能力等多维度的居民能源消费指标被不同的学者基于不同的视角和方法进行测度并形成家庭能源消费状态指标，与以往的单一指标相比，综合指标更能反映居民能源消费的整体状态，但由于不同机构和学者对其各个维度子指标的筛选和权重设定均不相同，因而不同文献中所得的综合能源消费状态指标之间无法进行精确的比较。目前关于居民家庭能源消费状态及其不平等性分布的研究文献虽然有很多，但基本上呈现出“花开百家，各表一枝”的局面。

此外，在对居民能源消费状态进行测度和分析的文献中，对处于能源贫困状态的家庭群体或地区进行重点关注和研究是大多数既往研究文献的主要内容，而对居民家庭能源消费的相对状态进行对比分析的文献并不多见，尤其是对不同地区、不同群体家庭能源消费状态的分布不平等性的分析较少，既往文献的研究多集中在家庭能源贫困的测度方面，而对家庭能源消费的相对状态，尤其是不同消费状态之间的差距（不平等性）的研究较少。对能源贫困家庭的能源消费状况的关注是改善基础能源设施和能源政策以提高贫困居民家庭生活质量的重要途径之一，然而在“创新、协调、绿色、开放、共享”的发展理念下，提高我国包括能源消费在内的能源发展平衡性、包容性和可持续性，既要关注能源贫困家庭的能源消费状态及改善路径，更要关注不同群体、地区间能源消费的不平等性及其驱动因素，着力于在降低能源贫困的同时实现能源发展成果的普惠性和共享性，这也是环境公平性和能源政策有效性的重要内容。基于此，本书在对我国居民家庭能源消费状况进行测度的基础上，重点借鉴收入分配领域的不平等性测度方法对我国居民家庭能源消费状况进行分布状态的不平等性测度，分别从单种类能源消费、综合能源消费、清洁能源消费的角度对我国居民家庭能源消费的分布状态进行测度，衡量其不平等性程度，并在此基础上进一步探讨造成我国居民家庭能源不平等性的驱动因素。

### 2.3.2 家庭能源消费不平等性驱动因素文献评析

在既往文献中，对家庭能源消费状况的影响因素的研究，首先聚焦的是收入因素对家庭能源消费状态的影响。无论是以家庭取暖燃料为主的能源贫困，还是以电力、商品能源消费在家庭可支配收入中所占的比重来衡量的能源贫困，多数研究文献均明确指出，家庭收入水平是其能源消费的重要决定因素，而家庭收入的状态则直接决定了其能源消费的状态。国际能源署指出，与家庭能源相关的问题不仅是收入差距的问题，还可能包括社会地位、家庭属性特征、居住地域条件、能源政策等相关问题。其次是学者对居民家庭能源消费或者能源贫困驱动因素的研究从收入差距转向了更为广阔的领域，包括但不限于居住地域差异（如城市和农村之间的能源消费差距）、能源禀赋、能源基础设施建设以及能源供给状况、能源价格、能源税收政策等因素。一些学者还对与居民能源消费行为相关的家庭受教育水平、人口结构特征、个体价值观、家庭社会关系等因素进行探讨，而这些家庭特征因素也反过来影响着能源政策的具体实施效果，因而成为能源政策制定者在对政策实施效果进行评估时必须考量的因素。近年来的研究文献除了关注居民家庭能源消费的影响因素在宏观、微观层面的表现以外，还有一些文献开始关注居民能源消费处于贫困状态的后果，即居民能源消费不足而引致的包括身体健康、心理健康、各种慢性疾病在内的健康效应，这属于居民家庭能源消费贫困的后置效应研究。

无论是关于引起居民能源消费贫困的驱动因素的研究，还是针对居民家庭能源贫困状态引致的健康后果的研究，其关注的核心变量均为居民家庭能源消费状况，尤其是能源消费不足的能源贫困状态，而对不同居民家庭能源消费的差距的研究依然停留在简单的测度和对比分析上，极少有文献基于居民能源消费的差距（不平等性）状态对其驱动因素进行深入研究。有关能源贫困方面的研究文献已经达成一种共识，即能源效率的提升是唯一具有终局性的解决方案，因为它直接触及了能源贫困的产生原因而非其表象。不同的能源效率提升策略在可行性和实施效果方面必须考量不同群组家庭能源消费的相对分布状态及其驱动因素：当居民能源消费差距较大，但只有少数居民群体处于能源贫困状态时，包括能源消费补贴、能效提升补贴等在内的能源政策不仅实施成本小，而且效果较好；若居民能源消费的差距不大，但是大多数居民群体均处于能源贫困状态时，能源政策的实施成本则会变得很高，且实施效果会大打折扣[①]（Bouzarovski et al.，2011）。然而，关于中国居民能源消费不平等性分布及其驱动因素的研究以及与之相关的能源政策效果评估并不多见。因此，本书在着力于对中国居民家庭能源消费分布状态进行不

① 较为著名的例子是保加利亚的能源政策。该国有50%以上的居民面临着燃料能源贫困的状态，即无法获得足够的燃料以保持他们的住宅足够温暖。该国政府实施了包括“冬日取暖补贴”（winter supplement programme，WSP）在内的各种能源补贴政策，但是收效甚微。据统计，2012—2013年只有210711户居民家庭收到了社会取暖补助，而超过160万居民的取暖能源消费水平依然处于贫困线以下；而收到取暖补助的家庭平均获得的补助金额约为33欧元，依然低于当地平均的居民家庭取暖成本（约40欧元）。

平等性测度的基础上，对其分布不平等性的驱动因素进行识别，进而探讨不同的能源政策在改善居民能源消费状态、提高居民能源消费效率、促进社会福利公平方面的实施效果。

### 2.3.3 总体研究文献评析

不同家庭的能源消费模式存在着很大的差异，这是因为居民的能源消费决策受到多种因素的影响。在欧美发达国家，居民家庭能源消费在全国总能源消费中所占的比重已经达到了30%，在中国这一比重在2012年也已经达到了11%，并且随着中国经济的快速发展和居民生活水平的提高，能源消费呈持续增长状态。与此同时，与家庭能源消费相关的污染排放也呈逐渐增长趋势，如在美国，38%的碳排放来自家庭能源消费过程。这意味着在通过“节能减排”构建“经济—社会—环境”可持续发展的战略背景下，家庭能源消费也必须受到关注。在关于家庭能源消费的研究中，多数研究关注处于“能源贫困”状态的居民能源消费及其影响因素，鲜见文献关注不同地区、不同群体间居民能源消费的相对不平等性分布状态及其驱动因素。基于此，本书在总结既往文献研究成果的基础上，首先对我国居民能源消费状态进行回顾；其次基于不平等性测度方法对我国不同地区、不同群体间居民的能源消费相对不平等性状态进行测度并分析其演变趋势；再次探讨引致我国居民能源消费不平等性的驱动因素；最后结合当前的相关能源政策，探讨进一步提升居民能源消费效率，降低居民能源消费差距的发展策略。

# 3

# 中国家庭能源消费状况及不平等性测度和分析

## 3.1 家庭能源消费的基本理论

家庭能源消费又称居民能源消费，是一种与日常生活密切相关的能源消费，包括日常生活中的取暖、照明、清洁、食物供应、娱乐和信息获取等方面发生的能源消费。家庭能源消费与其能源消费行为密切相关，国际能源署（2013）将后者定义为居民对外界或者内部刺激所产生的可观测行为或反馈，以及居民为了适应周边环境包括气温、空气质量等所做出的可观测行为或者反馈。与工业能源消费不同，居民家庭能源消费不仅与经济条件和技术水平相关，也是社会问题和心理现象，还与经济、社会和生态环境有着紧密的联系。

### 3.1.1 能源阶梯理论

1987 年，Hosier 和 Dowd 提出了“能源阶梯”（energy ladder）假设，用于描述家庭在满足其能源需求的消费过程中基于经济、社会、技术等因素的变化，从使用传统能源载体转变为使用更现代、更先进的能源载体的过程，即家庭消费的能源种类从初级燃料向高级燃料过渡的过程。他们还指出家庭能源载体的选择可以用“阶梯”类比，一般将使用诸如薪柴或畜粪等传统燃料作为主要能源的家庭设定为处于能源阶梯的底层，而将使用诸如液化石油气、天然气或电力作为主要能源的家庭设定为处于能源阶梯的较高层。在经历过工业化进程的发达国家，居民家庭能源消费基本上已经实现了从传统燃料向现代燃料的过渡，即家庭能源消费沿能源阶梯向上移动；而在发展中国家，居民能源消费正处于从传统燃料向现代燃料过渡的过程中。不同的经济发展状况、社会制度、能源政策会对家庭能源消费行为产生不同的影响，因而家庭能源消费并不总是沿着能源阶梯自下而上移动，有时也会发生家庭能源消费沿着能源阶梯向下移动的现象，如从使用煤油或 LPG 转向使用薪柴。

Amulya 和 Sudhakara（1994）、Manzoor 等（1998）分别基于印度班加罗尔地区以及印度全国城镇居民家庭的能源消费情况，探讨了这种"燃料能源转换"现象，并结合家庭收入状况探讨了"燃料—收入阶梯"之间的相互作用，认为当家庭收入达到一定的阈值时，其使用的能源燃料将会转向更便利和更优质的燃料，即家庭收入的增长在家庭能源消费沿着能源阶梯向上攀登的过程中起着重要作用。Reddy（1995）在对能源阶梯概念进一步深化的基础上，探讨了家庭能源利用模式与其经济地位之间的关系。他发现，低收入家庭通常会使用薪柴、牛粪、作物秸秆等作为基本燃料，而中等收入家庭多使用煤油，在高等收入家庭中液化石油气和电力则成为主要的燃料；每一类收入等级的家庭对应不同等级的能源，其在能源阶梯中能够上升的高度主要取决于其家庭收入的增长状况。Robert 和 Willem（1997）探讨了发展中国家农村的能源阶梯理论及实践，发现在发展中国家的农村地区，当人均收入少于 300 美元时，90%以上的人口依靠薪柴、畜粪作为主要的生活燃料；随着收入的增长，人们会逐渐顺着能源阶梯向上攀爬，当人均年收入达到 1000～1500 美元时，基本能够实现以电力、化石燃料作为生活燃料和照明能源的转换。该研究不仅明确了收入水平和家庭能源消费种类之间的动态变化关系，而且进一步指出，随着能源开采和利用技术的提升，人们沿着能源阶梯向上攀爬来实现能源消费载体向现代能源转换的收入阈值水平将会显著下降。

能源阶梯理论及其实践说明了收入是影响能源消费结构的主要因素。国内外一些学者应用该理论来研究居民家庭能源消费水平及其阶梯式变动特征，尝试使用能源阶梯模型分析不同国家（地区）、不同群体间能源消费阶梯转换的主要模式，间接描述家庭能源消费动态。Ruijven等（2008）结合多国的家庭能源消费实践指出，处于较高能源阶梯层次上的燃料一般都是更清洁、更高效、更便利的能源。Sovacool（2011）的研究拓展了能源阶梯的范围，其认为能源服务也存在着“阶梯”之分，且与家庭收入密切相关。他指出低收入家庭通常只能使用包括畜粪、薪柴、木炭等在内的初级能源，这些能源主要用于取暖和烹饪，用途较为单一且效能较低，消费量较大；中等收入家庭则更多选择包括煤、液化气、煤油等在内的能源，不仅能满足取暖和烹饪需求，还能满足照明、娱乐等需求；而高收入家庭则更依赖于电力和天然气等相对较为清洁且便利的能源，虽然在燃料种类和技术上与中等家庭相似，但是高收入家庭的能源消费量更高，尤其是在奢侈型项目上能源消耗更高。然而，这一理论也存在一定的局限性。Horst 和 Hovorka（2008）基于博茨瓦纳的案例，研究发现随着经济的发展，该地区并未出现家庭能源消费从生物质能源逐渐向现代能源燃料转换的现象，薪柴持续在家庭能源消费中占据重要地位。Masera 等（2000）则从家庭器具的经济性、用能技术、文化偏好和健康等角度，探讨了家庭能源消费随着收入增长的“不完全替代性”，即收入增长并不总能引致家庭能源消费载体沿着能源阶梯向上攀爬，家庭器具用能方式、生活习惯和文化偏好等因素也在家庭能源消费模式中起到一定的作用。

传统的能源阶梯理论及相关的研究多数只涉及燃料能源的转换，张馨（2012）认为在多数情况下，鉴于能源之间的不完全替代性，燃料能源并不会随着收入提升而完全转换；该研究基于多种能源并存的情况，拓展了能源阶梯的概念，将其定义为随着收入水平的提高，能源消费量增长的同时高质量燃料增加而低质量燃料减少的过程，或者能源种类日趋多元化，最终劣质能源被逐渐替代的过程。这种能源燃料使用数量和质量都发生了阶梯式变化的特征在能源阶梯理论和实践中均有所体现。此外，该研究还基于地域空间、城乡差异的角度，探讨了能源阶梯理论在中国城乡家庭能源消费中的具体表现状态。

### 3.1.2　家庭能源需求理论

能源需求是指消费者（家庭或生产商）在一定价格条件下为满足某种特定效用而对能源产品的需要。从全社会角度来看，能源需求可具体分为生产部门对能源的需求和居民生活对能源的需求。在生产部门中，能源作为生产要素是进行物质生产的重要投入，因此生产部门的能源需求实质上是要素需求；在生活消费中，能源作为商品进行消费，通常是以居民家庭为基本消费单位，其本质是商品需求。商品需求分析理论的基础是需求和效用理论，是以家庭部门对商品的消费实现效用最大化为基本目的，这与要素需求分析理论的基础是截然不同的，后者的理论基础是生产和成本理论，是以厂商部门利用生产要素实现利润最大化为基本目的。

基于能源利用的过程可以将家庭能源需求分为直接能源需求和间接能源需求。直接能源需求指家庭对于各类能源的直接购买；间接能源需求指家庭购买的其他非能源类商品和服务，而生产这些商品和服务需要消耗能源，因而引致家庭对能源的间接消费。家庭能源消费中的直接能源需求包括炊事、照明、取暖制冷、交通等方面所使用的能源，除此之外的其他所有非能源产品和服务的消费而派生的能源需求均为间接能源需求。本书中所探讨的家庭能源需求一般是指家庭直接能源需求。

关于家庭能源需求的研究中，基于微观调查数据的分析是多数学者进行研究的主要方式。George S. Donatos 等（1991）使用单方程模型研究希腊居民家庭对电能的需求弹性；Nguyen Anh Tuan 等（1996）基于越南北部地区 4 个省份的家庭用能调查数据，从燃料类型和最终用途两个方面研究不同类别家庭中经济条件和资源可获得性对家庭能源消费模式的影响，并指出城市居民家庭用能普遍少于农村；M. Chambwera 等（2007）对哈拉雷地区 500 户居民的用能情况进行调查，使用理想需求模型分析了不同能源结构下当地城镇地区的燃料需求，计算了能源在家庭总支出中的份额以及不同种类的能源（薪柴、电力、煤油）在能源总支出中的份额，结果表明能源价格的相对变动能够影响到人们的能源需求结构；H. Gundimeda（2008）对印度城镇和农村居民家庭的主要燃料及其需求支出弹性评估和对比分析，发现城乡居民在能源消费结构和消费量上均存在显著差异；张海鹏等（2010）基于中国 8 个省份的林区家庭用能调查数据，使用双扩展的线性支出系统模型探讨了农村居民家庭的能源消费需求，发现林区农村居民家庭在能源载体上正在经历从初级能源向现代商品能源的转换过程，并呈现出边际倾向递减趋势，未来的家庭能源主要集中于液化气和电力方面；Xiaoli zhao 等（2012）应用 LMDI 模型对中国 1998—2007 年城市能源消费进行分解分析，结果表明：中国居民家庭能源消费结构的变化包括横向变化和纵向变化——横向的结构变化表明能源消费朝向能源更密集的消费模式转变，纵向的结构变化表明能源消费朝向更高质量和更清洁的能源转变，这反映出我国城镇居民家庭在生活方式和消费模式方面的变化引致其用能需求从基本需求转向舒适、便利、环保等更深层次的需求。

能源阶梯理论和实践检验揭示了居民家庭能源消费载体随着时间、经济、社会、技术进步等因素而逐渐转变的过程，家庭能源需求理论和相关的实证研究则揭示了不同社会不同类别居民家庭在能源消费方面的动态变化状态，相关的影响因素及其作用路径和机制。基于能源阶梯理论和中国居民家庭能源消费的具体数据，本章在对我国居民家庭能源消费的时空变化趋势进行整体分析的基础上，结合相关平等性测度方法对我国居民家庭能源消费的不平等性程度、变化趋势等进行测度，便于全面了解我国居民家庭能源消费的分布状态及其演化趋势。

## 3.2 中国家庭能源消费的变化趋势

国际能源署（2010）指出，21 世纪全球能源需求和碳排放增长的主要来源已经从生产领域转向家庭能源消费领域。改革开放以来，中国的能源消费总量呈爆发式增长，其中居民家庭能源总消费量从 1980 年的 11015 万吨标准煤持续增长至 2017 年的 57620 万吨标准煤，年均增长率为 4.45%；此外，能源消费结构也发生了显著的变化：在 2017 年的综合能源平衡表中，能源消费中有 19.78%的能源来自石油产品，19.35%的能源来自电力，二者的消费比重已经超过了煤炭能源的消费比重（12.02%）；清洁能源——天然气的消费比重为 9.6%。而在 1980 年，我国居民家庭能源消费的主要能源种类是煤炭，在总体能源消费中的比重高达 91.47%；电力的消费比重只有 1.17%；石油消费以液化石油气为主，只有 73.9 万吨标准煤的消费量，在总能源消费中的占比不到 1%；天然气消费量仅有 26.6 万吨标准煤，远远小于液化石油气的消费量。随着我国经济的快速发展和能源生产及利用技术的进步，居民家庭能源消费也发生了翻天覆地的变化。研究我国居民家庭能源消费状况及其演化趋势不仅有助于我们理解改革开放以来我国居民在能源消费方面的历史变迁，还有助于我们深刻理解经济、社会、环境、技术等因素的变化在改变居民能源消费方面的作用及其机制。

### 3.2.1　家庭能源消费种类的变化

基于《中国能源统计年鉴》的数据，对我国改革开放以来居民家庭能源消费量、种类及其变化趋势进行整体分析。该统计年鉴记载了我国自 1980 年以来的各行业、各部门的能源消费数据，其中在能源消费的数据统计中，1980—1994 年的数据在不同年份的版本中差别较大，并不能真实反映我国居民家庭能源消费的真实状况，因而这里选择 1995—2017 年作为主要样本期间，分析我国居民家庭能源消费状况及其变化趋势。

图 3-1 展示了 1995—2017 年我国居民家庭能源消费量的总体变化趋势及各种主要能源消费量的变化趋势，其中各类能源的消费量均以标准量（标准煤）为计量单位，便于进行比较，数据的详细来源为标准量单位的各年度能源平衡表。

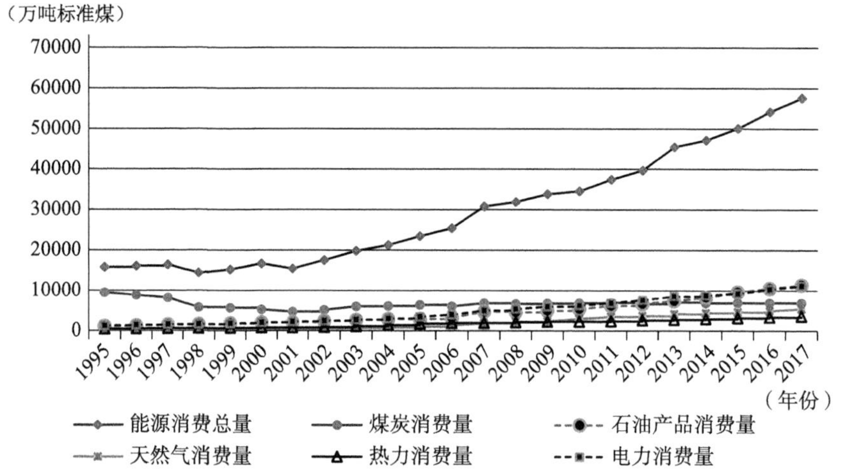


**图 3-1　1995—2017 年中国居民家庭能源消费量及其变化趋势**

从图 3-1 可以看出，自 1995 年以来，我国居民家庭能源消费量总体呈持续、快速增长趋势，从 1995 年的 15745 万吨标准煤持续增长至 2017 年的 57620 万吨标准煤，能源消费总量在 20 多年时间内几乎翻了两番。在具体的能源消费类别中，除了煤炭消费量呈现出持续下降的趋势外，其他几种能源（天然气、石油产品、热力和电力）均呈现出稳定增长的态势。煤炭消费量从 1995 年的 9490. 29 万吨标准煤逐渐下降至 2017 年的 6927. 82 万吨标准煤，在家庭能源消费总量中所占的比重从 1995 年的 60%以上持续下降至 2017 年的 12%；相反，其他几类能源无论是消费量还是占比均呈现上升趋势。石油产品的消费量在 1995 年仅有 1130. 9 万吨标准煤，占家庭能源消费总量的 7. 18%；随着人们收入水平的提高和生活条件的改善，石油产品作为基本家庭能源开始走入千家万户，在过去的 20 多年里，我国居民家庭能源消费中石油产品的消费量几乎增长了 10 倍，到 2017 年达到了 11396. 85 万吨标准煤，在家庭能源消费总量中所占比重为 19. 78%，已经超过了煤炭成为居民家庭能源消费中占比最高的能源种类。石油产品的生活消费主要集中在居民出行方面，在过去的几十年里，中国居民民用汽车保有量呈现飞速增长的态势。中国公安部交管局的统计数据显示，1995 年我国居民汽车保有量为 1040 万辆，截至 2016 年底，这一数据增长至 19440 万辆，增长了将近 20 倍，其中私人汽车保有量为 16559 万辆，民用轿车保有量为 10876 万辆，私人轿车保有量为 10152 万辆。由此可见，以出行方式为代表的居民生活方式的改变是我国居民家庭能源消费种类变化和消费总量增长的重要因素。

鉴于煤炭和石油制品的高碳排放系数，二者通常被视为相对污染的能源，而天然气则由于其较低的碳排放及其他污染排放系数被视为相对较为清洁的能源。在过去的 20 多年间，我国居民家庭能源消费中天然气能源的消费也呈现出不断增长的趋势。1995 年，我国居民天然气消费量为 258.15 万吨标准煤，仅占当年能源消费总量的 1.64%；此后的居民天然气能源消费量不断上升，截至 2017 年底，我国居民天然气消费量为 5505.9 万吨标准煤，在当年能源消费总量中的比重为 9.56%，虽然远远小于煤炭和石油制品的消费量，但其增长趋势表明了居民家庭能源消费趋向清洁化的特征，这在城镇居民家庭中尤为凸显。《中国城乡建设统计年鉴》数据显示，1980 年，我国城市地区居民燃气普及率约为 17.3%，截至 2017 年，这一数据增长至 96.26%；城市居民家庭天然气供气量也从 1980 年的 4893 万立方米增长至 2017 年的 2825027 万立方米；而在中国农村地区，截至 2017 年，全国农村村庄的天然气普及率仅为 27.0%，乡镇地区略高，约为 52.11%，但远远低于城市天然气普及率。中国的城市化进程在一定程度上改进了居民能源消费的方式和种类，促使居民家庭能源消费向更清洁、更便利的能源转变。

电力和热力往往被视为二次能源，其在我国居民家庭能源消费中扮演着不可或缺的角色。我国居民生活电能消费是除了石油制品之外增长最快的。1995 年，居民生活用电量约为 1235.86 万吨标准煤，占当年能源消费总量的 7.85%；截至 2017 年，居民生活用电量增长至 11148.96 万吨标准煤，占当年能源消费总量的 19.35%，是除了石油制品之外的第二大能源消费。与电力能源相比，居民对热力能源的消费虽然也呈现出增长趋势，但其增长幅度远远小于电力能源。1995 年，居民热力能源消费量约为 430.93 万吨标准煤，占当年能源消费总量的 2.74%，截至 2017 年底，这一数据增长至 3625.85 万吨标准煤，占当年能源消费总量的 6.29%。热力能源主要用于满足居民的取暖需求，其用途较为单一，因而随着居民经济和生活条件的改善，对热力能源的需求有所增长，但并不会如电力能源消费量一样呈现出爆发式增长。电力能源的增长不仅意味着居民用能条件的改善，而且意味着居民能源消费的用途也在逐渐拓展。尤其是进入 21 世纪以来，互联网、信息通信技术、智能可穿戴设备、智能家居设备等的不断更新和普及，不仅丰富了居民的家庭生活和视野，同时这些设备对于电能的消耗也将居民家庭生活电能消费推向一个新的高潮。

在石油制品的消费中，《中国能源统计年鉴》主要统计了液化石油气、汽油、煤油、柴油四类能源的家庭生活消费量。1995—2017 年，这四类能源的消费量及其变化趋势如图 3-2 所示。

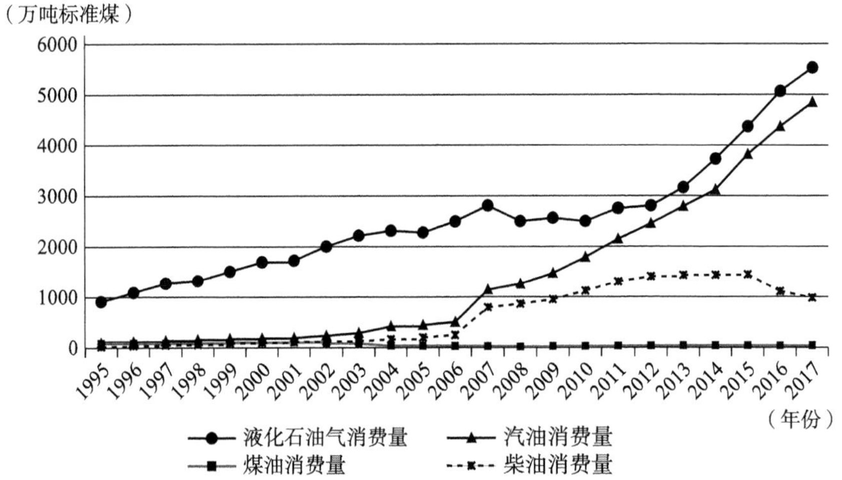


**图 3-2　1995—2017 年中国居民家庭石油制品消费量及其变化趋势**

从图 3-2 可以看出，1995—2017 年，我国居民的液化石油气消费量呈持续增长趋势，尤其是 2011 年以来其增长速度逐渐加快。在汽油消费方面，2006年之前汽油的消费量基本上保持稳定中缓慢增长的趋势，2006年之后则呈快速增长状态，其增长速度与液化石油气的增长速度不相上下；但是，煤油和柴油的消费则呈现出截然不同的变化趋势。柴油的消费量在2006年之前基本上维持稳定中缓慢增长的趋势，从1995年的23.4万吨标准煤消费量逐渐增长至2006年的248.57万吨标准煤消费量；2007年，居民柴油消费量上升至794.58万吨标准煤，此后的10年间增长速度有所增加，到2015年达到柴油消费量的峰值，约为1443.49万吨标准煤，此后的两年有所下降，到2017年下降至980.56万吨标准煤，基本上与2009年的消费量持平；相反，我国居民家庭对于煤油的消费量却呈持续下降的趋势，1995年消费量约为94.54万吨标准煤，此后消费量在波动中呈现逐年缓慢下降的趋势，至2017年底，我国居民家庭煤油消费量已经降至40.59万吨标准煤。在改革开放初期的1980—1985年，我国居民家庭煤油消费量从1980年的145.4万吨标准煤逐渐增长至1984年的218.1万吨标准煤，1985年则下降到178.9万吨标准煤；而在1995—2017年，煤油的消费量远远低于改革开放初期且不断下降。煤油在我国居民家庭生活中的主要用途是照明，因而在我国生活电力尚未普及的20世纪80年代初期，人们对于煤油的消费量持续稳定增长，而当我国自20世纪80年代后期逐渐推行电力照明普及设施以来，居民对于煤油的消耗则显著下降，这反映了我国居民生活方式的转变引致的能源消费种类变化。

### 3.2.2　家庭能源消费结构的变化

我们可以在分析我国居民家庭能源消费总量的基础上，结合不同种类能源的消费数据，观察居民家庭能源消费结构的变化情况。

首先，以总能源消费中各类能源消费占比来衡量居民能源消费结构的变化。表3-1给出了1995—2017年不同年份我国各类能源消费在总能源消费中的占比结构及变化。

表 3-1　1995—2017 年我国各类能源消费在总能源消费中的占比结构及变化

| 年份 | 煤炭合计占比/% | 石油制品合计占比/% | 天然气占比/% | 热力占比/% | 电力占比/% |
|---|---|---|---|---|---|
| 1995 | 60. 27 | 7. 18 | 1. 64 | 2. 74 | 7. 85 |
| 2000 | 31. 54 | 12. 51 | 2. 57 | 4. 75 | 12. 31 |
| 2005 | 27. 43 | 12. 63 | 4. 51 | 7. 52 | 14. 81 |
| 2010 | 19. 89 | 15. 73 | 8. 73 | 6. 65 | 18. 23 |
| 2015 | 13. 91 | 19. 31 | 9. 34 | 6. 39 | 18. 56 |
| 2017 | 12. 02 | 19. 78 | 9. 56 | 6. 29 | 19. 35 |

从表 3-1 中可以看出，20 多年来，我国居民家庭能源的消费从 20 世纪 90 年代中期的“煤炭主导”逐渐演变为“石油制品和电力主导，煤炭、天然气和热力等多种能源共同发展”的局面。从消费能源的清洁程度来看，居民能源消费逐渐趋向清洁能源；从消费能源的便利程度来看，居民能源消费趋向于更为方便的电力和石油制品。在 1980—1990 年我国居民家庭能源消费结构中，煤炭占 80%以上，而天然气、液化石油气占比仅仅在 1 个百分点左右波动，热力能源消费占比保持在 1%~2%，电力能源占比在 4%~8%。由此对比可见，1995—2017 年是我国居民家庭能源消费经历巨变的时期，对这段时期内居民能源消费进行细致分析有助于我们深刻理解我国居民能源消费的具体演化趋势及其分布状态。

其次，不可忽略的一个因素是，我国居民家庭能源消费量的增长一部分来自人口增长带来的基础能源消费量的增加。为了剔除这种由于人口增长带来的能源消费量的增长，《中国能源统计年鉴》对人均能源消费量及不同种类人均能源消费量进行了统计计算，表 3-2显示了改革开放以来不同年份我国居民家庭人均能源消费量及各类能源人均消费量。

**表 3-2 1980—2017 年我国居民家庭人均能源消费量及各类能源人均消费量**

| 年份 | 人均能源消费量/千克标准煤 | 煤炭/千克 | 电力/千瓦时 | 液化石油气/千克 | 天然气/立方米 | 煤气/立方米 |
|---|---|---|---|---|---|---|
| 1980 | 112 | 118 | 11 | 0.4 | 0.2 | 1.4 |
| 1985 | 127 | 149 | 21 | 0.9 | 0.4 | 1.3 |
| 1990 | 139 | 147 | 42 | 1.4 | 1.6 | 2.5 |
| 1995 | 131 | 112 | 83 | 4.4 | 1.6 | 4.7 |
| 2000 | 132 | 67 | 115 | 6.8 | 2.6 | 10.0 |
| 2005 | 211 | 77 | 221 | 10.2 | 6.1 | 11.1 |
| 2010 | 273 | 68 | 383 | 10.5 | 17.0 | 12.5 |
| 2015 | 365 | 69 | 552 | 18.6 | 26.2 | 5.9 |
| 2017 | 416 | 67 | 654 | 23.3 | 30.3 | 3.7 |

从我国人均用能量来看，1980—2017 年我国居民平均用能量从 112 千克标准煤增长至 416 千克标准煤，近 40 年的时间里，人均用能量几乎翻了两番，年均增长率约为 3.51%。然而，我国居民家庭能源的消费并不是持续稳定增长的。1980—1990 年，人均能源消费从 112 千克标准煤增长至 139 千克标准煤，年均增长率为 2.18%；1991—2000 年，人均能源消费呈现出轻微的下降趋势；2001—2010 年，人均能源消费几乎翻了一番，增长至 273 千克标准煤；2011—2017 年，以年均 5.41% 的速度快速增长至 416 千克标准煤。由此可见，进入 21 世纪后的十几年是我国居民能源消费增长的高峰期。在具体能源消费品类上，人均煤炭消费量呈现先短暂上升后快速下降的趋势，而电力、液化石油气和天然气均呈现出持续增长的趋势，人均煤气消耗则呈现出先增长后下降的趋势。20 世纪 80 年代，人均煤炭消费出现了小幅度的增长，从 118 千克增长至 147 千克，此后则持续下降。进入 21 世纪后，人均煤炭消费量一直维持在 60~80 千克的水平；相反，人均电力消费呈现指数式的快速上升趋势，年均增长率高达 11.35%，尤其是进入互联网时代后，智能穿戴设备、智能家居、智能网络系统等的逐渐普及极大地拓展了人们的生活、娱乐空间，同时也增加了人们对于电力能源的需求。液化石

油气和天然气的消耗虽然呈上升趋势，但基本上都保持着稳定且缓慢的增长态势，这可能与这两类能源用途基本上固定在取暖和烹饪两方面有关。此外，煤气也是家庭取暖、烹饪的重要能源之一，与天然气和液化石油气呈竞争关系，然而煤气具有较高的碳排放系数和生产成本，这决定了随着经济发展、环保政策的出台、能源开采和利用技术的进步，煤气将逐渐被相对较为清洁且能效较高的天然气或液化石油气所取代，这也是居民煤气消费量持续下降的主要原因。

## 3.3 中国家庭能源消费的空间分布状态及其演化趋势

中国家庭能源消费情况除了在时间维度上发生变化外，在不同的空间维度上也表现出差异化特征。本书结合地理空间分布对我国居民家庭能源消费状态进行分析。

### 3.3.1 城乡居民家庭能源消费的空间分布及演化趋势

我国居民家庭能源消费不仅表现出随着时间、经济、技术水平而逐渐变化的特征，而且在不同地区也表现出差异化的分布状态。首先，城镇和农村地区在不同种类能源资源的可获得性、能源消费基本设施配置等方面都存在着较大差异，因而其家庭能源消费也呈现出差异化的分布状态。图 3-3 为 1980—2017 年我国城镇地区、农村地区居民人均家庭能源消费量及其变化趋势。

从图 3-3 可以看出，我国居民家庭能源消费量在城镇地区和农村地区表现出巨大的差异性，并且这种差异性随着时间的推移而不断发生变化。我国城镇居民人均能源消费量在 1980—2010 年呈现出波动中有所下降的趋势，2011 年后逐渐上升，2017 年增长至 415 千克标准煤。相反，农村居民人均能源消费量在 1980 年仅为 60 千克标准煤，还不到当年城镇居民人均用能量的 20%；然而，农村居民人均能源消费量呈现出持续增长的趋势，2017 年超过城镇居民人均能源消费量，达到 417 千克标准煤。1980—2017 年，城乡居民人均能源消费差距在逐渐缩小，2016 年后差距基本降为 0。二者之间差距的缩小主要因为农村地区人均能源消费量的持续增长，而这种能源消费量的持续增长多源于农村地区能源可获得性的提高及能源基础设施的改善。

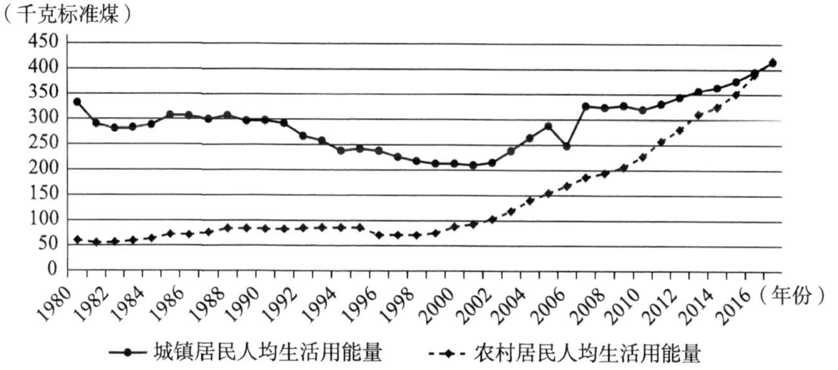


**图 3-3　1980—2017 年我国城乡居民人均能源消费量及其变化趋势**

## 3.3.2　省际能源消费分布及其变化趋势

除了城镇和农村居民能源消费存在差距外，我国不同省份之间居民能源消费也存在着较为显著的差距。1995 年，我国居民能源消费种类主要包括煤炭、汽油、煤油、柴油、液化石油气、天然气、热力和电力，不同地区的居民在不同种类能源的消费上呈现出较大的差异。相对其他能源，煤炭是我国各省份居民普遍消耗较多的家庭能源，其主要用途为燃料和取暖。图 3-4 显示了 1995—2017 年我国各省区市居民煤炭消费量及其变化趋势。

从图 3-4 可以看出，虽然煤炭是我国居民生活的主要能源，但在不同省份之间，居民的煤炭消费量截然不同。1995 年，四川和河北居民煤炭消费量分别为 1578.76 万吨和 1515.54 万吨，是煤炭消费量最大的两个省份；相反，海南省仅仅消费了 0.25 万吨煤炭，是全国煤炭消费量最少的省份，广西、宁夏两地次之，分别消费了 27.65 万吨、82.02 万吨。我国煤炭资源并不是均匀分布的，主要集中在内蒙古、山西、河

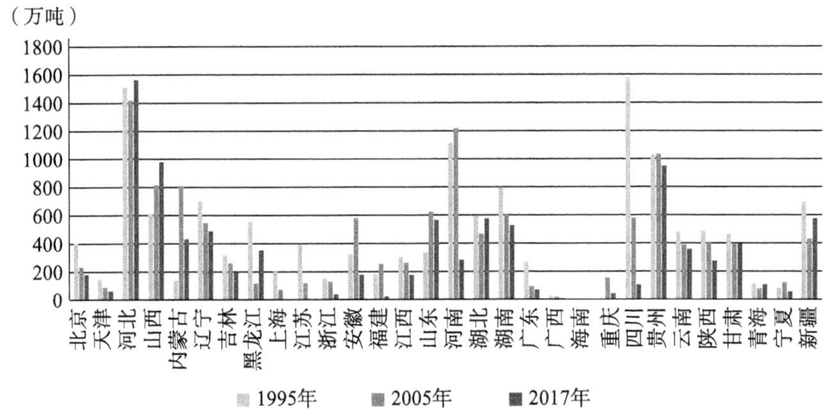


**图 3-4　1995—2017 年我国各省份居民煤炭消费量及其变化趋势**

南、山东、新疆等地，这些省份的居民在煤炭消费方面相对其他地区居民而言具有较高的可获得性，因而煤炭资源禀赋充足的地区往往也是居民煤炭消费量较高的地区，这说明居民家庭能源的消费情况在一定程度上取决于当地的能源资源禀赋状况。此外，由于重庆在 1995 年并未从四川分离出来，因此当年四川的煤炭消费量数据实际上是四川和重庆两地居民生活煤炭消费量的总和。2005 年，各省份居民煤炭消费量均有所变化，且变化趋势并不完全相同。我国居民煤炭消费量较高的省份依次是河北、河南、贵州三省，其煤炭消费量依次为 1420.54 万吨、1219.98 万吨、1035.80 万吨，其余省份居民煤炭消费量均小于 1000 万吨；而煤炭消费量最少的省份依次为海南、广西、上海，其煤炭消费量分别为 0 万吨、18.56 万吨、72.82 万吨。1995—2005 年，居民煤炭消费量呈现增长趋势的省份共计 9 个[①]，而其余的 21 个省份，居民的煤炭消费量均呈现下降趋势，其中下降幅度最大的三个省份依次为黑龙江、江苏和新疆，其煤炭消费量分别减少了 438.65 万吨、267.65 万吨和 262.21 万吨。2017 年，居民煤炭消费量及其分布又表现出新的变化。绝大多数省份居民的煤炭消费量均有所减少，少数省份如河北、山西、黑

① 9 个省份分别是山西、内蒙古、安徽、福建、山东、河南、重庆、贵州、宁夏。

龙江、湖北、新疆居民在煤炭消费量上出现了反弹趋势，河北省的煤炭消费量再创历史新高，增长至 1564.03 万吨；山西、黑龙江、湖北、新疆居民煤炭消费量依次为 978.18 万吨、352.24 万吨、575.81 万吨、573.11 万吨。从整体上看，1995—2017 年我国绝大多数省份的居民在煤炭消费方面基本上呈逐渐下降的趋势，即居民能源消费中对于煤炭资源的依赖性逐渐降低。由于煤炭及相关能源产品在消费过程中存在包括碳排放在内的各类污染物排放系数较高的问题，因而普遍被视为是高污染、高碳排放的能源，我国居民能源消费中煤炭消费量逐渐下降表明居民的能源消费正在远离高污染、高碳排放能源而转向其他相对较为清洁的能源。

除了煤炭能源以外，液化石油气也是我国各省份居民普遍使用的家庭能源之一。液化石油气是在炼油厂内，由天然气或者石油进行加压降温液化所得到的一种无色挥发性液体，其主要成分是丙烷、丙烯、丁烷、丁烯中的一种或两种，当丙烷加丁烷的百分比超过该气体总量的60%以上才被称为液化石油气。液化石油气在居民家庭生活中的主要用途是燃料，其具有热值高、无烟尘、无炭渣、操作方便的特点。图 3-5 显示了 1995—2017 年我国各省份居民液化石油气的消费量及其变化趋势。

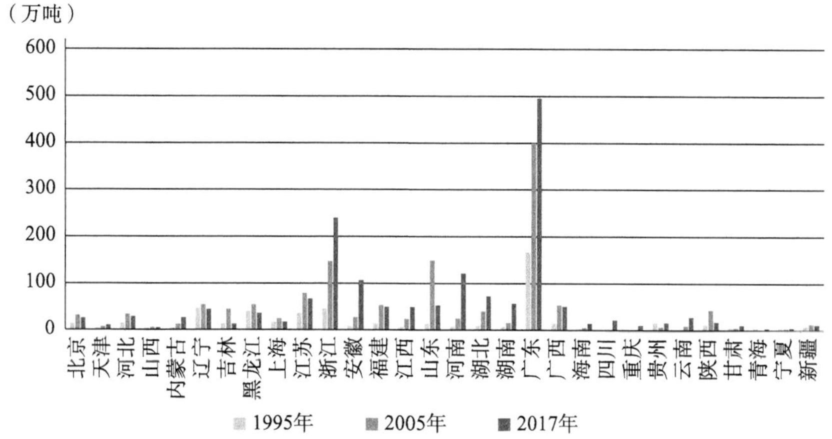


**图 3-5 1995—2017 年我国各省份居民液化石油气消费量及其变化趋势**

从图 3-5 可以看出，与煤炭消费明显不同的是，我国居民在液化石油气方面的消费呈现出更显著的差异性分布特征。1995—2017 年，绝大多数省份的居民在液化石油气消费方面都呈现出增长趋势，少数省份如新疆、陕西等地的居民在液化石油气消费上表现出波动中有所下降的趋势，这可能与这些地区液化石油气资源的可获得性以及基础设施普及程度有关。此外，北京、山西、吉林、黑龙江、福建等一些经济相对较为发达地区的居民在液化石油气的消费上也有所下降，这可能是因为其他更为便捷的能源资源取代了液化石油气，如天然气及其基础设施管道逐渐普及，使居民从消费液化石油气转向消费天然气。1995 年，我国居民液化石油气的消费主要集中在广东、辽宁、黑龙江、江苏、浙江 5 个省份；尤其是广东，液化石油气消费量高达 166.41 万吨，几乎占据了当年全国液化石油气消费总量的一半；而辽宁、黑龙江、江苏、浙江 4 个主要液化石油气消费省份的消费量则保持在 40 万吨左右，其余省份液化石油气消费量保持在 20 万吨以下。在 1995 年后的 20 多年里，各省份居民在液化石油气方面的消费基本上保持缓慢增长的趋势。2017 年，广东依然是我国居民液化石油气消费大省，当地居民液化石油气的消费量高达 494.85 万吨，是居于第二位的浙江居民液化石油气消费量（239.19 万吨）的 2 倍，其余省份居民在液化石油气方面的消费量基本上维持在 100 万吨以下，河南和安徽两省居民在液化石油气上的消费量分别为 121.06 万吨和 106.44 万吨，分别居于第三位和第四位。与煤炭资源相比，液化石油气属于相对便捷、高效且清洁的能源，其在居民家庭生活中的消费与当地家庭能源基础设施普及水平以及居民家庭终端用能设备有很大关系，因而我国居民液化石油气消费量较大的省份多是经济较为发达的省份，如广东、浙江等沿海发达省份。

由于液化石油气主要是通过石油加工提炼获得的，因而其供应价格往往受到石油价格的影响。随着世界石油开采成本和价格的持续上升，液化石油气的价格也呈现出上涨趋势。相对而言，能够产生相同热值的天然气价格更为便宜，具有明显的经济性。随着我国环境污染、碳排放问题的日益严重，环境保护、碳减排、清洁生产逐渐提上日程，市场对清洁、高效、廉价能源的需求逐渐增长，天然气的消费获得快速发展。

我国居民天然气能源的消费呈现出“从无到有，从有到多”的局面。20 世纪八九十年代，我国居民家庭能源主要为煤炭、石油等传统能源，随着经济的发展、环境污染问题的凸显以及能源开采和利用技术的改进，天然气作为一种新型的清洁、高效、无污染能源，逐渐进入我国居民家庭能源体系中。图 3-6 显示了 1995—2017 年我国各省份居民天然气消费量及其变化趋势。

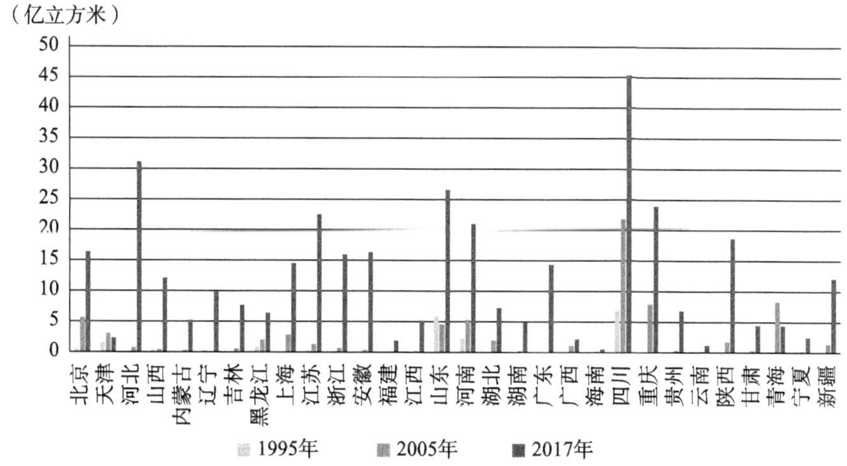


**图 3-6 1995—2017 年我国各省份居民天然气消费量及其变化趋势**

从图 3-6 可以看出，1995 年，我国只有少数几个省份的居民少量使用天然气作为家庭能源之一，主要包括北京、天津、黑龙江、河南、四川等省份；到了 2005 年，随着我国天然气开采量的不断增长以及天然气管道的持续铺设，大多数省份的居民已经能够普遍使用天然气作为家庭能源，只是居民天然气的消费量依然处于少量阶段。2005 年与 1995 年相比，居民天然气消费量并未出现显著的增长。2017 年，居民天然气消费获得长足的增长，多数省份增长显著。天然气消费量最高的 6 个省份依次为四川、河北、山东、重庆、江苏、河南，消费量依次为 45. 43 亿立方米、31. 12 亿立方米、26. 59 亿立方米、23. 92 亿立方米、22. 58 亿立方米、20. 95 亿立方米，其余省份居民在天然气方面的消费量相对较少。海南居民天然气消费量不足1亿立方米，是消费量最少的省份，云南次之，仅有1.19亿立方米。然而，不可否认的是，20多年间，天然气能源在居民家庭生活中的使用代表着我国居民能源消费种类的增多，居民天然气能源消费量的持续增长也说明我国居民能源消费顺着能源阶梯逐渐向“清洁、高效、便捷”的高级能源攀爬。无论是煤炭、液化石油气还是作为清洁能源的天然气，作为一次能源，在我国不同省份居民之间的消费量均存在较大的差异，而且这种差异随着时间推移在不断地发生变化。

此外，电力作为二次能源，在我国居民生活消费中扮演着越来越重要的角色。图3-7显示了1995—2017年我国各省份居民电力消费量及其变化趋势。

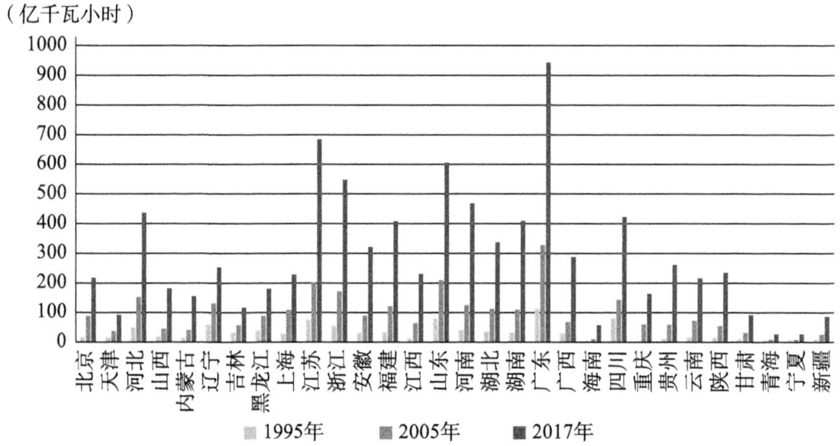


**图3-7 1995—2017年我国各省份居民电力消费量及其变化趋势**

从图3-7可以看出，与煤炭、液化石油气和天然气的消费量及其变化趋势不同的是，我国各省份居民在电力消费量上均呈现出典型的随着时间推移而不断增长的趋势，而且这种增长趋势在发达地区更为明显，如广东、江苏、浙江等地。20世纪80年代末到90年代初是我国居民生活用电普及的初期，虽然各省份居民基本上都开始使用电力作为家庭能源，但其主要用途在于照明和电视机、收音机等简单的娱乐活动用电，因而居民电力消费量整体保持在较低的水平，1995 年只有广东的居民生活用电量超过了 100 亿千瓦时，其余省份的居民用电量都在 100 亿千瓦时以下。1995—2005 年我国各省份居民电力消费量虽然有所增长，但多数省份居民电力消费量保持在 100 亿～200 亿千瓦时，极少数省份（广东、山东）超过了 200 亿千瓦时。2006—2017 年是我国居民生活用电量快速增长的时期，尤其是广东、江苏、浙江、山东、河北等地，居民生活用电量增长显著。这一时期是我国互联网信息通信技术快速发展的黄金时期，从 3G、4G 到如今的 5G 智能时代，无线通信、智慧城市、智能家居、智能可穿戴设备等电子通信、娱乐产品已经成为人们生活中不可或缺的设备，而这些设备对电力能源的依赖也极大地促进了居民家庭用电量的增长。居民生活电力的消费用途也逐渐从简单的以“照明为主”拓展至“照明+烹饪+取暖制冷”再到“通信+娱乐为主，照明+烹饪+取暖制冷为辅”的方向转变。由此可见，能源消费用途的拓展也是居民生活用电量逐渐增长的重要原因之一。由于电力属于二次能源，虽然其消费过程是清洁、无污染的，但不能据此判定电力的来源也是清洁、无污染的。20 世纪八九十年代，我国电力主要是靠火电厂发电，煤炭是最主要的发电能源，因而电力消费量的持续增长必然伴随着包括碳排放、二氧化硫、粉尘烟尘在内的污染排放的增长。21 世纪以来，随着环境污染问题的日益加剧以及人们生产、生活中对电力的需求持续增长，利用清洁、可再生的能源进行发电以同时满足“保护环境、保障电力”的双重目标受到党和政府的重视，水力发电、可再生能源发电等在总电力生产中所占的比重正在逐渐增长。因而，对我国居民生活用电的分析不仅仅要分析其用电量的分布状态和趋势，更要通过用电量考察电力背后的发电燃料来源。

## 3.4 中国家庭能源消费的不平等性分析

我国居民家庭能源消费不仅在总量上呈现出不断增长的趋势，而且在能源消费种类上呈现出不断扩展的状态。在不同省份，居民家庭能源消费不仅在绝对数量上表现出差异化状态，而且随着时间、经济、社会等条件的变化也呈现出迥异的变化趋势。上面两节内容对我国居民能源消费状态的分析仅仅是从绝对量和地区分布方面的浅显描述，下文将基于经典的不平等性测度分析方法，对我国不同地区居民家庭能源的消费状况进行精准测算和分析，以全面衡量我国居民能源消费的分布状态及演变趋势。

### 3.4.1 家庭能源消费不平等性的测度方法

关于不平等性的测度源于收入分配领域，其测度方法主要包括绝对指标测度和相对指标测度。使用数据标准差、方差等进行测度的方法属于绝对指标测度法，这种测度方法因为存在量纲，所以无法进行相互间的比较而逐渐被淘汰；而基于无量纲化、齐次性、规模无关性、零标准化[①]等特征的相对指标测度法受到越来越多研究不平等问题的学者的青睐。本书借鉴传统收入分配领域测度不平等性的相对指标，对我国居民家庭能源消费分布状况进行测度，具体指标有以下几类。

（1）变异系数（Coefficient of Variation，CV）

这是最简单的不平等性测度指标，通过计算样本内个体与样本整体均值之间的差异来衡量整个样本的分布状态，其具体计算方式为：

$$CV = \frac{\sqrt{\sum_{i=1}^{N}(y_i - \bar{y})^2/N}}{\bar{y}} \tag{3-1}$$

其中，$\bar{y}$ 代表样本整体均值；$y_i$ 则代表个体 $i$ 的具体值；$N$ 代表样本个数。$CV$ 值越大代表样本中各个体值与样本整体均值之间的差距越大，即样本的分布不平等性较高；反之，$CV$ 值越小则说明样本中各个体的分布较为平等，差异较小。该指标计算方式简单清晰，易于理解，但也必须注意的是，该计算方式对样本中的异常值非常敏感，即某个个

① 最小值为 0，代表绝对公平状态。

体的异常情况会在很大程度上决定样本整体的分布状态。

（2）基尼系数（Gini Coefficient）

基尼系数是使用较为广泛的测度收入分布平等性的指标之一，是意大利经济学家基尼依据洛伦兹曲线提出的判断收入分配平等程度的相对指标，其具体计算方式为：

$$\text{Gini} = \frac{(2\sum_{i=1}^{N} iy)}{(N\sum_{i=1}^{N} y_i)} - 1 - \frac{1}{N} \tag{3-2}$$

式（3-2）中，样本中个体的顺序 $i$ 按照指标 $y$ 的升序进行排列。基尼系数的取值介于 0 和 1，越接近于 0 代表样本分布越平等；反之，越接近于 1 则代表样本分布极不平等。基尼系数只能反映出样本的分布结果，并不能显示出不平等到底集中在哪些部分的个体中。

（3）Theil 指数

Theil 指数是广义熵指数的一种，是可以进行完全的组内、组间分解的不平等性测度的指标，其计算方式如下：

$$T_p = \sum_i \sum_j \left(\frac{y_{ij}}{y_i}\right)\log\left(\frac{y_{ij}p}{yp_{ij}}\right) \tag{3-3}$$

式（3-3）中，$y_{ij}$、$p_{ij}$分别代表第 $i$ 组内第 $j$ 个样本的指标值（如能源消费量）和人口数量；$y$、$p$ 分别为样本总体的指标值（如能源消费总量）和人口数量。$T_p$ 值越大，代表样本内个体之间的差异程度越高，即分布越不平等。

式（3-3）可以进行组内和组间分解，如下式所示：

$$\begin{aligned} T_p &= \sum_i \frac{y_i}{y}\sum_j \left(\frac{y_{ij}}{y_i}\right)\log\left(\frac{y_{ij}p_i}{y_ip_{ij}}\right) + \sum_i \left(\frac{y_i}{y}\right)\log\left(\frac{y_ip}{yp_i}\right) \\ &= \sum_i \left(\frac{y_i}{y}\right)T_{pi} + T_{BR} = T_{WR} + T_{BR} \end{aligned} \tag{3-4}$$

式（3-4）中，$T_{pi}$ 为第 $i$ 组内个体间在具体指标值方面的差异；$T_{WR}$ 以及 $T_{BR}$ 分别表示组内差异和组件差异。Theil 指数具有可以完全进行组内和组间分解的特性，因而学者们经常使用该指数对地区间各类指标的分布状态进行描述，并进行分组分解和分析，提出针对不同分组的政策建议。

（4）集中度指数（Concentration Index，CI）

集中度指数又称拟基尼系数（quasi-Gini Coefficient，qGini），是一种与基尼系数类似的不平等性测度指标，二者最主要的区别在于对样本中个体的排序方式设定有所不同，集中度指数的具体计算方式为：

$$qGini = \frac{(2\sum_{i=1}^{N} iy_i)}{(N\sum_{i=1}^{N} y_i)} - 1 - \frac{1}{N} \tag{3-5}$$

式（3-5）与普通的基尼系数不同之处在于，这里的 $i$ 是按照人均 GDP 的升序进行排列的，因而拟基尼系数以人均收入水平为基本排序依据，衡量在人均收入水平确定前提下样本中个体在某个指标值方面的累计集中程度，其值越大则表示高收入群体在测度指标值方面的集中度较高，即指标值在高、低收入群体之间的差距较大，分配较为不公平；反之，则表示测度指标在不同收入群体之间的分配较为公平。

（5）洛伦兹曲线

洛伦兹曲线是由美国统计学家洛伦兹提出来的，最早用于衡量国民收入在国民之间的分配不平等性，其基本思想是将一国或地区的人口按照收入水平从低到高进行升序排列，然后考虑收入最低的任意百分比人口所获得的收入水平的百分比，依次累计计算不同人口累积比例上所获得收入累计百分比，最后获得人口累计百分比与收入累计百分比之间的一一对应关系，即一国或地区居民分布收入水平的洛伦兹曲线。如图 3-8 所示，横坐标为该国或地区相对人口累计百分比，纵坐标为该国或地区人口收入累计百分比。

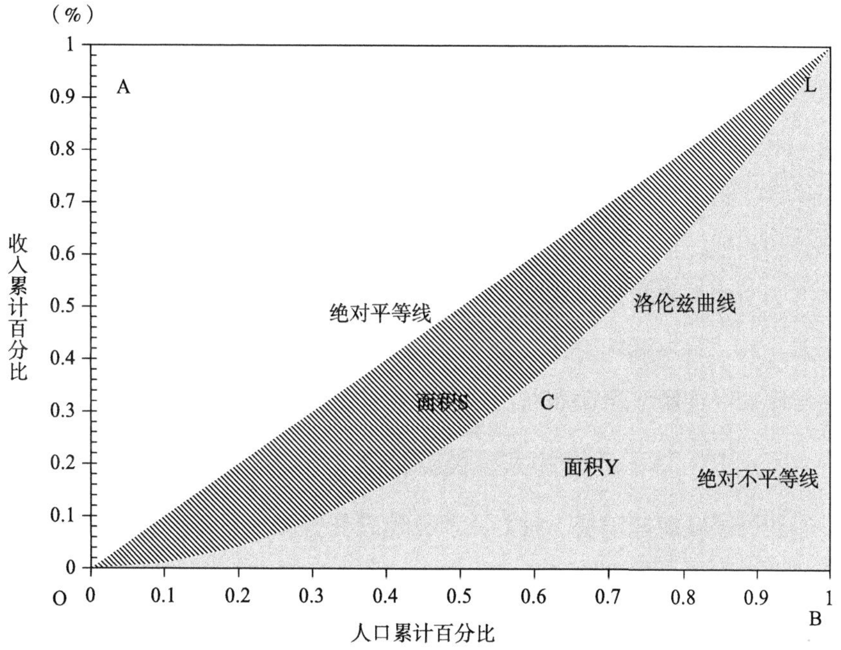


**图 3-8 洛伦兹曲线示意图**

在收入分配绝对平等的理想状态下，每1%的人口得到的收入都是相等的，占总收入的1%，累计99%的人口获得总收入的99%，此时的收入分配是绝对平均的状态，在图3-8中表示为对角线OL——“绝对平等线”。与之相对应的另外一种极端情况即为“绝对不平等线”，在图3-8中表示为OBL线，它意味着几乎所有的人口都没有获得任何收入，即99%的人口都没有收入，而所有的收入都集中在剩余的1%的人手中，即1%的人占有了该国或地区100%的收入。

一般而言，介于“绝对平等线”和“绝对不平等线”之间的状态是一国或地区居民收入分配的现实状态，相应的洛伦兹曲线既不是对角线OL，也不是折线OBL，而是介于两者之间的那条凸向横轴的曲线OCL。洛伦兹曲线的弯曲程度代表了收入分配的不平等程度，其与“绝对平等线”之间的距离越近则说明收入分配不平等性越低，即收入分配越趋向于较为平均的状态；反之，其越凸向横轴则表示收入分配程度越不公平。国际上通用的衡量收入差距的基尼系数就是由洛伦兹曲线推导而来的，其测算原理即为洛伦兹曲线背离“绝对平等线”的程度，即图 3-8中，洛伦兹曲线与“绝对平等线”之间的面积 S 与“绝对平等线”和“绝对不平等线”共同构成的面积之比值，即基尼系数=面积 S/(面积 S+面积 Y)，在实际的计算中采用定积分的方式获得不同部分的面积，然后求得相应的基尼系数。

为全面考察我国不同地区、不同群体之间在家庭能源消费方面存在的差异性，本书运用上述几种不平等性测度方法对我国自 1995 年以来的居民家庭能源消费分布状况进行测度和分析。

### 3.4.2 基于地域的家庭能源消费不平等性分析

居民家庭能源消费不仅与其所处地理位置、气候条件、能源禀赋等自然条件有着密切的联系，同时也与地方经济发展、能源开采和利用技术水平、能源基础设施普及程度、用能政策等紧密相关。1995 年，我国居民家庭能源消费主要集中在煤炭、液化石油气和电力三类能源上，其中煤炭和液化石油气是重要的取暖和生活燃料，电力则是主要的照明和娱乐设施能源。结合各省份人口数据对能源消费量取人均数值，对我国各省份人均不同种类能源消费量进行对比和不平等性分布测算，可以得到我国不同地区居民家庭能源消费的不平等性分布状态。表 3-3 是 1995 年、2005 年、2017 年我国各省份居民人均能源消费数据统计特征。

**表 3-3 各省份居民人均能源消费数据统计特征**

| 能源种类 | 年份 | 最大值 | 最小值 | 平均值 | 标准差 |
|---|---|---|---|---|---|
| 煤炭/吨/人 | 1995 | 0.417 | 0 | 0.133 | 0.099 |
| | 2005 | 0.338 | 0 | 0.110 | 0.084 |
| | 2017 | 0.265 | 0 | 0.082 | 0.081 |
| 液化石油气/吨/人 | 1995 | 0.024 | 0 | 0.005 | 0.005 |
| | 2005 | 0.043 | 0 | 0.009 | 0.009 |
| | 2017 | 0.044 | 0.001 | 0.010 | 0.010 |

续表

| 能源种类 | 年份 | 最大值 | 最小值 | 平均值 | 标准差 |
|---|---|---|---|---|---|
| 天然气/立方米/人 | 1995 | 18.47 | 0 | 1.536 | 3.770 |
| | 2005 | 153.78 | 0 | 11.417 | 28.740 |
| | 2017 | 77.79 | 2.48 | 29.418 | 21.758 |
| 电力/千瓦时/人 | 1995 | 213.99 | 29.56 | 88.06 | 47.35 |
| | 2005 | 578.15 | 127.54 | 230.25 | 118.89 |
| | 2017 | 1043.83 | 347.79 | 610.48 | 191.14 |

从表3-3可以看出，我国居民家庭人均煤炭消费量随着时间的推移整体呈现出下降趋势，而且各省份的人均煤炭消费量均值及标准差也在降低，说明我国居民家庭能源消费中煤炭的地位正在降低，这与我国进入21世纪以来全面推进的"节能减排"相关政策有着密切的联系；相反，我国居民在液化石油气和天然气的消费上均呈现出逐渐增长的趋势，无论是最高值、均值还是标准差都在逐渐增长，这意味着我国居民家庭能源消费正在逐渐从传统的煤炭能源转向相对较为清洁的现代能源。此外，在二次能源——电力的消费方面，其增长速度远远超过以上三种能源。1995年我国居民平均用电量约为88.06千瓦时/人，居民用电量最高的省份为上海，人均用电量达到213.99千瓦时/人；2005年我国居民平均用电量增长了将近2倍，达到230.25千瓦时/人，其中用电量最高的省份为北京，人均用电量达到578.15千瓦时；2017年，我国居民平均用电量达到了610.48千瓦时/人，用电量最高的省份为福建，人均用电量为1043.83千瓦时/人，其次是北京，人均用电量达到1004.38千瓦时/人。我国各地居民用电量的标准差也呈现出逐渐增长的趋势，这意味着居民电力消费持续增长的同时，不同地区间居民电力消费的差距也在逐渐拉大，即居民电力消费分布的不平等性程度在逐渐增加。

本节进一步结合前文所列的相关不平等性测度指标，对我国居民家庭能源消费分布状况进行测度，以精确观察不同地区居民家庭能源消费的分布不平等性状态及其变化趋势。

本节基于我国1995年、2005年和2017年的人均能源消费数据，结合本章上一节中提出的不平等性测度方法，分别计算了样本初期、中期、末期人均能源消费的省际分布不平等性程度，具体见表3-4。

**表3-4 各省份居民人均能源消费分布状况测度**

| 能源 | 年份 | CV系数 | Gini系数 | qGini系数 |
|---|---|---|---|---|
| 煤炭 | 1995 | 0.708 | 0.378 | 0.510 |
| | 2005 | 0.731 | 0.392 | 0.530 |
| | 2017 | 0.916 | 0.489 | 0.703 |
| 液化石油气 | 1995 | 0.996 | 0.478 | 0.678 |
| | 2005 | 0.906 | 0.439 | 0.606 |
| | 2017 | 1.005 | 0.434 | 0.600 |
| 天然气 | 1995 | 1.225 | 0.553 | 0.816 |
| | 2005 | 2.371 | 0.758 | 0.802 |
| | 2017 | 0.740 | 0.397 | 0.537 |
| 电力 | 1995 | 0.538 | 0.285 | 0.356 |
| | 2005 | 0.516 | 0.248 | 0.306 |
| | 2017 | 0.313 | 0.165 | 0.190 |

首先，从一次能源消费的省际分布来看，煤炭消费的CV系数、Gini系数以及qGini系数均表现出逐渐增大的趋势，这意味着我国不同省份的居民在煤炭能源消费方面的差距越来越大，说明虽然我国大部分省份的居民随着经济发展、环境规制标准的提升以及节能减排政策措施的实施，逐渐减少了对煤炭这种污染排放较高的能源的使用，但是不同地区居民在煤炭消耗上的分布不平等性却在逐渐增大。液化石油气消费的CV系数表现出增大的趋势，一方面与CV系数本身对样本中个体异常值较为敏感有关系，另一方面也与样本数量持续变动有关。Gini系数和qGini系数则呈现出逐渐下降的趋势，说明我国省际居民在液化石油气方面的消费差距在逐渐缩小。在天然气消费方面，CV系数表现出剧烈波动，先上升后下降，这与天然气的消费对基础管道设施依赖较高有

关，而且我国不同省份天然气普及程度不一，从而导致样本剧烈变动：1995 年，我国只有 10 个省份的居民接入了天然气管道，存在居民天然气消耗数据；2005 年，我国依然有 3 个省份（辽宁、广东、福建）的居民没有接入天然气管道设备，因而没有居民天然气消费方面的统计数据；2017 年，我国所有省份均已普及天然气，而且居民天然气消费量与样本初期相比，呈现出大幅度上升趋势。天然气消费的省际分布 Gini 系数和 qGini 系数均表现出下降趋势，这意味着我国各省份居民在天然气的普及和使用方面差距在逐渐缩小。在二次能源——电力的消费方面，无论是 CV 系数，还是 Gini 系数和 qGini 系数，均表现出大幅度下降的态势，这说明我国各省份居民在电力消费上的差距在逐渐缩小。结合表 3-3 中的居民电力消费量变化趋势可知，我国各省份居民在电力消费方面不仅消费量持续增长，而且省份之间的差距也在逐渐缩小。

联合国开发计划署等组织结合 Gini 系数所处的区间，对不平等性程度进行了划分，即当 Gini 系数低于 0.2 时，表示样本变量分布处于高度平均的状态；当 Gini 系数位于 0.2~0.29 时，表示样本变量分布处于比较平均的状态；当 Gini 系数位于 0.3~0.39 时，表示样本变量分布处于相对合理的状态；当 Gini 系数位于 0.4~0.49 时，则表示样本变量分布处于差距较大的状态；当 Gini 系数位于 0.6 以上时，表示样本变量的分布处于极为悬殊的状态。本书结合联合国开发计划署对 Gini 系数的分布状态划分，将我国省际居民能源消费分布状态进行归类，具体见表 3-5。

**表 3-5 我国省际居民能源消费分布状态及变化趋势**

| 能源 | 年份 | Gini 系数分布状态 |
|---|---|---|
| 煤炭 | 1995 | 相对合理 |
| | 2005 | 相对合理 |
| | 2017 | 差距较大 |

续表

| 能源 | 年份 | Gini 系数分布状态 |
|---|---|---|
| 液化石油气 | 1995 | 差距较大 |
| | 2005 | 差距较大 |
| | 2017 | 差距较大 |
| 天然气 | 1995 | 差距较大 |
| | 2005 | 差距悬殊 |
| | 2017 | 相对合理 |
| 电力 | 1995 | 比较平均 |
| | 2005 | 比较平均 |
| | 2017 | 高度平均 |

由表3-5可知，我国不同省份居民在煤炭和液化石油气两类家庭能源上的消费存在着较大差距，而天然气消费的省际分布在1995年存在着较大差距，此后逐渐缩小，2017年基本上处于相对合理的分布状态；在二次能源——电力的消费上，我国各省份居民均实现了全面的电力化，不仅使居民人均生活用电量大幅度增长，而且各省份之间的差距也在不断缩小，处于高度平均的状态，即居民的生活用电需求基本都能够获得满足。因而，对我国居民能源消费差异的关注应当重点关注煤炭、天然气等一次能源的消费。

### 3.4.3 基于资源禀赋差异的家庭能源消费不平等性分析

能源是一种典型的物质资源，在不同的地区分布明显不同。能源资源禀赋对当地经济生产、居民生活产生着不可或缺的影响，本节重点考察能源资源禀赋对我国居民家庭能源消费分布状态的影响，探讨基于资源禀赋差异下的家庭能源消费不平等性状态。资源禀赋又称要素禀赋，是指一国（地区）拥有的各种生产要素，包括劳动力、资本、土地、技术、管理等方面。在矿产、能源的生产和消费方面，自然资源禀赋是指一国（地区）的某种矿产、能源要素供给比例大于别国（地区），因而价格相对低于别国（地区）同种要素的价格，从而对当地的能源生产和消费有一定的决定作用。由于居民家庭能源消费属于终端能源消费，因而本节使用各地区煤炭、石油、天然气等能源的生产量作为当地资源禀赋的代表，考察各地区能源生产量的差异导致的家庭能源消费不平等性分布。

《中国能源统计年鉴》数据显示，1995 年，我国可供消费的一次性能源生产总量约为 129075.69 万吨标准煤，其中居民家庭能源消费总量约为 15744.84 万吨标准煤，占总能源生产总量的 12.20%；在不同种类的能源生产和消费上，煤炭总生产量为 97197.04 万吨标准煤，其中家庭煤炭消费量为 9490.29 万吨标准煤，占煤炭总产量的 9.76%；石油及石油产品总生产量为 21435.27 万吨标准煤，其中家庭生活消费量为 1130.90 万吨标准煤，占石油及石油产品总产量的 5.28%；天然气总生产量为 2386.95 万吨标准煤，其中家庭天然气消费量为 258.15 万吨标准煤，占天然气总产量的 10.82%；电力总生产量约为 2499.91 万吨标准煤，其中家庭用电消费量约为 1235.85 万吨标准煤，占电力总生产量的 49.4%。我国城乡居民在不同能源的消费上存在着差异。城镇居民能源消费总量约为 8405.46 万吨标准煤，而乡村居民能源消费总量约为 7339.35 万吨标准煤，二者的差距只有 1066.11 万吨标准煤。然而在不同的能源类别上却显示出较为明显的差异：在煤炭消费方面，城镇居民总消费量为 4096.72 万吨标准煤，乡村居民总消费量约为 5393.57 万吨标准煤，分别占居民煤炭总消费量的 43.16%、56.84%；在石油及石油产品的消费方面，城镇居民总消费量约为 962.99 万吨标准煤，乡村居民总消费量仅有 167.91 万吨标准煤，分别占居民石油及石油产品总消费量的 85.14%、14.84%；在天然气消费方面，城镇居民的天然气消费占比为 100%，乡村居民无任何天然气消费；在电力消费方面，城镇居民消费量为 706.24 万吨标准煤，乡村居民消费量约为 529.61 万吨标准煤，居民电力消费量的占比分别为 57.14%、42.86%。由此可见，城镇居民在石油及石油制品、天然气和电力上的消费量均大于乡村居民，尤其是在天然气的消费方面；而在传统煤炭能源的消费方面，乡村居民的消费量略高于城镇居民。

2017年，《中国能源统计年鉴》数据显示，我国一次性能源生产总量约为358500万吨标准煤，其中居民家庭能源消费量达到了57620万吨标准煤，占能源生产总量的比重约为16.07%；与1995年相比，能源生产总量增长了约177.75%，家庭能源消费量增长了约265.96%，居民能源消费量的增长速度远远超过能源生产量的增长速度。在家庭能源消费中，城镇居民家庭能源消费总量约为33295.18万吨标准煤，乡村居民能源消费总量约为24325.13万吨标准煤，较之1995年的增长幅度分别为296.11%、231.43%；城镇居民能源消费不仅在绝对量上大于乡村居民能源消费，而且在增长幅度上也远高于乡村居民。在具体的能源消费种类中，煤炭的生产总量为249675.83万吨标准煤，石油及石油制品生产总量为84210.44万吨标准煤，天然气的生产量为19392.59万吨标准煤，电力的生产总量约为22520.24万吨标准煤，与1995年相比，这些能源生产总量的增长幅度分别为156.88%、292.86%、712.44%、800.84%。可见，随着我国经济的发展以及能源开采技术的提高，我国能源生产随着“能源阶梯”向上攀爬，即现代新型、清洁、高效的能源生产量增长幅度较高。我国家庭能源消费也显示出沿着“能源阶梯”向上攀爬的趋势。2017年我国居民煤炭消费总量约为6927.82万吨标准煤，其中城镇居民煤炭消费量约为898.33万吨标准煤，乡村居民煤炭消费量约为6029.49万吨标准煤，与1995年相比，这三个指标均显著下降，下降幅度分别为27.00%、89.31%、17.92%，城镇居民在煤炭能源的消费上降幅最高，乡村居民在煤炭能源的消费方面降幅不是很明显。在石油及石油制品的消费上，其消费总量约为11396.85万吨标准煤，其中城镇居民消费量约为7923.29万吨标准煤，乡村居民消费量约为3473.56万吨标准煤，与1995年相比，这三个指标增长幅度分别为907.77%、722.78%、1968.70%。虽然城镇居民石油及石油制品的消费量依然高于乡村居民，但是二者的差距在逐渐缩小，乡村居民在石油及石油制品方面的消费增长幅度远远高于城镇居民，这一方面与石油及石油制品在生活中的应用较为广泛有关；另一方面也说明随着居民经济条件的改善，其生活需求维度在逐渐扩展，主要表现为城乡居民私家车拥有量的持续增长，尤其是在乡村地区，这种增长更为显著。在天然气消费方面，我国居民的消费总量约为5505.90万吨标准煤，其中城镇居民天然气消费量约为5470.73万吨标准煤，乡村居民天然气消费量约为35.17万吨标准煤，与1995年相比，乡村居民天然气消费实现了“从无到有”的跨越，城镇居民天然气消费增长了近20倍，天然气消费总量也增长了近20倍，由于天然气的消费与天然气管道、天然气量表、家用天然气炉灶等基础设施的普及密切相关，因而这种巨大的城乡天然气消费差异其实意味着城乡居民在以天然气为代表的清洁能源服务获得性方面的差距。此外，在二次能源——电力的消费方面，我国居民生活用电总量约为11148.96万吨标准煤，其中城镇用电量约为6098.07万吨标准煤，乡村居民用电量约为5050.89万吨标准煤，二者的差距并不大，与1995年相比，这三个指标的增长幅度分别为802.13%、763.46%、853.70%，乡村居民生活用电量的增长幅度略高于城镇居民，城乡居民在电力消费方面的差距较小，这意味着与天然气基础设施的普及存在着巨大的城乡差距相比，我国生活用电基础设施无论是城镇地区还是乡村地区，普及度均比较高，基本上不存在城乡差距。总而言之，到了2017年，我国居民能源消费不仅在总量上增长显著，而且在不同种类能源的消费上呈现出不同的演变趋势：以煤炭为主的传统能源消费不升反降，尤其是在城镇地区，下降幅度尤为显著；而石油及石油制品消费却呈明显的增长趋势，并且乡村地区的消费增幅远高于城镇地区；以天然气为主的清洁能源消费在持续增长，乡村地区实现了“从无到有”的跨越，但城镇地区的天然气消费依然占据绝对的主导地位，这与天然气能源的生活消费高度依赖基础设施的普及有关，我国城乡地区天然气管道普及率的差距直接影响了居民天然气的消费；相反，在电力的消费上，城乡居民的消费量均显著增长，并且二者之间的差距一直保持在较低的水平，这意味着我国城乡地区的生活用电基础设施普及度较高而且分布较为平均。

从上述描述性统计数据及分析中可以看出，1995—2017 年，在我国能源生产总量和能源消费量持续增长的趋势下，不同地区居民的能源消费分布依然呈现出多样的分布状态，并且这种不平等性分布状态处于不断变化之中。这种分布差异不仅表现在城镇和乡村之间，而且在我国不同省、自治区、市之间也呈现出分布差异。鉴于地区能源生产对当地能源资源禀赋的依赖，这里以地区各类能源生产量为能源资源禀赋的代理变量，探讨基于地区能源资源禀赋差异下的居民能源消费分布不平等性。

（1）省际居民煤炭消费洛伦兹曲线及其演变趋势

本书将我国各地区煤炭生产量在全国煤炭生产总量中所占比重从低到高依次排序，计算其累计百分比并以此为横坐标轴，以相应的地区居民煤炭消费比重的累计百分比为纵坐标轴，对我国不同年份省际居民的煤炭消费分布状态进行绘制，获得居民煤炭消费的洛伦兹曲线。图 3-9、图 3-10、图 3-11 分别展示了 1995 年、2005 年、2017 年我国省际居民煤炭消费洛伦兹曲线。

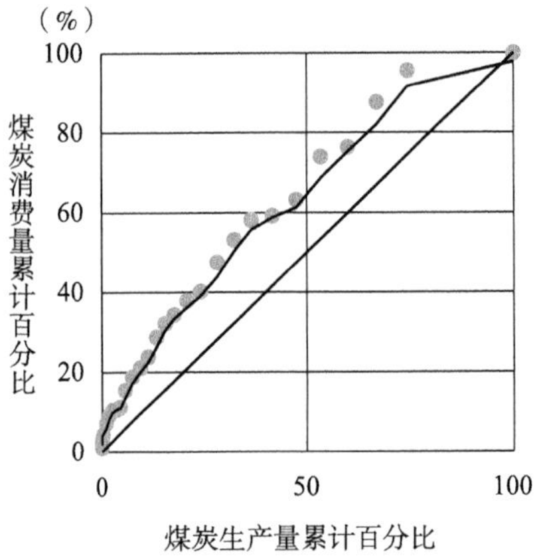


**图 3-9　1995 年居民煤炭消费洛伦兹曲线**

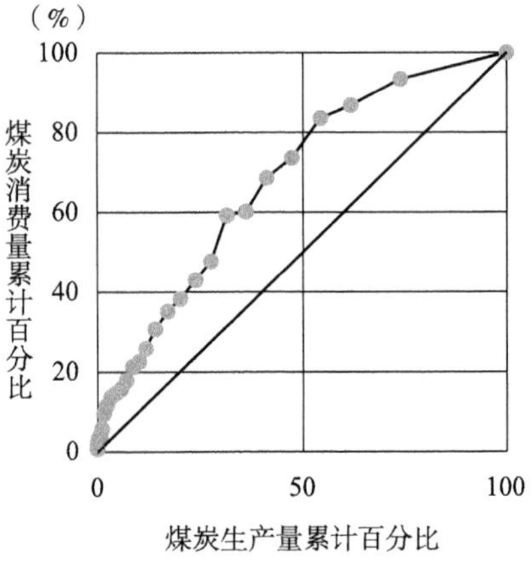


**图 3-10　2005 年居民煤炭消费洛伦兹曲线**

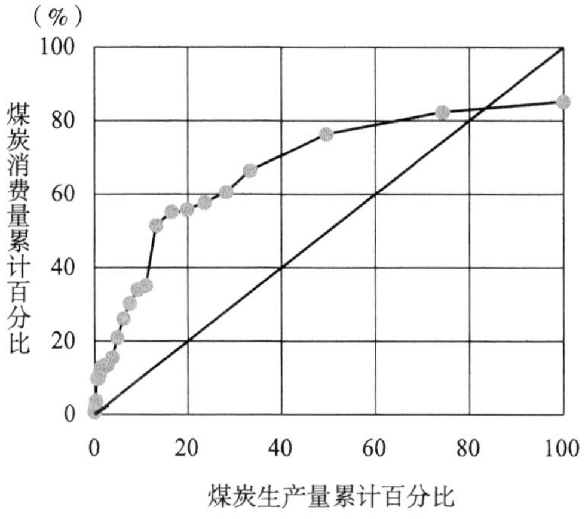


**图 3-11　2017 年居民煤炭消费洛伦兹曲线**

与传统的洛伦兹不平等性分布曲线基本位于“绝对平均线”下方不同，图 3-9、图 3-10、图 3-11 中的三条洛伦兹曲线均位于“绝对平均线”之上，而且随着时间的推移，其与“绝对平均线”的相对位置和两线之间的面积有所变动。根据洛伦兹曲线的设计原理以及横、纵坐标轴的具体含义，图 3-9、图 3-10、图 3-11 中的洛伦兹曲线位于“绝对平均线”以上，说明各地区的居民煤炭消费比重的累计百分比高于其煤炭生产比重的累计百分比，即意味着地区之间存在着煤炭资源的省际贸易，居民的煤炭消费对当地煤炭资源生产量的依赖程度并不高，并且在逐渐减弱。

1995 年，我国煤炭生产大省——山西的煤炭生产量占全国煤炭总产量的比重为 25.52%，然而该省居民生活煤炭消费量占比仅为 4.39%；山东、黑龙江、内蒙古、安徽、广西 5 个省份的煤炭生产量比重均高于消费量比重，其余大多数省份的煤炭生产量比重均小于煤炭消费量比重。2005 年，我国居民煤炭消费洛伦兹曲线依然位于“绝对平均线”之上，且与“绝对平均线”间的面积在扩张，这意味着大多数省份居民的煤炭消费累计百分比依然显著高于其煤炭生产累计百分比。2005 年，山西的煤炭产量占全国煤炭总产量的比重为

26.14%，而该省份居民煤炭消费量占比仅为6.63%，在其余省份中，煤炭生产占比高于煤炭消费占比的省份包括内蒙古、陕西、山东、黑龙江。2017年，我国煤炭消费更为集中，其中内蒙古、山西、陕西为煤炭生产量最高的省份，其煤炭生产量在全国煤炭总产量中的比重依次为25.73%、24.77%、16.22%，3个省份的煤炭生产量累计百分比超过了65%，然而3个省份居民煤炭消费累计占比却只有18%左右，其余省份居民煤炭消费占比均大于煤炭生产占比。因而洛伦兹曲线除了一部分曲线位于“绝对平均线”以下外，大部分依然位于“绝对平均线”以上，这与我国进入2010年以后实施的“节能减排”基本发展规划及能源转型策略息息相关。一方面我国居民能源消费中煤炭消费逐渐被天然气、电力等现代清洁能源所取代，另一方面我国的煤炭生产逐渐趋向于规范化、集中化和规模化，这有助于在提高煤炭生产效率的同时降低污染排放。

由此可见，居民煤炭能源的消费虽然与当地煤炭能源的生产有一定的联系，但二者之间的联系并不显著，尤其是在天津、上海、浙江等地区，1995—2017年的煤炭生产量几乎为零，但并未影响当地居民的煤炭消费量，而那些煤炭生产大省的居民在煤炭消费方面也并未显著高于其他省份，因此基于煤炭资源禀赋下的煤炭生产量对居民煤炭消费分布的影响并不显著。

（2）省际居民天然气消费洛伦兹曲线及其演变趋势

本节基于天然气消费和生产在各省份的状态，以各地区天然气生产量在全国天然气总产量中所占的比重从低到高升序排列，以其累计百分比为横坐标轴；计算相应地区居民天然气消费量占比，以其累计百分比为纵坐标轴，对省际居民的天然气消费分布状态进行绘制，获得如图3-12、图3-13、图3-14所示不同年份的洛伦兹曲线。

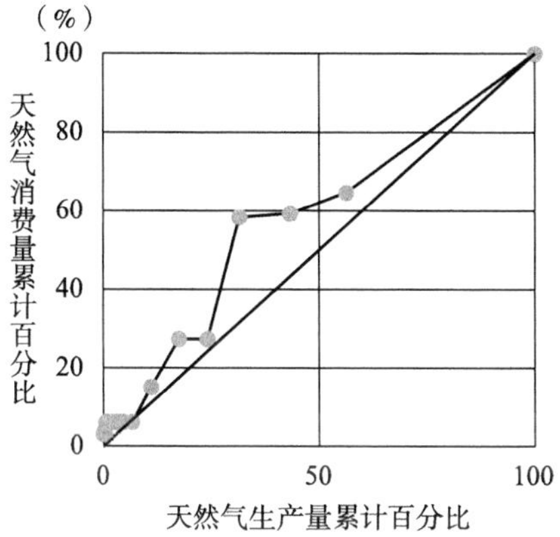


**图 3-12　1995 年居民天然气消费洛伦兹曲线**

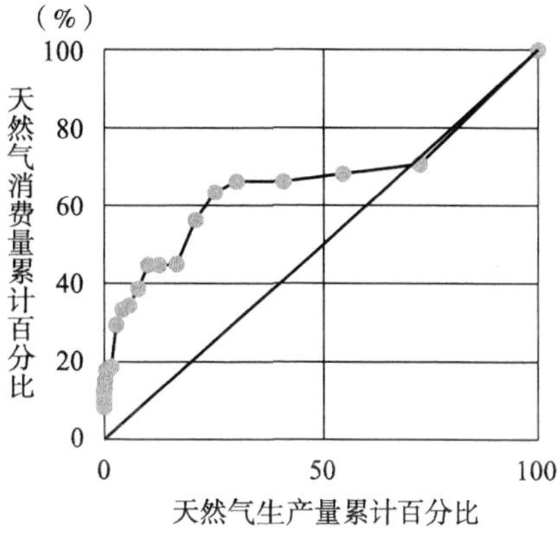


**图 3-13　2005 年居民天然气消费洛伦兹曲线**

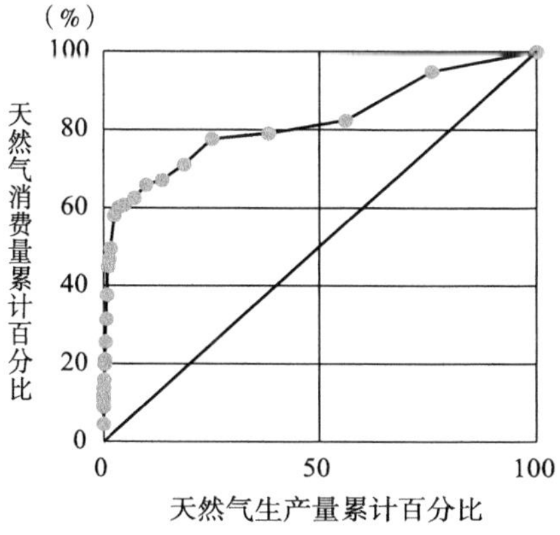


**图 3-14　2017 年居民天然气消费洛伦兹曲线**

从图 3-12、图 3-13、图 3-14 中可以看出，居民天然气消费洛伦兹曲线与居民煤炭消费洛伦兹曲线保持一致，基于天然气生产量累计百分比的居民天然气消费洛伦兹曲线同样位于“绝对平均线”以上，这意味着大多数省份的居民天然气消费量占比高于当地天然气生产量占比。随着时间的推移，我国省际居民天然气消费洛伦兹曲线向左上方偏移，与“绝对平均线”之间的距离越来越大，这意味着省际居民天然气消费也不依赖于当地的天然气生产，而且天然气生产量较少的省份其居民天然气消费量占比并不低，呈逐渐增长的趋势。2017 年，天然气消费累计占比超过 60%的省份，其天然气生产量占比累计不到 5%，因而其洛伦兹曲线更接近纵坐标轴分布，即省际居民生活用天然气消费的分布不平等性程度更高，与地区间天然气生产量累计分布的差距也在逐渐增大，即居民天然气消费分布并不依赖于天然气生产分布。

1995 年，并不是所有的省份都有天然气的生产与消费，如内蒙古、上海、浙江、安徽、福建、江西、湖南、广西、海南、贵州 10 个省份，既无天然气生产也无天然气的生活消费，而北京虽然天然气生产量为零，但居民天然气消费占比约为 3.09%，陕西、青海、湖北、广东、甘肃、吉林、云南、河北 8 个省份虽然有少量的天然气生产量，但这些地区由于生活用天然气管道尚未普及，因而并没有居民生活用天然气消费数据；反之，四川的天然气生产量占比约为 43.73%，是天然气生产大省，当地居民天然气消费占比约为 35.34%，黑龙江和辽宁次之，天然气生产量占比分别为 12.97%和 11.72%，当地居民天然气消费占比依次为 5.36%和 0.98%。2005 年，我国大部分省份城镇居民家庭天然气管道逐渐普及，大多数省份的城镇居民都可以使用天然气作为家庭能源消费之一，此时全国只有福建、辽宁、广东 3 个省份的居民天然气消费数据为零；在天然气生产上，北京、山西、浙江、安徽、福建、江西、湖南、广西、贵州、宁夏 10 个省份的天然气生产量为零，但是这 10 个省份的居民天然气消费约占全国总生活用天然气消费量的 12.56%；四川、陕西、新疆、广东、黑龙江 5 个省份是我国天然气生产量最高的省份，天然气生产量占比依次为 27.50%、17.96%、13.80%、10.33% 和 4.91%，而在这 5 个天然气生产大省中，居民生活用天然气消费占比除了四川省略高于其生产占比（约为 29.35%）以外，其他 4 个省份的消费占比远远低于其生产占比，分别为 2.40%、2.01%、0%、2.77%。2017 年，我国全部省份的居民都可以使用天然气作为家庭能源之一，而北京、浙江、福建、湖南、宁夏 5 个省份的天然气生产量仍为零，其居民天然气消费完全依赖于省际的天然气贸易和传输，这 5 个地区居民天然气消费累计占全国居民天然气消费量的 11.43%；此外，居民天然气消费累计占比达到 49.51%的省份有 18 个，这 18 个省份的天然气生产量累计占比却只有 1.63%，这意味着我国的天然气生产和消费分布存在着较大的差距，也进一步说明天然气的生产和地区间传输流通频率较高，居民天然气消费对当地天然气生产的依赖度低。陕西、四川、新疆、内蒙古为天然气生产大省，天然气生产量占比分别为 24.27%、19.64%、17.77%、13.13%，然而这 4 个省份居民的天然气消费占比却低得多，分别是 5.12%、12.48%、3.33%、1.43%。由此可见，在天然气消费方面，洛伦兹分布曲线与地区天然气生产量分布的联系更为稀疏，即地区天然气资源禀赋对地区居民天然气消费的影响不明显。

尽管一些学者的研究表明居民能源消费与其所在地的能源资源禀赋有显著的相关性，但是基于我国地区间煤炭、天然气能源生产量累计分布的居民能源消费洛伦兹曲线显示，地区间居民在煤炭以及天然气的消费上存在的不平等性分布状态处于不断变化中，而且这种能源消费的不平等性分布与地区相应能源生产累计分布并不一致，甚至呈现出截然相反的演变态势，即资源禀赋在当地居民的能源消费分布中并未起到明显的作用。

### 3.4.4 基于收入水平的家庭能源消费不平等性分析

在有关能源消费的影响因素的研究中，学者最早关注的影响因素为家庭收入水平。绝大多数研究文献是从家庭绝对收入状况、能源消费支出在家庭可支配收入中所占的比重、能源价格等维度考察居民家庭收入水平对能源消费状态的影响。在一些早期的文献中，家庭收入状况被认为与居民的能源消费水平和消费结构显著正相关，即家庭收入水平越低的居民在能源消费方面越容易出现消费不足的状况，从而陷入能源贫困，甚至引致健康损失和社会福利损失。在关于中国居民家庭能源消费的研究文献中，也有部分文献探讨了我国农村地区居民能源贫困的影响因素，其中家庭收入水平较低被认为是引起能源贫困的主要原因，然而此类文献仅就处于能源贫困状态的样本进行探讨，并未触及居民能源消费相对状态及其驱动因素。基于家庭收入水平与能源消费的密切联系，本节通过分析我国各年份省际居民家庭收入水平，探讨收入水平分布状态对居民能源消费分布状态及其演变趋势的影响。

1995 年，我国人均国内生产总值（GDP）约为 5091 元/人，然而在不同的地区，人均 GDP 却呈现出较大的差距。其中，上海人均 GDP 最高，约为 17779 元/人；其次是北京，约为 12690 元/人；而人均 GDP 最低的省份是贵州，人均 GDP 仅有 1826 元/人；仅次于贵州的是甘肃，人均 GDP 约为 2316 元/人，最富裕地区的居民人均收入水平约是最贫困地区居民人均收入水平的 9.74 倍。我国有 20 个省份居民人均收入水平均低于当年全国的平均收入水平，仅有上海和北京两个地区人均收入水平高于 10000 元/人，8 个省份居民的人均收入水平介于 5000~10000 元/人。2017 年，我国人均 GDP 增长至 60941.82 元/人，其中人均 GDP 最高的 3 个省份是北京、上海、天津，分别为 129041.6 元/人、126687.3 元/人、119134.2 元/人，而人均 GDP 最低的 3 个省份依次是甘肃、云南和贵州，分别为 28407.84 元/人、34110.27 元/人、37918.65 元/人，最富裕地区的人均收入水平约是最贫困地区人均收入水平的 4.5 倍。

（1）能源消费种类分布差异

本节按照收入水平的高低对我国不同地区进行分组，并划分为高收入地区、中高收入地区、中低收入地区和低收入地区四组，并分别对四组地区居民的能源消费状态进行对比分析，探讨不同收入组别居民在能源消费方面的分布差距。表 3-6 显示了 1995 年我国不同收入水平地区居民各类能源消费量。

**表 3-6 1995 年我国不同收入水平地区居民各类能源消费量**

| 分组 | 煤炭/万吨 | 汽油/万吨 | 煤油/万吨 | 柴油/万吨 | 液化石油气/万吨 | 天然气/亿立方米 | 热力/万百万千焦 | 电力/亿千瓦时 |
|---|---|---|---|---|---|---|---|---|
| 低收入地区① | 4670 | 1.3 | 11.1 | 0.4 | 44.7 | 6.9 | 772 | 195.8 |
| 中低收入地区② | 3488 | 7.8 | 17.5 | 8.0 | 50.2 | 2.9 | 2124 | 186.1 |
| 中高收入地区③ | 3602 | 8.1 | 22.2 | 1.0 | 108.7 | 7.0 | 4921 | 252.0 |
| 高收入地区④ | 2270 | 46 | 13.4 | 6.8 | 330.5 | 2.6 | 4508 | 372.4 |

从表 3-6 可以看出，在不同收入水平下，居民的能源消费种类和消费数量确实存在着差异。在传统化石能源——煤炭的消费上，随着收入的增长，居民的煤炭消费量在持续降低；而在汽油、液化石油气、热力和电力的消费上，随着收入的增长，居民的能源消费量呈现出显著的增长趋势；煤油的消费量随着收入的增长呈现出先增长后下降的演变趋势，而柴油的消费量则呈波动性变化；较为意外的是天然气的消费量，中高收入地区的居民天然气消费量最高，其次为低收入地区，而中低收入地区居民和高收入地区居民在天然气的消费上几乎持平，均远远低于中高收入地区居民的天然气消费量。由此可见，虽然在多数能源的消费上，居民的消费随着收入增长而增加，但是在部分能源上存在着例外。

2005 年，我国居民经济水平显著提高，随着经济水平提高的是居民能源消费量的改变。表 3-7 显示了 2005 年我国不同收入水平地区居民各类能源消费量。从表 3-7 中可以看出，与 1995 年居民的能源消费量相比，除了中高收入地区以外，其他地区居民在煤炭这种传统的化石

① 按照 1995 年地区人均 GDP 排序，低收入地区包括贵州、甘肃、江西、陕西、四川、安徽、云南 7 个省份。

② 按照 1995 年地区人均 GDP 排序，中低收入地区包括河南、广西、湖南、宁夏、青海、山西、湖北、内蒙古 8 个省份。

③ 按照 1995 年地区人均 GDP 排序，中高收入地区包括吉林、河北、新疆、海南、黑龙江、山东、福建 7 个省份。

④ 按照 1995 年地区人均 GDP 排序，高收入地区包括辽宁、江苏、广东、浙江、天津、北京、上海 7 个省份。

能源消费上均呈现显著的下降趋势，这可能与我国进入 21 世纪后逐渐重视煤炭燃烧引发的环境污染问题，并加强“节能减排”和能源结构转型战略有关。低收入地区、中低收入地区和高收入地区居民在煤炭消费量上分别减少了 1411 万吨、445 万吨、905 万吨；而中高收入地区的居民在煤炭消费量上不降反增，从 3602 万吨增长至 4662 万吨，增长了 1060 万吨。在煤油的消费上，4 组地区均呈现出明显的下降趋势。在相对清洁、高效的现代能源——液化石油气和天然气的消费上，随着收入水平的增长，居民的消费量也在持续增长：按照收入水平从低到高 4 组地区居民液化石油气消费增幅分别为 183.89%、166.93%、150.05%和 153.64%，低收入地区增长幅度最高，这意味着收入增长是居民进行能源消费结构转型的重要动力。在天然气的消费上，除了中高收入地区居民的消费量有些许下降之外，其他地区居民的天然气消费均呈持续增长趋势，低收入地区、中低收入地区、高收入地区的增长幅度依次为 253.62%、800%和 603.85%，而中高收入地区天然气消费的下降幅度约为 20%。煤炭、液化石油气和天然气在居民生活中基本上扮演着烹饪能源的功能，而交通能源消费基本上来自汽油和柴油。随着居民收入水平的增长，出行方式也在逐渐发生改变，这可以从汽油和柴油的消费量上看出。1995—2005 年，4 组地区居民在汽油消费上均表现出不断上升的态势，其中以低收入地区居民的汽油消费增长幅度最高，几乎增长了 55 倍。在柴油的消费上，除了中低收入地区表现出些许下降（降幅约为 31.2%）以外，其余三组地区都表现出增长状态。国家统计局相关统计数据显示，1995 年我国民用汽车保有量约为 1040 万辆（平均 116 人拥有一辆民用汽车），2005 年这一数据增长至 3160 万辆（平均 41 人拥有一辆汽车），这不仅代表着居民交通出行方式的改变，而且代表着居民能源消费方式和数量的变化。热力和电力这两类二次能源的消费也表现出随着收入水平提高而不断增长的状态，而且高收入地区居民这两类能源的消费量始终居于全国前列，与其他收入地区居民的消费差距在逐渐增大。2005 年之前，我国电力和热力的生产均以煤炭为主要投入能源，因而高收入地区居民在热力、电力上的高消费实际上反映了这些地区居民隐形的煤炭高消费。

**表 3-7 2005 年我国不同收入水平地区居民能源消费量**

| 分组 | 煤炭/万吨 | 汽油/万吨 | 煤油/万吨 | 柴油/万吨 | 液化石油气/万吨 | 天然气/亿立方米 | 热力/万百万千焦 | 电力/亿千瓦时 |
|---|---|---|---|---|---|---|---|---|
| 低收入地区① | 3259 | 73.8 | 1.2 | 14.1 | 126.9 | 24.4 | 2338 | 533.7 |
| 中低收入地区② | 3043 | 66.2 | 6.8 | 5.5 | 134.0 | 26.1 | 3195 | 495.9 |
| 中高收入地区③ | 4662 | 117.2 | 4.3 | 117.8 | 271.8 | 5.6 | 33721 | 667.8 |
| 高收入地区④ | 1365 | 410.7 | 3.2 | 66.8 | 838.3 | 18.3 | 11738 | 1148.6 |

2017 年，随着我国经济水平的进一步发展，环境规制水平的提高，通过“节能减排”“转变经济增长方式和加速推进能源结构转型”等战略的持续推进，居民在能源消费方面又呈现出新的变化。表 3-8 显示了 2017 年我国不同收入水平地区居民各类家庭能源消费量。

**表 3-8 2017 年我国不同收入水平地区居民能源消费量**

| 分组 | 煤炭/万吨 | 汽油/万吨 | 煤油/万吨 | 柴油/万吨 | 液化石油气/万吨 | 天然气/亿立方米 | 热力/万百万千焦 | 电力/亿千瓦时 |
|---|---|---|---|---|---|---|---|---|
| 低收入地区⑤ | 3216 | 606.8 | 0 | 66.9 | 251.3 | 49.6 | 38782 | 1542 |
| 中低收入地区⑥ | 3334 | 1367 | 0.29 | 196.7 | 303.1 | 124.7 | 36849 | 2139 |

① 按照 2005 年地区人均 GDP 水平排序，低收入地区包括贵州、甘肃、云南、安徽、广西、西川、江西 7 个省份。

② 按照 2005 年地区人均 GDP 水平排序，中低收入地区包括青海、陕西、宁夏、湖南、重庆、海南、河南、湖北 8 个省份。

③ 按照 2005 年地区人均 GDP 水平排序，中高收入地区包括山西、新疆、吉林、黑龙江、河北、内蒙古、福建、辽宁 8 个省份。

④ 按照 2005 年地区人均 GDP 水平排序，高收入地区包括山东、广东、江苏、浙江、天津、北京、上海 7 个省份。

⑤ 按照 2017 年人均 GDP 排序，低收入地区包括甘肃、云南、贵州、广西、山西、黑龙江、安徽 7 个省份。

⑥ 按照 2017 年人均 GDP 排序，中低收入地区包括江西、青海、新疆、四川、河北、河南、海南、湖南 8 个省份。

续表

| 分组 | 煤炭/万吨 | 汽油/万吨 | 煤油/万吨 | 柴油/万吨 | 液化石油气/万吨 | 天然气/亿立方米 | 热力/万百万千焦 | 电力/亿千瓦时 |
|---|---|---|---|---|---|---|---|---|
| 中高收入地区[①] | 2631 | 1228 | 23.54 | 189.3 | 237.9 | 101.7 | 72337 | 1895 |
| 高收入地区[②] | 380 | 2159 | 3.75 | 133.4 | 903.8 | 88.0 | 6476 | 3121 |

从表3-8中可以看出，煤炭的消费量除了在中低收入地区出现小幅度的上升以外（约9.6%），在其他3组地区均持续下降，尤其是高收入地区，煤炭消费量已经降至380万吨，远远低于同期其他收入地区的煤炭消费量，这说明我国近十几年来逐渐强化的“节能减排”发展策略略显成效。与此同时，在相对清洁且高效便捷的能源——液化石油气和天然气的消费上，各收入水平地区居民的消费量均持续增长；尤其是在液化石油气的消费上，高收入地区与其他收入地区的差距依然比较显著，高收入地区液化石油气消费量分别是低收入地区、中低收入地区、中高收入地区消费量的3.60倍、2.98倍和3.80倍；天然气的消费量则呈现出“中间高，两端低”的分布状态，尤其是低收入地区天然气消费量虽然较之前有所增长，但依然处于最低水平，而且与其他3组地区之间的差距较为明显；中低收入地区和中高收入地区居民天然气消费量增长较为迅速，且超过了最高收入地区居民的消费量。这两种清洁能源在不同收入水平地区消费的分布及其变化除了与居民的收入水平有关外，还可能与当地能源政策、基础能源设施的普及状态有关。在汽油和柴油的消费上，汽油的消费增长趋势较为明显，且增长幅度远远大于柴油，这是因为随着收入的持续增长，大多数居民家庭在满足了基本的生存需求之后，开始转向更高级的舒适性需求，尤其是在出行自由性和舒适性方面的需求持续增长，而以汽油为主要动力燃料的民用汽车保有量

① 按照2017年人均GDP排序，中高收入地区包括宁夏、辽宁、吉林、陕西、湖北、重庆、内蒙古、山东8个省份。

② 按照2017年人均GDP排序，高收入地区包括广东、福建、浙江、江苏、天津、上海、北京7个省份。

的持续增长为此提供了强有力的证据。截至2017年，我国民用汽车保有量约为2.17亿辆（平均6个人拥有一辆车），较之2005年增长迅速；截至2016年，汽车保有量超过200万辆的城市主要有北京（548万辆）、成都（412万辆）、重庆（328万辆）、上海（322万辆）、深圳（318万辆）、苏州（313万辆）等18个城市。在二次能源电力的消费上，各收入水平地区居民的电力消费量在持续增长的同时，地区之间的差距在逐渐缩小。在热力能源的消费上，除了高收入地区居民的消费量显著下降外，其他3组收入水平地区居民的消费量均呈现快速增长态势且差距在逐渐缩小。随着居民生活基础设施的普及，低收入地区的居民对于煤油这种无电力时代最传统的照明能源的需求不复存在，因而低收入地区的煤油消费量降至零，而其他收入水平地区居民依然存在对煤油的少量消费，这可能是将煤油用于其他的生活用途。与其他能源消费量相比，煤油的消费量几乎可以忽略不计，因而这里并不对其做详细分析，然而，不可否认的是，煤油这种能源逐渐从居民家庭能源种类中消失的趋势印证了居民能源消费结构的变化。

（2）能源消费结构分布差距

除了单品类能源消费因居民收入水平的不同而有所差异之外，各类能源在总能源消费中所占的比重也有差异。基于各类能源的自然属性特征及其使用过程中的副产品（如$CO_2$、$SO_2$等污染物）排放特征，本书将煤炭、汽油、柴油、煤油视为传统能源，将液化石油气和天然气视为清洁能源。电力是属于传统能源抑或是清洁能源，需要依据其初始能源进行判断。《中国统计年鉴》数据显示，1995年全国发电量中，79.67%的发电量来自火力发电，而煤炭是火力发电的主要能源；2005年底，火力发电量在全国总发电量中所占的比重增长至81.89%；2017年，这一比例有所下降，约为71.79%，可见我国的大部分电力消费依然依赖于以煤炭为主要能源投入的火力发电，因此，本书将居民电力消费归为传统能源消费类别。在热力方面，按照《中国统计年鉴》的定义，热力是可提供热源的蒸汽与热水的统称，其产量是指工业锅炉、电厂在生产或发电的同时，对外供出的热水、过热或饱和蒸汽的实际供热量。由此可见，热力能源属于清洁型的现代能源。结合《中国能源统计年鉴》中的各类能源与标准煤的折算系数，本书将各收入水平地区居民的各类能源消费换算成标准煤单位，然后分别计算不同地区居民的能源消费结构。各类能源折算标准煤参考系数见表 3-9。

**表 3-9　各类能源折算标准煤参考系数**

| 能源 | 煤炭 | 汽油 | 柴油 | 煤油 | 液化石油气 | 天然气 | 热力 | 电力 |
|---|---|---|---|---|---|---|---|---|
| 折算系数 | 0.7143 | 1.4714 | 1.4571 | 1.4714 | 1.7143 | 1.2150 | 0.03412 | 0.1229 |

注：煤炭、汽油、柴油、煤油以及液化石油气的折算标准煤系数单位为千克标准煤/千克，天然气的折算标准煤系数单位为千克标准煤/立方米，热力的折算标准煤系数为千克标准煤/百万焦耳，电力的折算标准煤系数单位为千克标准煤/千瓦时；天然气的折算标准煤系数为 1.1000~1.3300 千克标准煤/立方米，本书取其均值进行计算。

本节基于表 3-9 的折算标准煤参考系数分别计算了我国 1995 年、2005 年、2017 年不同收入水平地区居民的能源消费总量及消费结构，结果见表 3-10。

**表 3-10　各地区分年份居民能源消费总量及结构**

| 1995 年 | 能源消费总量/万吨标准煤 | 传统能源消费量/万吨标准煤 | 清洁消费量/万吨标准煤 | 电力消费量/万吨标准煤 | 热力消费量/万吨标准煤 | 清洁能源消费占比/% |
|---|---|---|---|---|---|---|
| 低收入地区 | 4019.30 | 3355.23 | 159.89 | 240.68 | 263.51 | 3.98 |
| 中低收入地区 | 3615.15 | 2540.35 | 121.09 | 228.68 | 725.04 | 3.35 |
| 中高收入地区 | 4879.62 | 2618.96 | 271.85 | 309.70 | 1679.12 | 5.57 |
| 高收入地区 | 4314.55 | 1720.23 | 598.36 | 457.68 | 1538.28 | 13.88 |
| 全国 | 16828.62 | 10234.76 | 1151.18 | 1236.73 | 4205.95 | 6.84 |
| 2005 年 | 能源消费总量/万吨标准煤 | 传统能源消费量/万吨标准煤 | 清洁消费量/万吨标准煤 | 电力消费量/万吨标准煤 | 热力消费量/万吨标准煤 | 清洁能源消费占比/% |
| 低收入地区 | 4427.29 | 3348.50 | 151.31 | 655.95 | 798.04 | 3.42 |
| 中低收入地区 | 4535.15 | 3121.68 | 160.09 | 609.46 | 1090.31 | 3.53 |
| 中高收入地区 | 16540.84 | 4901.59 | 277.40 | 820.70 | 11505.8 | 1.68 |
| 高收入地区 | 8757.51 | 1845.55 | 856.59 | 1411.67 | 4005.14 | 9.78 |
| 全国 | 34260.79 | 13217.32 | 1445.39 | 3497.78 | 17399.29 | 4.22 |

续表

| 2017 年 | 能源消费总量/万吨标准煤 | 传统能源消费量/万吨标准煤 | 清洁消费量/万吨标准煤 | 电力消费量/万吨标准煤 | 热力消费量/万吨标准煤 | 清洁能源消费占比/% |
|---|---|---|---|---|---|---|
| 低收入地区 | 19448.83 | 3287.69 | 1032.85 | 1895.54 | 13232.75 | 5.31 |
| 中低收入地区 | 21915.42 | 4679.02 | 2034.17 | 2629.07 | 12573.17 | 9.28 |
| 中高收入地区 | 32651.01 | 3996.73 | 1643.12 | 2329.71 | 24681.46 | 5.03 |
| 高收入地区 | 12314.06 | 3648.72 | 2618.84 | 3836.63 | 2209.86 | 21.27 |
| 全国 | 86329.32 | 15612.16 | 7328.99 | 10690.94 | 52697.23 | 8.49 |

从表 3-10 中可以看出，我国居民能源消费总量总体呈持续增长趋势，然而这种增长趋势在不同收入水平地区表现有所差异。从能源消费总量来看，1995—2017 年，低收入地区、中低收入地区、中高收入地区、高收入地区居民的消费量年均增长率分别为 7.09%、8.15%、8.62%和 4.67%。从传统能源消费的增长幅度来看，4 组收入地区居民在传统能源消费上的年均增幅分别为 -0.09%、2.69%、1.85% 和 3.32%，这似乎与前文的分析并不相符；究其原因为传统能源包括煤炭、汽油、柴油和煤油四类化石能源，随着收入水平增长以及我国近年来对环境污染问题的持续关注和“节能减排”措施的逐渐推进，生产、生活领域的煤炭消费量确实逐渐降低，但是与居民收入水平同时增长的是居民在交通出行方面的舒适度、自由性需求，私家车保有量的持续增长意味着居民汽油消费的大幅度增长，尤其是高收入地区居民汽油消费量增加显著。

在居民能源消费中，汽油和柴油主要用于交通出行，因而汽油和柴油的消费量及在传统能源消费中所占比重反映了居民交通出行方面的用能状况。表 3-11 显示了不同分组地区居民汽油和柴油消费量在传统能源消费中的占比，从中可以清晰地看出，高收入地区居民对于汽油、柴油这两类能源的消费无论是消费量还是比重上，均远远高于其他三组地区居民，而且在传统能源消费中，煤炭的消费呈急剧下降的态势，但是汽油、柴油的消费远远高于其他地区并持续上升，因而传统能源消费总量并未减少太多；反之，低收入地区居民在“节能减排”的能源转型发展策略下煤炭消费量急剧减少，而由于其收入水平增长有限，在交通出行上依然对公共交通依赖度较高，因而其传统能源消费总量呈下降趋势，这意味着以减少煤炭使用为重点的“节能减排”政策对不同收入群体的影响程度存在显著差异。中低收入地区居民随着收入增长在交通出行方面由“传统公共交通”转向“私家车”出行方式的表现较为显著，因而其传统能源消费年均增长率仅次于高收入地区居民，略高于中高收入地区居民。

**表 3-11　各地区分年份居民汽油、柴油消费量及其在传统能源消费量中的比重**

| 分组 | 1995 年 | | 2005 年 | | 2017 年 | |
|---|---|---|---|---|---|---|
| | 汽油、柴油消费量/万吨标准煤 | 汽油、柴油消费占比/% | 汽油、柴油消费量/万吨标准煤 | 汽油、柴油消费占比/% | 汽油、柴油消费量/万吨标准煤 | 汽油、柴油消费占比/% |
| 低收入地区 | 2.47 | 0.07 | 128.97 | 3.85 | 989.98 | 30.11 |
| 中低收入地区 | 23.11 | 0.91 | 105.31 | 3.37 | 2297.04 | 49.09 |
| 中高收入地区 | 13.28 | 0.51 | 343.40 | 7.00 | 2082.76 | 52.11 |
| 高收入地区 | 78.31 | 4.55 | 701.23 | 38.00 | 3371.1 | 92.39 |

在清洁能源的消费方面，随着收入水平的增长，居民液化石油气和天然气两种现代清洁能源消费也呈现持续增长状态，高收入地区居民的清洁能源消费占比远远高于全国平均水平，并且远远高于其他 3 组地区；相对地，其他 3 组收入水平地区居民的清洁能源消费占比均位于平均水平以下。2017 年，中低收入水平地区居民的清洁能源消费占比首次超过了全国平均水平，但与高收入水平地区仍存在较大差距。

在二次能源的消费方面，各地区居民在电力消费上的差距随着收入水平的增长而缩小，这一方面与我国电力基础设施的全面且迅速普及有关，另一方面也与居民生活电力消费逐渐趋于理想需求状态有关。在热力能源的消费上，不同收入水平地区居民的消费差距较为显著，但不同地区居民热力能源的消费分布差异与收入分布差异并不呈一致的分布状态，尤其是 2017 年，高收入地区居民的热力消费远远低于其他收入水平地区，而中高收入水平地区居民的热力消费量最大，低收入地区和中低收入地区居民热力消费量基本接近；究其原因，1995 年我国高收入地区为辽宁、江苏、广东、浙江、天津、北京和上海 7 个省份，2005 年我国高收入地区为山东、广东、江苏、浙江、天津、北京、上海 7 个省份，2017 年我国高收入地区为广东、福建、浙江、江苏、天津、上海和北京 7 个省份。由此可见，高收入地区逐渐集中在东南沿海一带，而按照我国关于冬季集中供暖区域的划分，位于秦岭—淮河线以北的地区属于国家规定的冬季可实施居民住宅小区集中供暖的区域，结合地理位置分布，高收入地区中只有少数省份在我国集中供暖区域范围内；2017 年只有北京和天津两个直辖市位于秦岭—淮河线以北，属于集中供暖区域范围，因而从居民热力消费量来看，高收入地区在下降。相反，其他地区尤其是低收入地区与中低收入地区居民热力消费量的增长，一方面说明我国居民住宅集中供暖设施的逐渐普及，使越来越多的位于秦岭—淮河线以北地区的居民在冬季能够获得集中供暖服务；另一方面收入的增长也意味着这些地区的居民在取暖服务支付能力方面的增长，因而这些地区居民的热力消费呈现出大幅度增长的趋势。

## 3.5　本章小结

家庭能源消费是一个复杂的问题，与居民的生活环境、资源禀赋、经济状况、能源政策等各方面因素密切相关。本章基于《中国能源统计年鉴》《中国统计年鉴》等数据资源，结合收入分配领域的几种经典不平等性测度方法，对我国自 1995 年以来各地区居民在能源消费方面的分布状况进行测度，并探讨能源资源禀赋分布差异、居民收入差距对居民家庭能源消费分布的影响。能源资源禀赋可能在一定程度上影响地方居民的主要能源消费种类，但是在整体上并未对我国省际居民家庭能源消费的分布产生显著影响；相反，收入水平差距在居民的能源消费量、消费结构的分布中发挥着显著的作用，高收入水平地区居民在能源消费量、现代清洁能源消费量和比重上都显著高于其他收入水平地区居民，这再次印证了既往文献的研究结论。然而，居民能源消费分布不平等性并不是总与收入差距分布保持一致，与基础设施建设密切相关的热力能源消费分布情况就是一个明显的例外。除了以收入水平为代表的居民能源支付能力影响到居民热力能源消费分布外，基础热力能源服务可获得性也是影响居民热力能源消费分布的重要因素。

# 4

# 基于能源发展指数的家庭能源消费状态测度和分析

第 3 章基于《中国能源统计年鉴》《中国统计年鉴》等数据资源，考察了居民家庭能源消费的分布状态，具体包括能源消费种类、能源消费结构在不同地理位置区域、不同收入水平区域、不同资源禀赋状态下的分布状态及其随时间推移而演变的趋势，这是基于居民家庭能源消费结果对其分布状态进行的分析。无论是收入差距、资源禀赋差距还是地区差异，均在居民家庭能源消费分布状态中起到一定的作用，尤其是收入差距对居民家庭能源消费分布差距（不平等性）的影响更显著。同时，第 3 章的分析也显示出在一些现代能源（如天然气、电力、热力等）的消费分布上，相应的能源基础设施的普及程度，即居民能源服务的可获得性程度也在一定程度上影响着居民家庭能源消费分布状态。国际能源署于 2012 年更新了既有的能源发展指数（EDI）指标，重点考察居民在电力消费、商品能源消费等现代清洁、便捷能源消费方面的能源消费发展状态。本章即基于此，构建我国居民家庭能源消费指数，重点探讨基于能源服务可获得性的家庭能源消费分布状态。

## 4.1 能源发展指数

### 4.1.1 能源发展指数的含义及构建

能源是经济发展的前提，能源发展所带来的经济增长和生活富裕会对能源服务提出更多和更高的需求。在描述能源发展水平的指标中，人均能源消费量、人均生活用电量等指标只能代表单一能源消费状态，并未包括能源消费的环境代价，因而存在着一定的缺陷。国际能源署在其编著出版的《世界能源展望 2004》一书中首次提出了基于人类发展指数（Human Development Index，HDI）和人类贫困指数（Human Poverty Index，HPI）的综合性能源发展指数，综合衡量一个国家或地区向现代能源转型的程度及其在终端能源使用方面的成熟程度，力求反映该国或地区能源服务的数量和质量。该指数的计算方式兼顾了 HDI 的计算方式，利用这些指数可以评估每一个国家或地区在推动现代能源使用和促进能源基础设施建设投资、提高居民能源服务可获得性方面的进展。

国际能源署初始设计的能源发展指数主要由三个方面的指标构成：①人均商业能源消费；②商业能源在终端能源消费总量中所占的比重；③有电力供应的人口比重。每一个国家或地区的能源发展指数的计算都可以利用世界上现有样本国家中的最大值和最小值（设定为“区间标杆”）构建一个独立的指数，其结果是三个能源发展指标的区间均介于 0 与 1，其计算公式表述如下：

每个方面的能源发展指标值=(实际值-最小值)/(最大值-最小值)

在计算得到每一个样本国家或地区在上述三个指标方面的算术平均值后，可以获得该国家或地区的综合能源发展指数。能源发展指数是一个相对指标，主要用于衡量一个国家或地区之间的相对能源发展程度。

国际能源署对具有能源数据的 75 个发展中国家，利用 2002 年的数据计算了它们的能源发展指数，三个指标的区间标杆见表 4-1。

**表 4-1　2002 年全球能源发展指数各指标区间标杆**

| 指标 | 最大值 | 最小值 | 单位 |
|---|---|---|---|
| 人均商业能源消费 | 9.4（巴林） | 0.01（多哥） | 吨油当量 |
| 商业能源消费占比 | 100（巴林、科威特、新加坡） | 8（埃塞俄比亚） | % |
| 有电力供应人口比重 | 100（15 个国家） | 2.6（埃塞俄比亚） | % |

资料来源：国际能源署《世界能源展望 2004》。

在这 75 个国家中，埃塞俄比亚和缅甸是能源发展最落后的国家，而中东地区以及中等收入的拉美国家排序则较为靠前，这主要是因为其较高的家庭电气化率（通常是大量补贴的结果），而且在这些国家中居民对于传统生物质能源的使用也是非常有限的。撒哈拉以南地区的非洲国家居民收入水平普遍较低，电气化程度也不高，因而其能源发展指数排序也处于较为靠后的位置。中国的能源发展指数值为 0.603，在 75 个发展中国家中排名第 34 位，其中人均商业能源消费指数为 0.08，远远低于该指标的最高值（0.984），说明我国人均商业能源消费水平较低。在商业能源消费占比方面，我国的能源发展指数值为 0.738，而该指标值最高值为 1，达到最高值的国家包括巴林、科威特和新加坡等 9 个国家，这意味着 2002 年中国居民能源消费依然停留在大量消耗传统生物质能源的阶段。从传统生物质能源消费量以及消费人口来看，中国是当时世界上使用传统生物质能源人口最多、消费数量最大的国家。中国国家统计局相关数据显示，20 世纪 90 年代我国居民传统生物质能源的消费量约为 2.2 亿吨标准煤/年，进入 21 世纪后，能源消费量不降反升，增长至 3.0 亿吨标准煤/年，致使我国的能源发展指数处于较低水平，因而增加人均商业能源消费量，用商业能源替代传统生物质能源是中国能源发展的重要方向。此外，在有电力供应的人口比重方面，我国当年的指标值为 0.990，较为接近最高值为 1 的国家（科威特、新加坡和以色列等）的电气化水平，这与我国自 1998 年开始持续进行的农村电网“两改一同价”以及“家电下乡”补贴和交叉补贴等措施以提高全国电气化水平有重要联系，说明中国的电气化普及程度已达到世界先进水平。

根据国际能源署的统计和预测，能源发展指数指标会随着收入水平的增长而有所提高，人均商业能源消费及商业能源消费在终端能源消费中所占的比重均会在整个预测期间稳步增长，而依靠传统生物质能源进行烹饪和取暖的人口会随着时间推移而增加，如从 2004 年的 24 亿增长至 2030 年的 26 亿。如何让居民尤其是偏远农村地区居民从使用传统生物质能源转向使用现代能源，并且能够在经济上负担得起，是发展中国家加快能源发展、提高能源发展指数水平的关键。国际能源署统计数据显示，2002 年中国使用传统生物质能源的人口约为 7.04 亿，占世界使用生物质能源人口总量的 29.4%；国际能源署预测这一数据在 2015 年将减至 6.18 亿人口，占全世界使用生物质能源人口总量的比重约为 24.2%，到 2030 年，将再次降至 5.05 亿，占世界使用生物质能源人口中的比重为 19.2%左右。

### 4.1.2 世界各国能源发展指数分布及演变

2012 年，国际能源署对能源发展指数的指标覆盖性进行了重新评估并修正了相关变量数据集的覆盖面、频率和可靠性，更新了能源发展指数的测度指标。新的指标主要从人均生活电力消费、有电力供应的人口比重、家庭总能耗中商业能源占比三个方面衡量一国或地区的能源发展状态。

(1) 全球主要国家（区域）人均电力消费的分布及演变

表 4-2 显示了自 2000 年以来全球主要国家（区域）的人均电力消费量。从表中可以看出，21 世纪初，全球人均电力消费量约为 2318 千瓦时/人，其中经济合作与发展组织（OECD）成员国的人均电力消费量远远高于世界平均水平，几乎是世界平均消费量的 3 倍之多。而非 OECD 国家的人均电力消费量却远远低于世界平均水平，未达到世界平均消费量的一半。在发达国家中，加拿大的人均电力消费量最高，已经达到了 17037 千瓦时/人；其次是美国，人均电力消费量约为 13660 千瓦时/人，两国人均电力消费量分别是世界平均消费量的 7.35 倍和 5.89 倍；日本的人均电力消费量虽然低于加拿大和美国，但仍然远高于世界平均水平，达到 8068 千瓦时/人。而中国和印度作为全球人口最多的两个发展中大国，其人均电力消费量却远远落后于世界平均水平，分别是 993 千瓦时/人和 395 千瓦时/人，可见全球各国在电力消费上存在着较大的差距。随着时间的推移、经济的发

展以及各国电力基础设施的逐渐普及，大部分国家的电力消费水平呈现出随时间推移而逐渐增长的趋势，但是在横向的国家之间依然存在着较为明显的差异性分布。2000—2016 年，全球平均电力消费量逐渐增长至 3110 千瓦时/人；OECD 国家人均电力消费量呈波动中缓慢上升的态势，2016 年约为 8048 千瓦时/人；而非 OECD 国家的电力消费则表现出持续上升的发展趋势，2016 年上升至 2078 千瓦时/人，与 OECD 国家之间的差距较 2000 年有所降低，然而依然低于世界平均水平。在此期间，作为发达国家的加拿大、美国和日本的人均电力消费量均表现出随着时间推移而逐渐降低的趋势，而且其电力消费量下降幅度依次减小，而作为发展中大国的中国和印度的人均电力消费量却呈现出截然相反的持续增长趋势。其中，2016 年中国的人均电力消费量达到了 4279 千瓦时/人，约是 2000 年的 4.31 倍，并且略高于全球平均水平；而印度的人均电力消费量在 2016 年增长至 918 千瓦时/人，是 2000 年的 2.32 倍，依然远远落后于世界平均水平。可见，随着时间、经济、社会的推移、发展和进步，全球各国的电力消费量虽然整体上有所提升，但各个国家间依然存在着较大的差距。

**表 4-2　2000—2016 年全球主要国家（区域）的人均电力消费的分布及演变**

单位：千瓦时/人

| 国家或区域 | 2000 年 | 2005 年 | 2010 年 | 2015 年 | 2016 年 |
|---|---|---|---|---|---|
| 世界平均消费量 | 2318 | 2574 | 2861 | 3057 | 3110 |
| 经济合作与发展组织（OECD） | 7947 | 8290 | 8285 | 8023 | 8048 |
| 非经济合作与发展组织（Non-OECD） | 1004 | 1286 | 1677 | 2012 | 2078 |
| 加拿大 | 17037 | 16919 | 15594 | 15166 | 14844 |
| 美国 | 13660 | 13683 | 13374 | 12854 | 12825 |
| 日本 | 8068 | 8324 | 8437 | 7917 | 7974 |
| 中国 | 993 | 1782 | 2944 | 4046 | 4279 |
| 印度 | 395 | 469 | 643 | 864 | 918 |

（2）全球主要国家（区域）有电力供应的人口比重的分布及演变

电力消费量持续上升的同时，有电力供应的人口数量也在持续上升。国际能源署统计了自2000年以来全球不同国家（区域）各年份的有电力供应的人口所占比重，这代表了现代能源基础设施服务的可获得性，具体数据见表4-3。

**表4-3　2000—2018年全球主要国家（区域）有电力供应的人口比重的分布及演变**

单位:%

| 国家或区域 | 2000年 | 2005年 | 2010年 | 2015年 | 2018年 | 2018年 | |
|---|---|---|---|---|---|---|---|
| | | | | | | 城镇 | 农村 |
| 世界平均水平 | 73 | 77 | 80 | 85 | 89 | 96 | 79 |
| 发展中国家平均水平 | 64 | 69 | 74 | 80 | 86 | 95 | 77 |
| 非洲: | 36 | 39 | 43 | 49 | 54 | 79 | 35 |
| 非洲北部 | 91 | 96 | >99 | >99 | >99 | >99 | >99 |
| 撒哈拉地区 | 24 | 28 | 33 | 40 | 45 | 74 | 26 |
| 亚洲: | 67 | 74 | 79 | 87 | 94 | 98 | 91 |
| 中国 | 99 | >99 | >99 | >99 | >99 | >99 | >99 |
| 印度 | 43 | 58 | 68 | 79 | 95 | >99 | 92 |
| 印度尼西亚 | 53 | 56 | 67 | 88 | 98 | >99 | 96 |
| 东南亚其他国家 | 65 | 76 | 79 | 85 | 90 | 97 | 83 |
| 亚洲其他发展中国家 | 38 | 46 | 57 | 74 | 79 | 89 | 73 |
| 美洲中南部 | 88 | 91 | 94 | 96 | 97 | 99 | 88 |
| 中东地区 | 91 | 90 | 91 | 92 | 93 | 98 | 78 |

从表4-3中可以看出，自2000年以来，全球各个国家（区域）均在持续推进电气化进程，接入电力系统的人口比重持续增长，然而不同国家（区域）表现出不平等性分布状态。截至2018年，全球平均有89%的人口获得了电力服务，城镇地区比例高达96%，而在农村地区仅有79%，城乡差距不容忽视。

在不同国家（区域）中，接入电力系统的人口比重分布并不是平均的。发展中国家整体获得电力服务的人口比重略低于世界平均水平，其中亚洲、美洲、中东地区的发展中国家在居民电气化普及程度方面普遍高于发展中国家组的平均水平；而非洲地区的居民获得电力服务的比重却远远低于发展中国家组的平均水平，更远远落后于世界平均水平。

在同一个洲内，不同国家之间依然存在着较大的差距。在非洲，北部区域国家在2000年就有超过90%以上的人口获得了电力供应服务，至2018年这一比重基本达到了100%，而且在城镇和农村地区基本上都实现了全电力系统覆盖；相反，在非洲撒哈拉地区的国家中，居民接入电力系统服务的人口比重较低，在2018年仅有45%的人口能够获得电力服务，其中城镇地区有74%的人口能够接入电力系统，而在农村地区这一比例却低至26%，城乡居民在电力服务的获得性上存在着严重的不平等。在亚洲的发展中国家中，自2000年以来中国已经有超过99%的人口能够获得电力服务，而且这一比重在城镇和乡村地区不存在差异，甚至远远超过亚洲平均水平和世界平均水平。21世纪初，印度和印度尼西亚可接入电力系统的人口比重分别约为43%和53%，东南亚其他地区可接入电力系统的人口比重约为65%。其他发展中国家可接入电力系统的人口比重却只有38%，国家之间存在着较大的差距。随着经济、技术和社会的进步与发展，亚洲各发展中国家获得电力服务的人口数量和比重呈现出持续的上升趋势，至2018年，印度、印度尼西亚获得电力服务的人口比重基本接近中国的水平，尤其是城镇地区，几乎100%的居民都能接入电力服务系统，在农村地区该比例略低。在东南亚其他国家中，2018年可接入电力服务系统的人口比重也增长至90%，其中城镇地区达到了97%，农村地区达到了83%，基本达到了亚洲发展中国家组的平均水平。而在亚洲其他发展中国家中，2018年平均接入电力服务系统的人口比重约为79%，依然低于亚洲发展中国家组的平均水平，其中城镇地区居民接入电力服务系统的比重约为89%，农村地区约为73%，均低于亚洲发展中国家组城镇和农村地区的平均水平。因此，在亚洲地区的居民电力服务可获得性方面，虽然几个人口大国逐渐实现了接近100%的居民获得电力服务，然而其他发展中国家依然存在着至少10%以上的人口无法获得电力服务。

（3）全球主要国家（区域）商业能源消费占比的分布及演变

商业能源消费主要是指居民生活中煤炭、天然气、电力等商品能源的消费，其在居民总体生活能源消费量中所占的比重代表着居民能源消费支付能力。国际能源署的统计数据显示，2000 年全球终端能源消费量约为 7036.066 百万吨标准油，其中居民生活能源消费总量约为 1809.853 百万吨标准油，在总终端能源消费中的占比约为 25.72%；2015 年，全球终端能源消费量增长至 9383.602 百万吨标准油，其中居民生活能源消费量为 2050.573 百万吨标准油，在总终端能源消费中的占比约为 21.85%；与 2000 年相比，虽然居民生活能源消费在总能源消费中所占比重略有降低，但是能源消费总量却呈持续增长趋势。在全球能源消费中，煤炭、液化石油气、石油及石油制品、天然气、电力、热力、可再生能源及废弃物循环利用是主要的商业能源消费来源，各类能源在能源消费中所占的比重不等且随时间推移不断变化。根据国际能源署世界各国能源消费统计数据，本书筛选了全球主要国家（区域）煤炭、液化石油气、天然气、电力、热力等商品能源的消费量以及居民终端能源消费总量数据，并计算了不同国家（区域）商业能源消费占比，具体数据见表 4-4。

**表 4-4　2000 年、2010 年、2015 年全球主要国家（区域）居民商业能源消费总量和占比的分布及演变**

| 国家或区域 | 2000 年 | | | 2010 年 | | | 2015 年 | | |
|---|---|---|---|---|---|---|---|---|---|
| | 生活能源消费总量/百万吨标准油 | 商业能源消费量/百万吨标准油 | 商业能源消费量占比/% | 生活能源消费总量/百万吨标准油 | 商业能源消费量/百万吨标准油 | 商业能源消费量占比量/% | 生活能源消费总量/百万吨标准油 | 商业能源消费量/百万吨标准油 | 商业能源消费量占比/% |
| 世界平均水平 | 1809.853 | 1090.474 | 60.25 | 1994.157 | 1243.957 | 62.38 | 2050.573 | 1277.001 | 62.28 |
| 经济合作与发展组织（OECD） | 700.534 | 637.341 | 90.98 | 748.414 | 671.863 | 89.77 | 684.481 | 615.473 | 89.92 |
| 非经济合作与发展组织（Non-OECD） | 1109.319 | 453.132 | 40.85 | 1245.743 | 572.094 | 45.92 | 1366.092 | 661.528 | 48.42 |

**续表**

| 国家或区域 | 2000 年 | | | 2010 年 | | | 2015 年 | | |
|---|---|---|---|---|---|---|---|---|---|
| | 生活能源消费总量/百万吨标准油 | 商业能源消费量/百万吨标准油 | 商业能源消费量占比/% | 生活能源消费总量/百万吨标准油 | 商业能源消费量/百万吨标准油 | 商业能源消费量占比量/% | 生活能源消费总量/百万吨标准油 | 商业能源消费量/百万吨标准油 | 商业能源消费量占比/% |
| 中国 | 277.700 | 79.212 | 28.52 | 280.429 | 152.185 | 54.27 | 312.599 | 202.701 | 64.84 |
| 美国 | 264.042 | 252.012 | 95.44 | 270.106 | 256.776 | 95.07 | 261.170 | 250.125 | 95.77 |
| 加拿大 | 32.847 | 29.030 | 88.38 | 33.060 | 29.791 | 90.11 | 34.186 | 31.184 | 91.22 |
| 印度 | 141.341 | 27.954 | 19.78 | 171.059 | 40.781 | 23.84 | 190.659 | 51.509 | 27.02 |

从表 4-4 中可以看出，自 2000 年以来，全球居民生活能源消费总量呈缓慢增长趋势，其中商业能源消费不仅在数量上持续增长，其在居民生活能源消费总量中所占的比重也在不断提高，2015 年，这一比重约为 62.28%。在不同的国家（区域），居民生活能源消费中商业能源消费的比重存在着较为明显的差距。在经济发展水平较高的 OECD 国家中，其生活能源消费中商业能源消费比重在 2000 年就已经达到了 90.98%，远远高于同期全球各国的平均水平；此后的十几年间，其居民生活能源消费总量以及商业能源消费量均经历了先上升后下降的发展趋势，2015 年 OECD 国家生活能源消费总量以及商业能源消费量与 2000 年基本持平，商业能源消费占比略低于 2000 年的水平，约为 89.92%，但仍然高于世界平均水平。在非 OECD 国家中，其居民生活能源消费及商业能源消费却呈现出截然不同的演变趋势。非 OECD 国家居民的生活能源消费总量远高于 OECD 国家，且呈持续增长趋势，然而其商业能源消费量却始终低于 OECD 国家。商业能源在生活能源消费总量中所占的比重虽然在持续增长，却远远低于 OECD 国家商业能源消费占比，并且显著低于世界平均水平。

在具体国家的生活能源消费中，作为发达国家的美国和加拿大，无论是居民生活能源消费总量还是商业能源消费量，在近十几年来基本保持稳定，商业能源消费量占比高于世界平均水平。其中，美国商业能源消费量占比基本维持在95%左右，加拿大基本保持在90%左右。在发展中国家，尤其是人口数量居于世界前列的中国和印度，虽然生活能源消费总量较高，甚至超过美国和加拿大，但是居民商业能源消费量却保持在较低的水平，商业能源消费量占比远远低于发达国家的水平。具体而言，2000年，中国居民的商业能源消费量占比仅有28.52%，虽略高于印度的19.78%，但远远低于世界平均水平的60.25%，在此后十几年的发展中，中国居民商业能源消费量占比增长迅速，2015年增长至64.84%，基本上达到了同期世界平均水平。而印度居民生活能源消费中商业能源消费占比却增长缓慢，2015年商业能源消费量占比仅有27.02%，较2000年仅增长了不到8个百分点，依然远远低于世界平均水平，甚至落后于非OECD国家的平均水平。由此可见，在居民生活能源消费中，商业能源的消费在不同的国家呈现出较大的不平等性分布状态。经济发达国家（地区）居民消耗了大量的商业能源，获得了较高的现代能源服务，而发展中国家（地区）居民却无法获得同等的商业能源服务；在发展中国家之间，这种不平等性分布状态依然较为显著。

（4）全球主要国家（区域）能源发展指数分布及演变

本节按照国际能源署关于能源发展指数（EDI）的构建方式，计算各指标在不同国家（区域）的相对指数，然后计算三个指标指数值的算术平均值，获得全球主要国家（区域）的能源发展指数，具体见表4-5。

**表4-5　2000—2015年全球主要国家（区域）能源发展指数及演变趋势**

| 国家或区域 | 2000年 | 2005年 | 2010年 | 2015年 |
|---|---|---|---|---|
| 世界平均水平 | 0.457 | 0.475 | 0.476 | 0.493 |
| 中国 | 0.412 | 0.467 | 0.514 | 0.559 |
| 美国 | 0.827 | 0.815 | 0.738 | 0.734 |
| 加拿大 | 0.843 | 0.831 | 0.734 | 0.730 |
| 印度 | 0.173 | 0.230 | 0.273 | 0.322 |
| 经济合作与发展组织（OECD） | 0.737 | 0.731 | 0.685 | 0.681 |
| 非经济合作与发展组织（Non-OECD） | 0.335 | 0.362 | 0.385 | 0.415 |

从表 4-5 中可以看出，2000 年以来，全球各国平均能源发展指数呈现出逐渐增长的趋势，从 2000 年的 0.457 增长至 2015 年的 0.493。然而，在不同国家（区域），能源发展指数存在着较大的差异性分布。以发达国家为主要成员国的 OECD 国家能源发展指数显著高于世界平均水平，虽然在近十几年来其能源发展指数有所降低，但依然远远高于世界平均水平；而在非 OECD 国家中，2000 年的能源发展指数值约为 0.335，低于世界平均水平，在此后的十几年间，其能源发展指数保持稳步增长趋势，2015 年增长至 0.415，虽然依然低于世界平均水平，但差距却在逐渐缩小。中国作为发展中国家的代表，2000 年其能源发展指数略低于世界平均水平，约为 0.412，而 2010 年其能源发展指数超过世界平均水平，之后一直保持在略高于世界平均水平的位置且呈逐渐上升趋势。而印度的能源发展指数却远远低于世界平均水平，2000 年印度的能源发展指数仅有 0.173，不仅低于世界平均水平，而且远远低于非 OECD 国家的平均能源发展指数，此后的十几年间，印度的能源发展指数与中国一样，呈现出稳定上升的态势，2015 年其能源发展指数增长至 0.322，依然低于非 OECD 国家的平均能源发展指数以及世界平均水平。在发达国家中，美国和加拿大属于世界上数一数二的能源消费大国，不仅能源基础设施及服务普及程度较高，而且人均能源消费水平处于世界前列，能源发展指数也远高于世界平均水平。2000 年，美国的能源发展指数为 0.827，加拿大的能源发展指数为 0.843，二者均远高于世界平均水平，且相互之间较为接近；在此后的十几年中，两国的能源发展指数均呈现出波动中有所降低的发展趋势，2015 年美国的能源发展指数降至 0.734，加拿大的能源发展指数降至 0.730，但依然高于世界平均水平，且两国之间的差距在逐渐缩小。

综上所述，虽然全球能源发展指数呈逐渐上升的趋势，但是在不同的国家和区域之间，却表现出截然不同的差异性分布状态，经济发达国家（区域）能源发展指数显著高于世界平均水平，而且国家之间的差距较小，随着时间的推移，这些国家的能源发展指数呈波动中有所降低的趋势，但其指数值依然远高于全球平均水平。反之，在发展中国家，能源发展指数在2000年时均明显低于世界平均水平，而且国家之间的差距较大，在此后的十几年中，发展中国家的能源发展指数呈稳定增长趋势，而且不同国家的增长速度有所差别，但国家之间依然存在着较大的差距；2015年非OCED国家的平均能源发展指数值依然略低于全球平均水平。

### 4.1.3 基于“清洁发展”目标的能源发展指数及其分布

（1）清洁能源服务可获得性指标及分布

随着全球人口持续增长和经济活动的日益频繁，人类各种能源消耗所产生的环境污染问题日益严重，环境污染问题甚至反过来影响着人类的生产和生活。“节能减排”“绿色发展”“可持续发展”“清洁生产”等关键词逐渐成为各国经济发展的重点。在居民能源消费方面，以现代、清洁、便利的能源取代传统的高污染能源成为各国能源转型的重点之一。国际能源署根据各国家（区域）居民能源消费状态，对居民能够获得清洁烹饪能源的状态进行了统计，考察在能源转型过程中，居民在清洁能源服务获得方面的能力。表4-6显示了2000—2018年全球主要国家（区域）获得清洁烹饪能源人口比重的分布及演变。

**表4-6 2000—2018年全球主要国家（区域）获得清洁烹饪能源人口的比重及其演变**

单位：%

| 国家或区域 | 2000年 | 2005年 | 2010年 | 2015年 | 2018年 |
|---|---|---|---|---|---|
| 世界平均水平 | 52 | 55 | 58 | 63 | 65 |
| 发展中国家平均水平 | 37 | 41 | 45 | 53 | 56 |
| 美洲中部和南部 | 78 | 82 | 85 | 88 | 89 |
| 中东地区 | 84 | 91 | 95 | 96 | 96 |
| 亚洲发展中国家： | 33 | 37 | 43 | 53 | 57 |
| 中国 | 47 | 51 | 55 | 67 | 72 |
| 印度 | 22 | 28 | 34 | 44 | 49 |

**续表**

| 国家或区域 | 2000年 | 2005年 | 2010年 | 2015年 | 2018年 |
|---|---|---|---|---|---|
| 印度尼西亚 | 12 | 18 | 40 | 68 | 68 |
| 非洲北部地区 | 87 | 93 | 96 | 98 | 98 |
| 非洲撒哈拉地区 | 10 | 11 | 13 | 15 | 17 |

从表4-6中可以看出，自2000年以来，全球主要国家（区域）获得清洁烹饪能源人口的比重在持续增长。2018年65%的人口在日常生活烹饪中可以获得相对固定的清洁能源，这一数值在2000年仅为52%。非洲北部地区以及中东地区可获得清洁烹饪能源的人口比重相对较高，远远高于同期世界平均水平，2018年这一比例分别是98%和96%，美洲中南部地区次之，这三个区域居民可获得清洁烹饪能源的人口比例均位于同期世界平均水平之上。相反，其他地区如亚洲发展中国家以及非洲撒哈拉地区，其居民获得清洁烹饪能源的人口比例远远低于世界平均水平。亚洲发展中国家随着经济发展和能源基础设施的逐渐普及，获得清洁烹饪能源人口的比重与世界平均水平之间的差距正在逐渐减小；而非洲撒哈拉地区，2000年只有约10%的人口可以获得清洁烹饪能源，这一比例在2018年增长至17%，但依然远远低于世界平均水平的65%。发展中国家获得清洁烹饪能源人口的比重虽然随着时间推移在增长，但依然略低于世界平均水平。在亚洲的发展中国家，中国略高于其他发展中国家的平均水平。2015年中国居民中能够获得清洁烹饪能源的人口比例首次超过世界平均水平，达到了67%，2018年这一数值增长至72%，比同期世界平均水平高7个百分点。而相邻的印度以及印度尼西亚，2000年其居民获得清洁烹饪能源的人口比重均远远低于中国；在此后的十几年间，两国在居民能源消费基础设施普及方面发展迅速，尤其是印度尼西亚，2015年其居民获得清洁烹饪能源的人口比重就达到了世界平均水平，而印度则略低于世界平均水平；2018年，印度约有49%的人口可以获得清洁烹饪能源，而在印度尼西亚，这一比例约为68%。在居民生活烹饪用能上，在区域内部，尤其是发展中国家聚集的

区域内部，国家之间依然存在着显著的分布不平等性状态。

（2）加入清洁能源可获得性的能源发展指数及其分布

基于国际能源署在居民烹饪用能中清洁能源可获得性的统计数据，本书将能源发展指数的内涵进一步扩展为居民获得稳定的、清洁的现代能源状态。本节按照能源发展指数的计算方式，计算包括人均电力消费量、终端能源消费中现代能源消费比重、可接入电力服务系统的人口比重、可获得清洁能源服务的人口比重四个指标在内的算术平均值，作为新型的能源发展指数。在国际能源署的统计数据中，关于可接入电力服务系统的人口比重以及可获得清洁烹饪能源服务的人口比重的数据均重点对发展中国家进行统计，而对其他国家则以区域总体的形式展现。本节将表 4-2 至表 4-6 的观测样本及其数据进行筛选，获得了包括清洁烹饪能源服务可获得性在内的新型能源发展指数在全球的平均水平以及在主要发展中大国——中国及印度的水平指数，结果见表 4-7。

**表 4-7　2000—2015 年全球主要国家（区域）新型能源发展指数及其分布**

| 国家或区域 | 2000 年 | 2005 年 | 2010 年 | 2015 年 |
|---|---|---|---|---|
| 世界平均水平 | 0. 479 | 0. 491 | 0. 493 | 0. 515 |
| 中国 | 0. 426 | 0. 473 | 0. 512 | 0. 576 |
| 印度 | 0. 169 | 0. 224 | 0. 271 | 0. 329 |

从表 4-7 中可以看出，加入了居民清洁烹饪能源可获得性指标之后的新型能源发展指数值在全球范围内呈持续增长趋势，尤其是在中国，其增长趋势较为显著。2010 年中国的新型能源发展指数值就超过了世界平均水平，此后保持持续增长，且与世界平均水平之间的差距在逐渐增大。而印度的新型能源发展指数值远远低于世界平均水平，虽然近十几年来有所增长，但依然远远落后于世界平均水平。

无论是经典的能源发展指数还是新型的能源发展指数，在 2000 年，中国的能源发展状态在发展中国家群组中并不起眼，然而随着时间的推移以及中国经济发展和能源政策的推进，中国在居民能源消费各方面的进步不容小觑，2010 年中国的各项能源发展指标均显著超过发展中国家群组的平均水平，甚至超过了世界平均水平，居于世界前列。然而，不可否认的是，在区域内部，尤其是发展中国家群组内部，依然存在着能源发展差距，各指标值在不同发展中国家之间存在着天壤之别，发展不平衡问题尤其引人注目。在中国内部，不同地区之间由于经济、政治、人口、政策等因素的差异，居民能源消费也存在着不平衡发展的问题。本章将基于能源发展指数对中国国内不同省份、区域的终端能源消费状态进行测度和分析，重点探讨居民家庭能源消费的分布状态。

## 4.2 中国省际能源发展指数测算与分析

### 4.2.1 基于“节能减排”的能源发展指数构建

2012 年国际能源署对能源发展指数进行了修订，新的能源发展指数包括可获得电力的人口比重、人均电力消费量、终端能源消费中商业能源消费占比三个子指标。自 1990 年起，我国就逐渐开始向农村推进，尤其是偏远山区的电网系统的普及，并且通过“家电下乡”等政策性补贴提高贫困地区居民的生活电气化水平，因而自 2000 年起，我国各地区可接入电网系统获得基本电力服务的人口已经达到了 99%，此后一直保持在无限接近 100%的水平，该指标在我国各地区之间基本不存在差距。鉴于此，本节并不对该子指标进行统计和测算；相反，自 2000 年以来，随着全球环境污染问题的加剧，我国开始逐渐重视生产、生活领域的各类能源使用所产生的污染排放问题，“节能减排”逐渐成为我国经济、社会、环境协调发展的重点，其中以清洁、高效的现代能源代替传统高污染排放的能源，逐渐优化生产、生活领域的能源结构是实现可持续发展的重要路径之一。国际能源署的能源发展指数设计中对各国居民清洁能源的可获得性以及消费量的关注并不多，在其出版的《世界能源报告》中虽然有对各国居民生活中可接入清洁能源服务的人口比重的统计，但并不将其计入能源发展指数度量。因此，本节基于国际能源署能源发展指数设计的思想，结合我国进入 21 世纪以来以“节能减排”为核心内容的能源结构优化发展战略，构建新型能源发展指数，对我国各地区居民能源消费状态进行测度，并基于此对我国地区间居民能源消费分布状态进行分析。

（1）新型能源发展指数的各项子指标选择

与传统煤炭、石油及石油制品等能源的“高污染、高碳排放”特性相比，液化石油气和天然气等能源具有“低污染、低碳排放”的特性，因而成为清洁能源的代表，尤其是天然气能源；然而，在居民能源消费中，液化石油气和天然气的消费对能源基础设施的普及有着较强的依赖性，因而各地区天然气普及程度直接决定了居民可接入现代清洁能源服务系统的能力，并可作为居民清洁能源服务可获得性的指标。居民人均电力消费量、人均清洁能源消费量则代表着居民在现代便捷能源消费方面获得的服务，这与居民的生活品质息息相关。此外，我国居民终端能源消费中清洁能源所占的比重则代表着居民的能源消费结构状态。本节将居民终端能源消费中清洁能源所占的比重作为国际能源署能源发展指数中的“终端能源消费中商业能源消费量占比”指标的替代，用于衡量居民能源消费结构的“清洁程度”。

（2）计算方法和数据来源

按照国际能源署设计的能源发展指数计算方法，首先对我国各年份各地区上述 4 项指标进行统计，获得各项子指标在各年份的“区间标杆”（最大值与最小值之差），然后按照能源发展指数的各项子指标指数值的计算方法获得子指标的指数值，即（各地区实际值-最小值）/区间标杆，最后计算各年份子指标指数值的算术平均值，即为各年份各地区的相对能源发展指数。主要的数据来源包括《中国统计年鉴》《中国能源统计年鉴》《中国电力统计年鉴》《中国住房和城乡建设统计年鉴》等。其中，居民能源消费量数据主要来自《中国统计年鉴》和《中国能源统计年鉴》的各地区能源平衡表；居民电力消费量来自《中国电力统计年鉴》；各地区天然气普及率数据作为各地区可接入天然气管道服务系统的人口比重的代表，来源于《中国住房和城乡建设统计年鉴》。居民终端能源消费中清洁能源消费量占比则来源于基础指标的简单计算：首先基于各类能源原始消费量以及转换为标准量能源单位的转换系数，将各类能源消费量转化为标准量单位，其次加总获得各类能源消费在同一标准量单位下的总和，最后将清洁能源消费的标准量值在总能消费标准量值中的比重作为居民终端能源消费中清洁能源消费占比。

### 4.2.2 中国省际能源发展指数测算结果和分析

（1）2002年中国省际能源发展指数及分析

表4-8显示了2002年①我国省际居民能源消费方面的新型能源发展指数结果。

**表4-8 2002年中国省际居民能源发展指数②**

| 省份 | 各指标指数值 | | | | 新型能源发展指数 |
|---|---|---|---|---|---|
| | 天然气普及率指数 | 人均电力消费指数 | 清洁能源消费占比指数 | 人均清洁能源消费指数 | |
| 北京 | 0.9942 | 1.0000 | 0.1499 | 0.4061 | 0.6375 |
| 天津 | 0.9339 | 0.6023 | 0.0610 | 0.3658 | 0.4907 |
| 河北 | 0.8612 | 0.2480 | 0.0381 | 0.0603 | 0.3019 |
| 山西 | 0.4492 | 0.0943 | 0.0533 | 0.0602 | 0.1642 |
| 内蒙古 | 0.3497 | 0.1186 | 0.0201 | 0.0262 | 0.1287 |
| 辽宁 | 0.7560 | 0.4541 | 0.0572 | 0.1326 | 0.3500 |
| 吉林 | 0.5527 | 0.3217 | 0.0670 | 0.1147 | 0.2640 |
| 黑龙江 | 0.5490 | 0.3367 | 0.1194 | 0.1930 | 0.2995 |
| 上海 | 1.0000 | 0.8412 | 0.2540 | 0.2012 | 0.5741 |
| 江苏 | 0.7997 | 0.2936 | 0.5734 | 0.1222 | 0.4472 |
| 浙江 | 0.9247 | 0.5351 | 0.8344 | 0.2899 | 0.6460 |
| 安徽 | 0.4917 | 0.0710 | 0.0989 | 0.0315 | 0.1733 |

① 由于《中国住房和城乡建设统计年鉴》中的“天然气管道普及率”统计数据最早可追溯至2002年，因而这里的数据起始年份设定为2002年。

② 由于2002年的《中国能源统计年鉴》中缺少宁夏回族自治区的能源平衡表，无法获得宁夏地区的居民家庭能源消费数据，因而并未将该地区包括在内；此外，西藏自治区由于统计数据的缺失并未包括在内；香港、澳门和台湾由于统计标准的不一致，亦未在此进行统计类比分析。

续表

| 省份 | 各指标指数值 | | | | 新型能源发展指数 |
|---|---|---|---|---|---|
| | 天然气普及率指数 | 人均电力消费指数 | 清洁能源消费占比指数 | 人均清洁能源消费指数 | |
| 福建 | 0.7664 | 0.4717 | 0.4623 | 0.1659 | 0.4666 |
| 江西 | 0.5367 | 0.0000 | 0.4624 | 0.1574 | 0.2891 |
| 山东 | 0.4709 | 0.2441 | 0.3846 | 0.0858 | 0.2963 |
| 河南 | 0.3138 | 0.0880 | 0.1051 | 0.0512 | 0.1395 |
| 湖北 | 0.3890 | 0.1572 | 0.0000 | 0.0000 | 0.1366 |
| 湖南 | 0.4548 | 0.0808 | 0.0000 | 0.0000 | 0.1339 |
| 广东 | 0.8416 | 0.6181 | 0.9488 | 0.4713 | 0.7199 |
| 广西 | 0.3564 | 0.1295 | 0.6781 | 0.1103 | 0.3186 |
| 海南 | 0.7196 | 0.0791 | 1.0000 | 0.1535 | 0.4880 |
| 重庆 | 0.2781 | 0.3036 | 0.4978 | 0.1829 | 0.3156 |
| 四川 | 0.0624 | 0.1786 | 0.4188 | 0.1487 | 0.2021 |
| 贵州 | 0.3806 | 0.1498 | 0.0252 | 0.0227 | 0.1446 |
| 云南 | 0.4966 | 0.0997 | 0.0353 | 0.0128 | 0.1611 |
| 陕西 | 0.4484 | 0.1130 | 0.6330 | 0.2898 | 0.3711 |
| 甘肃 | 0.0000 | 0.0604 | 0.0254 | 0.0250 | 0.0277 |
| 青海 | 0.3087 | 0.1682 | 0.6987 | 1.0000 | 0.5439 |
| 新疆 | 0.8262 | 0.0922 | 0.0314 | 0.1068 | 0.2641 |
| 全国 | 0.5559 | 0.2861 | 0.1849 | 0.1302 | 0.2892 |

从表4-8中可以看出，2002年，我国居民能源消费的新型能源发展指数平均水平约为0.2892，其中天然气普及率指数最高，为0.5559；其次为人均电力消费指数，为0.2861；清洁能源消费占比指数以及人均清洁能源消费指数相对较低，分别为0.1849和0.1302。可见，虽然我国居民天然气普及率水平较高，但是在居民的能源消费中，包括电力、液化石油气和天然气在内的现代能源或清洁能源的人均消费量及消费占比并不高，这可能与居民的收入水平、消费习惯等相关，而天然气普及率指数较高可能与国家在家庭能源基础设施普及建设方面的多重补贴政策有关，因而我国居民能源消费进一步发展的重点应当是积极通过税收优惠、消费补贴、财政援助等措施提高居民清洁能源消费量以及清

洁能源在终端能源消费中的比重。在我国各省份中，居民能源消费的新型能源发展指数存在着较大的差距。在2002年的新型能源发展指数排序中，甘肃省的新型能源发展指数为全国最低水平，仅为0.0277，远远低于全国平均水平；而广东省的新型能源发展指数为全国最高水平，为0.7199，远高于全国平均水平。在所有统计样本省份中，有13个省份（甘肃、内蒙古、湖南、湖北、河南、贵州、云南、山西、安徽、四川、吉林、新疆、江西）能源消费的新型能源发展指数位于全国平均水平以下，其余16个省份新型能源发展指数位于全国平均水平之上，最高值和最低值之间的差距为0.6922。从地理分布上看，新型能源发展指数低于全国平均水平的省份大多位于西部地区及中部地区，而东部地区尤其是东南沿海地区省份的新型能源发展指数均高于全国平均水平。在各个子指标指数值分布上，省际也呈现出明显的不平等性分布状态。在天然气普及率方面，2002年，我国各地区居民生活用天然气普及率最高的省份为上海，达到了100%的普及率；其次是北京，普及率约为99.57%。而天然气普及率最低的省份是甘肃，普及率仅为26.07%；其次是四川，普及率约为30.68%。区间标杆值为73.93%；该指标指数值的最高值和最低值分别是上海和甘肃。在人均电力消费量方面，2002年，我国各省份居民人均电力消费量最高的省份为北京，人均电力消费量为439.95千瓦时；其次是上海，人均电力消费量为380.61千瓦时。而居民人均生活电力消费量最低的省份是江西，人均电力消费量为66.33千瓦时，其次是甘肃，其人均电力消费量约为88.9千瓦时。区间标杆值为373.62千瓦时/人，该指标指数值的最高值和最低值分别位于北京和江西。在人均清洁能源消费量方面，2002年，我国各省份人均清洁能源消费量最高的地区是青海，人均清洁能源消费量为0.1390吨标准煤，这可能与该地区液化石油气和天然气能源资源储量丰富并且最早在该省份进行了这两类清洁能源的开采和利用有关；而人均清洁能源消费量最低的省份是湖北和湖南两地，其居民并无液化石油气和天然气两类清洁能源的消费。区间标杆值为0.1390吨标准煤/人，该指标指数值最高的省份为青海，最低的省份为湖北和湖南两省。清洁能源消费在终端能源消费总量中的比重，最高值为57.67%，位于海南；最低值为0，位于湖北和湖南两省。区间标杆值为57.67%，该指标指数值最高的省份为海南，最低的省份为湖北和湖南两省。

综上所述，包括清洁能源消费量和消费占比的新型能源发展指数在我国各省份之间存在着较为明显的不平等性分布状态，多数东部省份（尤其是东南沿海省份）的综合能源发展指数值较高，而大部分中部地区省份以及部分西部地区省份的综合能源发展指数值则相对较低，即这些地区居民在包括电力、清洁能源在内的能源消费上依然远远落后于全国平均水平。本书按照全国东部、中部、西部区域的传统划分方法，对我国三大区域的新型能源发展指数进行测度，来印证这种区域能源发展分布状态。具体测算结果见表4-9。

**表4-9　2002年中国东部、中部、西部区域能源发展指数**

| 区域 | 各指标指数值 | | | | 新型能源发展指数 |
|---|---|---|---|---|---|
| | 天然气普及率指数 | 人均电力消费指数 | 清洁能源消费占比指数 | 人均清洁能源消费指数 | |
| 全国 | 0.5559 | 0.2861 | 0.1849 | 0.1302 | 0.2893 |
| 东部地区① | 0.7599 | 0.5080 | 0.2297 | 0.2004 | 0.4245 |
| 中部地区② | 0.4396 | 0.1090 | 0.1094 | 0.0611 | 0.1798 |
| 西部地区③ | 0.2423 | 0.2208 | 0.1812 | 1.000④ | 0.4112 |

从表4-9中可以看出，我国东部地区和西部地区新型能源发展指数

① 东部地区包括北京、天津、河北、辽宁、上海、江苏、浙江、福建、山东、广东、海南11个省份。

② 中部地区包括山西、吉林、黑龙江、安徽、江西、河南、湖北、湖南8个省份。

③ 西部地区包括四川、重庆、贵州、云南、陕西、甘肃、青海、新疆、广西、内蒙古、西藏、宁夏12个省份。

④ 西部地区的人均清洁能源消费量远远高于样本省份的最高值，因而这里基于全国最高值、最低值省份及区间标杆计算的区域能源发展指数，中、西部地区的人均清洁能源消费指数值大于1，鉴于能源发展指数各子指标指数值的计算方式设定，其指数值取值范围为[0，1]，这里取值为1。

较为接近，而中部地区新型能源发展指数远远低于其他两个地区且低于全国平均水平。从具体的子指标指数值来看，在天然气普及率方面，东部地区最高且高于全国平均水平，中部地区次之，最低的为西部地区，指数值为0.2423，而且中、西部地区的天然气普及率指数均低于全国平均水平，这意味着从清洁能源设施的普及程度上来看，中、西部地区远远落后于东部地区。在人均电力消费方面，东部地区人均电力消费指数最高，西部地区次之，而中部地区最低；但中、西部地区之间的差距并不算很大，均小于二者与东部地区之间的差距。在清洁能源消费占比方面，指数值从高到低排序依次是东部地区、西部地区和中部地区。西部地区与东部地区在清洁能源消费占比方面指数值较为接近，这说明虽然东部地区在天然气普及率上远远高于西部地区，但是因为西部地区液化石油气和天然气等能源资源的储量较为丰富，东部地区居民在液化石油气和天然气方面的消费需要依靠“西气东输”等地区间的能源调配政策推动，因而西部地区居民本着“靠山吃山”的消费原则，其液化石油气和天然气能源的消费量远远高于东部地区。人均清洁能源消费指数值由高到低排序依次是西部地区、东部地区和中部地区，并且西部地区居民的人均清洁能源消费量远远高于其他两个地区。从区域新型能源发展指数的分布来看，中部地区无论是在现代能源基础设施服务可获得性方面还是在电力、清洁能源的消费能力方面均居于较为落后的位置，是我国进一步提高居民能源消费中需要重点关注能源基础设施服务普及率以及居民能源消费水平的区域。此外，东部地区较高的能源基础设施服务普及率水平以及清洁能源消费占比，是其能源发展综合指数较高的重要原因；而西部地区能源综合发展指数水平中贡献率最高的是人均家庭能源（液化石油气和天然气）消费量，其能源基础设施普及率水平远远低于其他两个区域，这意味着西部地区大量的现代清洁能源消费集中在少数能够获得能源基础设施服务的居民群体中，即西部地区内部存在着深层的因居民能源设施基础服务获得不平等性分布导致的能源消费差距。要想进一步提升西部地区居民家庭能源发展水平，不仅要关注该地区的能源基础设施服务普及率水平，更要重点关注区域内居民能源消费不平等性分布问题。

（2）2010年中国省际能源发展指数及分析

随着时间的推移以及我国多项区域发展、能源发展政策（西气东输、西电东运、西部大开发、“节能减排”能源结构转型等）的推进，我国各地区居民能源消费分布状态在不断发生变化。表4-10显示了2010年我国分区域居民能源消费方面的新型能源发展指数。

**表4-10　2010年我国各区域能源发展指数①**

| 区域 | 各指标指数值 | | | | 新型能源发展指数 |
|---|---|---|---|---|---|
| | 天然气普及率指数 | 人均电力消费指数 | 清洁能源消费占比指数 | 人均清洁能源消费指数 | |
| 全国 | 0.7371 | 0.3215 | 0.1652 | 0.4004 | 0.4061 |
| 最大值省份 | 北京、天津、上海 | 上海 | 浙江 | 浙江 | — |
| 最小值省份 | 贵州 | 甘肃 | 内蒙古 | 贵州 | — |
| 东部地区 | 0.6065 | 0.5471 | 0.0649 | 0.5371 | 0.4389 |
| 中部地区 | 0.5658 | 0.1831 | 0② | 0.2240 | 0.2432 |
| 西部地区 | 0.4999 | 0.1583 | 0.0094 | 0.4114 | 0.2697 |

从表4-10中可以看出，与2002年新型能源发展指数相比，2010年我国居民能源消费的新型能源发展指数增长较为明显，从0.2893增长至0.4061。在各子指标指数值中，天然气普及率程度指数和人均清洁能源消费指数增长最为迅速，而清洁能源在终端能源消费中所占比重指数值反倒有所下降，从2002年的0.1849下降至2010年的0.1652。这说明随着经济增长和人民收入水平的提高，居民终端能源消费总量的增长速度高于清洁能源消费量的增长速度，因而清洁能源

① 因篇幅原因，本书并未列出2010年各省份能源发展指数值及各个子指标指数值。

② 中部地区总体清洁能源在终端能源消费中的比重低于全国各个省份中的最小值，因而中部地区的清洁能源消费占比发展指数值为负值，但由于能源发展指数是一个相对发展指数，因此本书将中部地区清洁能源消费占比发展指数取值定为0，表明中部地区在清洁能源消费占比方面的发展程度相对其他地区为最低水平。

消费占比呈现出下降趋势。在三大区域中，东部地区和中部地区的新型能源发展指数均有所增长，且东部地区新型能源发展指数略高于全国平均水平，而西部地区的新型能源发展指数却有所下降，与中部地区基本持平，均位于全国平均水平以下。可见，西部地区居民在能源消费方面的问题较为凸显。在具体子指标指数值中，各子指标指数值的最小值分别位于贵州、甘肃和内蒙古 3 个省份，主要都在西部地区；相反，各子指标指数值的最大值均位于经济较为发达的东部地区，东、西部地区居民在家庭能源服务可获得性以及现代、清洁能源消费量方面依然存在着较大的差距。在天然气普及率指数以及人均电力消费指数上，东、中、西部地区呈现出依次递减的分布态势。而在清洁能源消费占比指数以及人均清洁能源消费指数上，则呈现出东、西、中部地区依次递减的分布态势，西部地区这两个指数值略超过中部地区。值得注意的是，西部地区人均清洁能源消费指数值从 2002 年的最高值 1 降至 2010 年的 0. 4114，而在东部地区和中部地区，该指标值却表现出增长趋势，这意味着西部地区早期的清洁能源禀赋丰裕以及“早期开采，就近使用”的优势逐渐消失，“西气东输、西电东运”等跨区域能源资源的调配和平衡降低了地区之间家庭能源（尤其是现代、清洁能源）消费差距。从整体来看，清洁能源消费占比及其发展指数值均低于其他三个指标的指数值，这意味着进一步提升居民能源消费中清洁能源消费的比重是提高我国居民家庭能源发展水平的重点，这也是在“节能减排”“可持续发展”背景下我国能源结构转型的重点方向。

（3）2017 年我国省际能源发展指数及分析

2017 年，我国居民能源消费的整体能源发展指数继续增长，各子指标指数值以及各区域能源发展指数见表 4-11。

表 4-11 2017 年我国各区域新型能源发展指数①

| 区域 | 各指标指数值 | | | | 新型能源发展指数 |
|---|---|---|---|---|---|
| | 天然气普及率指数 | 人均电力消费指数 | 清洁能源消费占比指数 | 人均清洁能源消费指数 | |
| 全国 | 0.8546 | 0.3998 | 0.1677 | 0.4154 | 0.4594 |
| 最大值省份 | 北京、天津、上海、浙江 | 福建 | 重庆 | 北京 | — |
| 最小值省份 | 云南 | 甘肃 | 内蒙古 | 云南 | — |
| 东部地区 | 0.9499 | 0.8544 | 0.2048 | 0.5219 | 0.6327 |
| 中部地区 | 0.8038 | 0.4145 | 0.1447 | 0.3156 | 0.4197 |
| 西部地区 | 0.6883 | 0.4346 | 0.1379 | 0.3743 | 0.4088 |

从表 4-9、表 4-10 及表 4-11 可以看出，从纵向来看，随着时间的推移，我国居民能源消费的整体能源发展指数值从 2002 年的 0.2893 增长至 2010 年的 0.4061 再到 2017 年的 0.4594，在十几年间增长了约 58.80%。在各子指标指数值中，天然气普及率指数值在各年份中均为最高值，并从 2002 年的 0.5559 增长至 2010 年的 0.7371 再到 2017 年的 0.8546，在十几年间增长了约 53.73%；人均电力消费指数值从 2002 年的 0.2861 增长到 2010 年的 0.3215 再到 2017 年的 0.3998，增长幅度约为 39.74%；2002—2010 年人均清洁能源消费指数值增长了约 2 倍，而 2010—2017 年的增长幅度约为 3.74%；然而，清洁能源消费占比指数值不升反降，2002—2010 年下降幅度约为 10.49%，2010—2017 年，该指数值有小幅度的增长，从 0.1652 增长至 0.1677，但依然低于 2002 年的消费水平。从各子指标指数值对整体能源发展指数的贡献度上来看，天然气普及率指数的贡献度最高，其次是人均清洁能源消费指数，然后是人均电力消费指数，最后是清洁能源消费占比指数。这意味着在我国居民家庭能源发展中，现代清洁、便利能源服务可获得性指数水平较高，即我国居民在现代清洁、便利能源的获得性方面获得了长足的发展。我国居民电力、清洁能源的消费量也获得了较大的增长，这一方面

① 因篇幅原因，本书并未列出 2017 年各省份新型能源发展指数值。

得益于能源基础设施普及水平的提升，另一方面来自居民收入水平提高所带来的能源消费量的增长。然而，不可忽视的是，尽管天然气普及率增长迅速，而且居民生活用电力、液化石油气和天然气消费量持续增长，但是清洁能源在居民终端能源消费总量中的比重依然不高，这说明随着居民生活水平的提高，终端能源消费总量的增长幅度远大于居民清洁能源消费量的增长幅度，因而出现清洁能源消费占比增长乏力的结果。因此，转变能源消费结构不仅要关注居民能源消费中清洁能源消费量的提升，更应该注重居民能源消费结构的清洁化转型，尤其是从传统煤炭、石油制品等转向电力、天然气等现代、清洁能源。

在具体区域能源发展指数中，2017 年东部地区的新型能源发展指数最高，为 0. 6327；中部地区其次，为 0. 4197；西部地区为最低，为 0. 4088。东部地区的综合能源发展指数远远高于全国平均水平，而中、西部地区综合能源发展指数均低于全国平均水平，中、西部地区的能源发展指数较为接近。在具体的子指标指数值中，东、中、西部地区均遵循了“天然气普及率指数>人均电力消费指数>人均清洁能源消费指数>清洁能源消费占比指数”的指标值分布状态。从各省份的各子指标指数值的具体分布来看，能源发展指标值高的省份绝大多数位于东部经济发达地区，如北京、上海、天津、浙江、福建等；相反，各类能源发展指标值低的省份多数位于经济发展相对落后的西部地区，如内蒙古、甘肃、云南等，东、西部地区之间依然存在着较大差距。此外，从纵向来看，除了人均清洁能源消费指数之外，各区域在其他 3 个子指标指数值上均呈现出随时间推移而逐渐增长的趋势，虽然各区域的增长幅度存在着差异。在人均清洁能源消费指数方面，除了中部地区在 2010—2017 年有小幅度的增长外，东、西部地区的人均清洁能源消费指数均表现出下降的趋势，下降幅度分别为 2. 83% 和 9. 02%，说明区域之间除了清洁能源消费量上的差距外，还存在着清洁能源消费变化趋势的差异，造成这种差异的原因可能是不同区域或不同省份家庭能源政策的异质性，或者是同一能源发展政策在不同区域的作用效果异质性。

本节将我国30个省份居民家庭能源发展指数的各子指标以及综合发展指数值取平均值，以此代表我国居民家庭能源发展指数的整体状况，结果见表4-12。

**表4-12　2002—2017年我国居民家庭能源发展指数**

| 年份 | 清洁能源消费占比指数 | 人均清洁能源消费指数 | 人均电力消费指数 | 天然气普及率指数 | 综合能源发展指数 |
|---|---|---|---|---|---|
| 2002 | 0.3012 | 0.1720 | 0.3637 | 0.5625 | 0.3498 |
| 2003 | 0.2747 | 0.1661 | 0.2381 | 0.5038 | 0.2957 |
| 2004 | 0.3085 | 0.1577 | 0.2688 | 0.5523 | 0.3218 |
| 2005 | 0.2853 | 0.1426 | 0.2181 | 0.5646 | 0.3027 |
| 2006 | 0.2760 | 0.1481 | 0.2635 | 0.4588 | 0.2866 |
| 2007 | 0.5474 | 0.2529 | 0.2771 | 0.5958 | 0.4183 |
| 2008 | 0.2962 | 0.3608 | 0.2911 | 0.6182 | 0.3916 |
| 2009 | 0.2842 | 0.3525 | 0.2830 | 0.6537 | 0.3933 |
| 2010 | 0.3050 | 0.4299 | 0.3153 | 0.6654 | 0.4289 |
| 2011 | 0.3232 | 0.3734 | 0.3487 | 0.6844 | 0.4324 |
| 2012 | 0.3050 | 0.4030 | 0.3667 | 0.7405 | 0.4538 |
| 2013 | 0.3495 | 0.3384 | 0.3645 | 0.5548 | 0.4018 |
| 2014 | 0.3002 | 0.3549 | 0.3427 | 0.7107 | 0.4271 |
| 2015 | 0.2856 | 0.3925 | 0.3753 | 0.7364 | 0.4475 |
| 2016 | 0.2934 | 0.3668 | 0.4598 | 0.7446 | 0.4662 |
| 2017 | 0.2949 | 0.4204 | 0.3656 | 0.8074 | 0.4721 |

注：这里所计算的各指标指数值以及综合指标值是各年份30个省份指标值的平均值，而前文中对于全国平均家庭能源发展指数值的计算则是分别计算了全国总水平的各子指标值，然后结合30个省份中子指标值的最大值、最小值构建“区间标杆”，将全国总水平的各个子指标按照能源发展指数的测算方法进行计算所得，因而两种方法所得结果有些许差异。

从表4-12中可以看出，2002—2017年，我国居民家庭能源发展指数综合值呈波动中逐渐上升的趋势。在各子指标的能源发展指数中，天然气普及率发展指数属于四个指标中数值最高的，而且其呈稳步上升的态势，2017年增长至0.8074，说明自2000年以来我国在推进居民清洁能源可获得性服务方面取得了长足的进步。2017 年我国有 27 个省份的居民天然气普及率已经超过了 90%，普及率最低的省份为云南省，其普及率为 75.93%。与天然气普及率高且呈持续增长趋势紧密相关的是人均清洁能源消费指数，其指标值一直保持仅次于天然气普及率发展指数的位置，至 2017 年，全国人均清洁能源消费指数值为 0.4204，基本上接近综合发展指数值的水平。人均电力消费指数和清洁能源消费占比指数则分别位于第三、第四的位置，其发展程度呈缓慢增长趋势。2017 年，这两个子指标值分别为 0.3656 和 0.2949，略低于当年的综合能源发展指数值。由此可见，我国在进入 21 世纪以来的十几年间，在居民电力、清洁能源基础设施建设等方面取得了较大进步，这极大地提高了居民现代能源、清洁能源服务的可获得性水平；然而，居民的清洁能源消费占比依然较低，并且在地区间存在着较大的差异，这是我国能源消费发展中需要重点关注的问题。

## 4.3 中国省际能源发展指数的空间分布状态

在上一节的研究中，我们构建了包括居民清洁能源量和清洁能源消费占比指标在内的新型能源发展指数指标，结合中国各省份居民能源消费数据计算了我国省际、区域间居民能源消费方面的新型能源发展指数，并对我国总体能源发展指数及其子指标指数、分区域能源发展指数基于时间维度进行了分析，获得了我国分区域居民家庭能源发展状况的分布状态及其随时间推移而演变的趋势。然而，地理经济学第一定律告诉我们，所有事物都与其他事物相关联，但较近的事物比较远的事物更关联。事实上，我国各省份之间在政治、经济、文化、贸易、能源等方面均存在着广泛的联系，而且距离越近的省份之间联系往往越紧密，这意味着基于空间相关性，对我国省际居民的能源消费分布状态进行分析成为必要。空间计量经济学的最大特色在于充分考虑了截面单位之间的空间依赖性（spatial dependence）。从一般意义上来讲，空间效应

(spatial effects)包括空间依赖性和空间异质性(spatial heterogeneity)[①]。本节基于空间计量经济学的相关方法，对我国省际居民能源消费方面的能源发展指数进行空间分布分析。

### 4.3.1 空间相关性权重矩阵设定

进行空间计量分析的前提是对区域之间空间距离的设定。在通常情况下，假定来自 $n$ 个地区的空间数据为 $\{x_i\}_{i=1}^{n}$，其中下标 $i$ 表示地区 $i$。若地区 $i$ 和地区 $j$ 之间的距离为 $w_{ij}$，则可将这 $n$ 个地区之间的空间权重矩阵(spatial weighting matrix)定义为：

$$W=\begin{pmatrix} w_{11} & \cdots & w_{1n} \\ \cdots & \cdots & \cdots \\ w_{n1} & \cdots & w_{nn} \end{pmatrix} \tag{4-1}$$

其中，主对角线上的元素 $w_{11}=\cdots=w_{nn}=0$，表示本地区到本地区的空间距离为0。可见，空间权重矩阵 $W$ 是一个典型的对称矩阵。最常用的距离函数为“相邻”(contiguity)，即以地区 $i$ 和地区 $j$ 是否具有共同边界作为设定地区之间的空间矩阵的判断依据，若两地区具有相邻边界，则 $w_{ij}=1$，反之 $w_{ij}=0$。而关于“相邻”关系的判断标准，可参照国际象棋中的不同棋子的行走路线，相邻关系可以分为车相邻(rook contiguity)[②]，象相邻(bishop contiguity)[③] 和后相邻(queen contiguity)[④]。

还有一种定义相邻关系的方法，即基于地区间的距离。设定地区 $i$ 和地区 $j$ 之间的距离为 $d_{ij}$，则空间权重可设定如下：

$$w_{ij}=\begin{cases} 1 & d_{ij}<d \\ 0 & d_{ij}\geqslant d \end{cases} \tag{4-2}$$

其中，$d$ 为事先设定的距离临界值。这种距离临界值可以是地理空间距离、经济距离、贸易距离等。在空间应用经济学的研究中，还经常

---

① 标准的计量经济学也会考虑截面单位之间的异质性(如异方差)，因而空间计量经济学通常将空间依赖性作为关注的焦点。

② 车相邻：两个相邻的地区具有共同的边。

③ 象相邻：两个相邻的地区有共同的顶点，但是没有共同的边。

④ 后相邻：两个相邻的地区有共同的边或者顶点。

使用距离的倒数（inverse distance）作为空间权重：

$$w_{ij}=\frac{1}{d_{ij}} \tag{4-3}$$

其中，距离 $d_{ij}$ 可以是地理距离，如直线距离或大圆距离（great circle distance），也可以是基于运输成本或旅行时间的经济距离，甚至是社交网络中的距离。

### 4.3.2 空间自相关检验

（1）空间自相关测度方法

空间相关性检验是判断不同地区之间是否存在空间相关性的重要步骤。在选定空间权重矩阵后，首先要考察数据是否存在空间相关性。如果不存在空间相关性，则使用一般的计量方法即可；若存在显著的空间相关性，则可使用空间计量方法。

空间自相关（spatial autocorrelation）可理解为位置相近的地区具有相似的变量取值。如果地区之间某个特定的变量具有高值与高值聚集在一起，低值与低值聚集在一起的特征，则称之为“空间正相关”（positive spatial autocorrelation）；反之，如果高值和低值相邻，则称为“空间负相关”（negative spatial autocorrelation），通常这种情况比较少见；如果高值和低值完全随机分布，则不存在空间自相关。

最为典型的测度空间自相关性的方法是“莫兰指数 I”（Moran's I），其计算公式如下：

$$I=\frac{\sum_{i=1}^{n}\sum_{j=1}^{n}w_{ij}(x_i-\bar{x})(x_j-\bar{x})}{S^2\sum_{i=1}^{n}\sum_{j=1}^{n}w_{ij}} \tag{4-4}$$

其中，$S^2$ 表示样本方差，即 $S^2=\frac{\sum_{i=1}^{N}(x_i-\bar{x})^2}{n}$；$w_{ij}$ 表示空间权重矩阵的（$i$，$j$）元素（用以度量地区 $i$ 与地区 $j$ 之间的距离）；$\sum_{i=1}^{n}\sum_{j=1}^{n}w_{ij}$ 为所有空间权重矩阵之和。Moran's I 的取值范围为［-1，1］，大于0表示正相关，即高值与高值相邻、低值与低值相邻；小于0则表示负相关，即高值与低值相邻；等于0则表示空间不相关。

Moran's I 的显著性检验通过构造服从正态分布的统计量 $Z(I)$ 来实现：

$$Z(I)=[I-E(I)]/\sqrt{Var(I)} \tag{4-5}$$

其中，当 $Z$ 值显著为正时，表明存在正的空间自相关；当 $Z$ 值显著为负时，表明存在负的空间自相关；当 $Z$ 值为 0 时，表明地区之间相似值呈随机分布，不存在空间自相关。

另一个常用的考察地区之间空间相关性的指标为“吉尔里指数 C”（Geary's C），其计算方式如下：

$$C=\frac{(n-1)\sum_{i=1}^{n}\sum_{j=1}^{n}w_{ij}(x_i-x_j)^2}{2(\sum_{i=1}^{n}\sum_{j=1}^{n}w_{ij})[\sum_{i=1}^{n}(x_i-\bar{x})^2]} \tag{4-6}$$

其中，吉尔里指数 C 的取值介于 0 和 2，大于 1 则表示负相关，等于 1 表示不相关，小于 1 则表示正相关。可见，吉尔里指数与莫兰指数呈反向变动关系。一般情况下，吉尔里指数对于局部空间自相关的敏感性更强。标准化的吉尔里指数 $C^*$ 服从渐进的标准正态分布，因而可以用标准化的吉尔里指数 $C^*$ 来检验空间自相关。

然而，莫兰指数和吉尔里指数均存在着一个共同的缺点，即无法区分“热点”（高值与高值聚集）和“冷点”（低值与低值聚集）的区域，因为这两种情况下两个指数值均表现为正相关。Getis 和 Ord（1992）提出了“Getis-Ord G 指数”，可以有效识别空间自相关中的冷、热点区域，其计算公式如下：

$$G=\frac{\sum_{i=1}^{n}\sum_{j=1}^{n}w_{ij}x_ix_j}{\sum_{i=1}^{n}\sum_{j\neq i}^{N}x_ix_j} \tag{4-7}$$

其中，标准化的 $G$ 指数也服从渐进标准正态分布，因而若 $G>1.96$，则可在 5%的水平上拒绝无空间自相关的原假设，认为存在空间自相关，且存在热点区域；反之，若 $G<1.96$，则可在 5%的水平上拒绝无空间自相关的原假设，认为存在空间自相关，且存在冷点区域。而且，局部 $G_i$ 指数可用于考察地区 $i$ 是否为热点或冷点区域：

$$G_i=\frac{\sum_{j\neq i}w_{ij}x_j}{\sum_{j\neq i}x_j} \tag{4-8}$$

式中，$G_i$ 值显著为正则说明地区 $i$ 周围的值相对较高，为“热点”区域；反之，则为“冷点”区域。

（2）空间自相关检验结果及分析

本节在对全国不同地区间居民能源消费指数进行测度的基础上，结合空间相关性检验方法对相邻地区之间居民能源消费状况的空间相关性进行检验。同时结合相关方法设定，分别采用地理相邻（0，1）权重矩阵、地理空间权重矩阵、经济空间权重矩阵来综合衡量我国地区间居民能源消费状况的空间相关性。其中，地理相邻矩阵使用地区之间的边界相邻关系进行设定，两个地区之间如果有共同的边界，则取值为 1，否则取值为 0；地理空间权重矩阵采用大圆距离反比法进行构造，即用大圆距离的倒数来衡量地区之间的空间关系，具体计算公式如下：

$$W_{ij}^{GS}=\begin{cases}\dfrac{1}{d_{ij}} & i\neq j\\ 0 & i=j\end{cases} \tag{4-9}$$

其中，$d_{ij}$ 表示地区 $i$ 与地区 $j$ 之间的空间位置的大圆距离，使用 ArcGIS 软件并结合中国 30 个省会城市的经度、纬度位置测算得到。

经济空间权重矩阵的构造使用地区间 2003—2017 年人均国内生产总值（GDP）的差额作为测量地区间“经济距离”的指标，同时引入经济空间权重矩阵 $W^{*}=WxE$，其中经济权重 $E$ 的元素如式（4-10）所示：

$$E_{ij}=\begin{cases}\dfrac{1}{|\overline{G_i}-\overline{G_j}|} & i\neq j\\ 0 & i=j\end{cases}\qquad \overline{G_i}=\frac{1}{n}\sum_{i=1}^{n}G_{it} \tag{4-10}$$

其中，$G_{it}$ 为地区人均 GDP，即第 $i$ 个地区第 $t$ 年的实际人均 GDP（以 2002 年不变价格计算）。该矩阵是包含了经济发展状况的空间权重矩阵。

本节基于上述三种空间权重矩阵对我国地区间居民能源消费状况的空间自相关性进行检验，结果见表 4-13。

**表 4-13　我国地区间居民能源消费状况的空间自相关性及检验**

| 年份 | 地理相邻（0，1）权重 | | | 地理距离权重 | 经济空间权重 |
|---|---|---|---|---|---|
| | Moran's I | Geary's C | Getis-Ord G | Moran's I | Moran's I |
| 2002 | 0.252**<br>(0.012) | 0.722*<br>(0.052) | 0.136<br>(0.216) | 0.222*<br>(0.088) | 0.063***<br>(0.002) |
| 2003 | 0.261***<br>(0.008) | 0.671**<br>(0.025) | 0.140<br>(0.585) | 0.266**<br>(0.037) | 0.052***<br>(0.003) |
| 2004 | 0.228**<br>(0.019) | 0.681**<br>(0.026) | 0.141<br>(0.549) | 0.182<br>(0.135) | 0.228**<br>(0.019) |
| 2005 | 0.243**<br>(0.013) | 0.659**<br>(0.019) | 0.139<br>(0.506) | 0.192<br>(0.118) | 0.049***<br>(0.004) |
| 2006 | 0.107<br>(0.199) | 0.703*<br>(0.064) | 0.124<br>(0.107) | 0.208*<br>(0.090) | 0.064***<br>(0.001) |
| 2007 | 0.346***<br>(0.001) | 0.640*<br>(0.010) | 0.142<br>(0.539) | 0.322**<br>(0.014) | 0.100***<br>(0.000) |
| 2008 | 0.143<br>(0.112) | 0.816<br>(0.204) | 0.143<br>(0.672) | 0.204<br>(0.100) | 0.041***<br>(0.009) |
| 2009 | 0.211**<br>(0.027) | 0.739*<br>(0.087) | 0.143<br>(0.633) | 0.256**<br>(0.043) | 0.048***<br>(0.005) |
| 2010 | 0.211**<br>(0.027) | 0.757<br>(0.108) | 0.144<br>(0.651) | 0.258**<br>(0.042) | 0.043***<br>(0.008) |
| 2011 | 0.240**<br>(0.013) | 0.721*<br>(0.064) | 0.146<br>(0.768) | 0.220*<br>(0.077) | 0.038**<br>(0.012) |
| 2012 | 0.164**<br>(0.076) | 0.789<br>(0.140) | 0.148<br>(0.918) | 0.176<br>(0.146) | 0.022**<br>(0.054) |
| 2013 | 0.348***<br>(0.000) | 0.599**<br>(0.014) | 0.144<br>(0.681) | 0.326**<br>(0.011) | 0.073***<br>(0.000) |
| 2014 | 0.244**<br>(0.012) | 0.708**<br>(0.055) | 0.148<br>(0.884) | 0.234**<br>(0.062) | 0.046***<br>(0.006) |
| 2015 | 0.221**<br>(0.021) | 0.733*<br>(0.089) | 0.148<br>(0.913) | 0.241*<br>(0.055) | 0.039**<br>(0.012) |
| 2016 | 0.216**<br>(0.022) | 0.697**<br>(0.070) | 0.149<br>(0.938) | 0.315**<br>(0.014) | 0.049***<br>(0.004) |
| 2017 | 0.226**<br>(0.018) | 0.670**<br>(0.035) | 0.155<br>(0.566) | 0.280**<br>(0.028) | 0.041***<br>(0.009) |

注：括号内为相应的 p 值；*、**、***分别表示在 10%、5%、1%的水平上显著；由于吉尔里指数（Geary's C）和 Getis-Ord G 指数只能计算基于空间相邻（0，1）权重下的空间自相关性，因而在基于地理距离权重和经济空间权重下并未计算这两种指数的结果。

在表4-13中，使用地理相邻（0，1）权重矩阵进行空间自相关检验时，除了经典的Moran's I指数，同时还计算了Geary's C指数和Getis-Ord G指数，结果表明：①在Moran's I空间相关性检验中，我国地区间居民能源消费指数呈现出显著的空间相关性，随着时间的推移，这种空间相关性并无减弱的迹象；此外，无论是基于哪种空间权重矩阵的计算，Moran's I指数值均为正，表明我国地区间居民能源消费发展指数呈现出高值—高值相邻、低值—低值相邻的分布状态。②Geary's C指数也显示出显著的空间相关性特征。这种空间相关性在2002年时仅仅在10%的水平上显著；2005年，该指数值在5%的水平上显著；除了2008年、2010年以及2012年3个年份的Geary's C指数不显著以外，其余年份基于相邻（0，1）权重的Geary's C指数均显著为正，再次印证了地区间居民能源消费存在着显著的地区相关性特征；虽然在部分年份，Geary's C指数并不显著，但是在大多数年份，该指数值具有显著性。③Getis-Ord G指数测度的地区间居民能源消费指数全局空间相关性在这些年份中大多并不显著，这可能跟该指数的计算方法有关。④在以地理空间距离作为空间权重的计算结果中，Moran's I指数均表现出显著的空间相关性，而且其指数值与显著性水平随着时间推移而逐渐增长；在部分年份（2004年、2005年、2012年和2018年）中，基于地理距离权重矩阵的空间相关性并不显著。⑤在以经济距离和地理距离综合所得的经济空间矩阵为空间权重的计算结果中，Moran's I指数值虽然较小，但其显著性水平均在1%的水平上，而且整体无减弱迹象，这说明我国省际居民能源消费指数与地区间经济发展水平和地理空间距离均相关，而且二者综合权重下的空间相关性更强。

本节进一步使用“局部Getis-Ord G指数”重点考察2002—2017年我国哪些地区属于显著的热点区域，哪些地区属于显著的冷点区域，结果如下：2002年，显著性的热点区域有福建、海南、上海；重庆和陕西的局部标准化Getis-Ord G指数值显著为负，说明这两个地区属于冷点地区，其周围地区的居民能源消费指数均高于这两个地区，属于高值与低值相邻的地区。2010 年，显著的热点区域包括上海、江苏、浙江、福建、海南；内蒙古和陕西两个省份的局部 Getis-Ord G 指数值为负，表明这两个地区属于冷点区域，即居民能源消费指数呈现出低值—低值相邻的状态。2017 年，显著性的热点区域包括上海、江苏、浙江、福建、江西；内蒙古地区的局部标准化 Getis-Ord G 值依然显著为负，即可能在此地有冷点区域。

本节基于不同的空间权重矩阵，对我国省际居民能源消费指数进行空间相关性分析后发现，总体而言，我国各省份居民在能源消费方面存在着显著的空间自相关性，并且这种空间自相关性在以经济发展距离和空间距离综合矩阵为权重的条件下更为显著，说明我国不同地区之间的居民在能源消费上的选择并不是独立的；相反，地区之间尤其是经济发展水平相似且地理位置较为接近的地区，居民在能源消费上具有相关性。进一步地，本节基于局部空间自相关指数的测算结果显示，我国大部分地区的居民能源消费指数呈现出高值—高值相邻、低值—低值相邻的状况，即居民能源消费呈现出“高—高”“低—低”的空间分布状态，并且这种区域性热点主要集中在经济较为发达的地区，而在经济相对落后的中、西部地区，部分省份如内蒙古和陕西均表现出“高—低”相邻的冷点区域。因而在进一步识别我国不同地区居民能源消费状态驱动因素的研究中，地区之间的空间相关性是我们必须考量的因素。

## 4.4 本章小结

本章首先基于国际能源署关于能源消费指数的设定，探讨了全球主要国家在电力可获得性、商业能源消费占比、人均商业能源消费量 3 个主要指标上的分布差异，重点关注中国与其他国家（发展中国家、发达国家）之间在上述指标上的差异性；其次结合国际能源署设计的反映国家或区域能源消费状态的指标——能源发展指数，基于当前全球以及我国“节能减排”“可持续发展”的战略目标，设计了包括清洁能源消费占比、人均清洁能源消费、人均电力消费、天然气普及率在内的新型能源发展指数，并基于该新型指数对我国30个省份2002—2017年居民的能源消费发展指数进行测度和比较分析，结果显示：从时间维度上来看，我国各省份的居民新型能源发展指数均呈现出逐渐增长的趋势；然而，从空间维度上来看，各省份之间仍然存在着较为显著的差异，尤其是中部和西部地区。此外，值得注意的是，在新型能源发展指数中，关于人均清洁能源消费指标以及清洁能源消费占比指标在我国不同区域的分布并不总是与“东部高、中部居中、西部最低”的传统分布一致；相反，部分西部地区在清洁能源消费占比以及人均清洁能源消费两方面的表现甚至超过了东部地区，这可能与我国天然气、液化石油气等相对清洁能源主要储量及开采量均位于西部地区省份有关。然而，随着时间的推移，这种差距在逐渐降低，可见经济发展以及“西气东输”“西电东运”等地区间能源资源调配有助于缩小地区间的能源消费差距。最后，基于地理经济学、空间计量经济学的相关理论及测度方法，本节对我国地区之间居民家庭能源发展指数的空间相关性进行了检验，结果显示：我国各省份之间居民能源消费状况存在着较为明显的空间相关性。虽然在不同的空间权重矩阵以及空间自相关测度指数下，所得的结论不尽一致，但是基于经典的Moran's I空间自相关指数测度的结果显示，无论是基于地理相邻（0，1）矩阵还是基于地理距离矩阵和经济空间距离矩阵，其空间自相关性均显著存在，且这种显著性并没有随着时间推移而减弱。

# 5

# 城乡居民能源消费差距分析

居民家庭能源消费不仅在省际存在着差异，而且在城镇和农村地区也存在着显著的差异。在我国长达二十几年的城镇化进程中，城镇地区不仅在交通、教育、医疗、公共环境与卫生等基础设施建设方面远远优于农村地区，而且在居民能源消费数量、消费结构等方面也与农村地区存在着较大的差距，并且这种差距在不同的区域表现有所不同。本章基于《中国能源统计年鉴》中各省、自治区、自辖市的能源平衡表中居民能源消费数据，进一步探讨我国居民家庭能源消费在城镇地区和农村地区的差异，以全面掌握我国居民家庭能源消费差异性分布状态。

## 5.1 城乡居民能源消费量的差异及其变化趋势

### 5.1.1 城乡居民能源消费量差异的相关研究

城镇地区和农村地区在地理环境、交通状态、社会经济、基础设施建设等方面都存在着巨大差异，其能源消费量以及消费结构也具有不同的特点。国内外学者针对这两种不同类型的居民家庭在能源消费方面的差距以及影响因素进行了多方面的研究，也有一些文献将二者结合起来进行对比研究，以深入探讨城镇地区和农村地区居民在能源消费上的差别。

在农村地区尤其是发展中国家的农村地区，其居民能源消费水平及构成不仅反映了农村地区的社会经济状况和生活水平，也与当地的生态环境压力有着密切的联系（程川等，2004）。从微观层面来看，关于农村地区居民能源消费状况的研究多集中于能源消费现状的描述。由于能源可获得性的差异，不同地区的农村居民在家庭能源（尤其是燃料）的使用上存在着较大的差距，因此学者针对不同地区进行了多种案例研究。Mar sarkar 等（1998）和 Ardehali（2006）对孟加拉国和伊朗的农村地区居民家庭能源消费状况进行分析，得出传统生物质能源依然是这些地区居民家庭能源的主导这个结论，并由此提出了可再生能源在这些地区的开发利用前景。C. S. Sinha 等（1998）和 R. Sarmah 等（2002）通过调查问卷的方式，证实了印度农村家庭能源以薪柴为主，并在其能源消费结构中占支配地位。在针对中国农村地区家庭能源消费的研究中，Wang Xiaohua 等（1996，1997，2001）基于 3240 户调查数据，对中国 6 个地区的居民能源消费进行对比分析，得到了居民能源消费的数量和结构在很大程度上取决于家庭收入的结论。牛叔文等（2007）对甘肃省通渭县一个村域内的家庭能源以及资源潜力进行分析，结合该村居民的实际能源消费状况，探讨了居民能源消费结构，认为其在自产能源的资源开发方面具有较大的潜力，商品能源的消费对能源结构的转变会起到积极的作用，但是也会增加村民的生活消费支出。吴燕红等（2008）结合云南西北的兰坪县和香格里拉县的调研数据进行分析，认为少数民族聚居的西南山区在家庭能源利用方面有着自己的特点，促进现代生物质能在当地的开发有助于改善当地居民的能源消费状况。程胜（2009）综合研究了我国农村地区居民能源消费的变迁趋势，以鲁西南、鄂东南、湘西三个地区为重点，探讨了不同区域居民能源消费行为、消费模式之间的差异及其影响因素。在宏观层面上，邓可蕴（1991）指出，中国农村人均商品能源消费量较低，只有全国平均水平的 1/2，随着农村社会经济的发展、能源市场的不断完善以及能源技术的更新，农村商品能源的消费比例将有所增加。L. X. Zhang 等（2009）对中国农村能源消费的时空变化进行了分析，重点探讨了能源消费结构从非商品能源到商品能源的转变，由于地理特征、经济发展水平以及当地资源可获得性的差异，能源消费的种类和总量上都存在着省际变化。

Zhongren Zhou 等（2008）研究了中国 1996—2005 年北方农村地区能源消费结构的变迁过程，结果显示，秸秆、薪柴和煤炭的消费在总能源消费中所占的比例均保持在 88.8%~91.0%，高品质的商品能源及可再生能源在农村能源消费中所占的比例依然很低。贺海峰（2011）研究了 1991—2007 年我国农村生活能源消费水平和结构的演变状况，探讨了农村能源消费结构转换的基本特征，并分析了收入水平、能源价格等因素对居民能源消费的影响。

在城镇地区，与农村能源消费不同的是，电能在满足城镇居民日常家庭能源需求中占据主导地位，因此城镇地区居民的能源消费结构更容易受到经济结构改变、政策调整以及居民生活水平提高等社会经济条件的影响。A. Murata 等（2008）对中国 13 个城市的居民能源消费状况进行调查，评估了当前和未来我国城市家庭电能消费量，并估算了提高终端电器能效之后至 2020 年我国可以节省的电能数量。牛叔文等（2010）结合兰州市居民家庭能源消费的结构和特点进行研究，认为兰州市居民的能源消费正在向清洁化、便利化方向变动，但煤炭取暖用能的比例占到了 2/3，严重影响了当地城市空气质量，通过能源结构清洁化的转换可以产生可观的减排效益。Xiaoli Zhao 等（2012）应用 LMDI 模型对中国 1998—2007 年城市能源消费进行分解，认为城市能源消费结构存在着两方面的变化，即横向的结构变化和纵向的结构变化。其中，横向的结构变化是指朝着能源更密集的消费变化，而纵向的结构变化则是朝着更高质量和更清洁的能源转变。这反映了居民不断变化的生活方式和消费模式对于舒适、便利和环保更高层次的追求。此外，一些学者从消费行为的角度对居民能源消费进行了研究。陈利顺等（2008）调查了大连市的城市居民能源消费情况，从能源购买行为、住宅能源使用行为和交通能源使用行为三个维度建立了测度城市居民能源消费行为的量表，并运用聚类分析和模糊综合评价法构建评价模型对其能源消费行为进行研究。芈凌云（2011）通过对我国三大经济带不同等级的 49 个城市居民的能源消费状况进行调查，建立了我国居民低碳化能源消费行为的综合模型，并针对不同区域不同等级的城市居民能源消费行为进行空间差异分析，结合不同的政策研究工具探讨城市居民低碳化能源消费的影响因素。

还有一些学者结合不同的要素，对城乡居民家庭的能源消费进行对比研究。刘文等（2006）构建了居民能源消费的预测模型，并利用该模型对吉林2020年以前的城乡居民家庭各类能源及其产生的环境负荷进行了预测和对比分析。吕秋芬（2009）对辽宁城乡居民家庭能源消费总量和结构进行了全面的对比分析。焦有梅等（2009）认为，家庭收入、生活和消费方式、能源自身属性、能源技术和政策等因素在城镇地区和农村地区均存在差别，这些因素是影响城乡居民能源消费差异的主要因素，并基于此分析了山西省城乡居民能源消费的节能潜力和途径。樊静丽等（2010）指出，我国城镇居民家庭能源消费逐渐向天然气、热力、电力等清洁能源转变，而农村居民家庭能源消费依然以煤炭为主；城乡居民在家庭能源消费特征方面存在着差异；随着经济发展和人民收入水平的提高，城乡居民人均能源消费的相对差距有所缩小，但绝对差异依然较为显著。

在最近几年的研究中，学者多关注城乡居民能源消费的影响因素分析。孙涵等（2015）、申俊等（2016）分别以实证方法重点探讨了影响中国城镇居民能源消费的因素。李旭东（2017）则以贵州为研究区域，实证分析了能源价格、居民收入水平等因素对当地居民能源消费的影响。郭文和孙涛（2015）则关注城镇化进程对我国不同地区居民能源消费的影响。刘满芝等（2017）利用因素分解和空间差异分析等方法探讨了我国城镇地区居民的能源消费分布状态及其影响因素。余利娥（2018）基于城乡二元结构探讨我国居民能源消费的影响因素。籍艳丽和李秀明（2020）基于城乡对比分析的角度，采用LMDI分解模型对江苏省城乡居民能源消费增长的驱动因素进行了分解和对比分析。

在既往研究中，多数文献关注城镇或农村地区居民能源消费状态的分析，包括能源消费数量、种类、结构等在不同地区的分布状态，其中针对农村地区（尤其是经济落后的偏远地区）的能源消费状态的分析较为集中，而针对城镇居民家庭能源分布状态的分析较少。此外，虽然有一些文献关注了城镇或农村地区居民在能源消费方面的差异，但多数集中在少数区域或地区的城乡之间对比分析，针对宏观层面的城乡居民能源消费差异的对比分析文献较少。城乡居民能源消费差异的分布在不同的区域内可能会表现出不同的分布状态，而且这些差异随着时间的推移呈现出怎样的变迁趋势，既有的文献并未给出明确的答案。本章结合我国各地区、各年份能源消费平衡表对我国城乡居民能源消费状况进行测算和分析。

### 5.1.2 城乡居民能源消费量差异及其变化趋势分析

《中国能源统计年鉴》各年份、各地区能源平衡表中对各个地区包括城镇、乡村居民在各类能源上的消费量（实物量）进行了统计。这里的能源消费量指的是终端能源消费量。按照我国居民能源消费的种类，本章选取了煤炭、汽油、煤油、柴油、液化石油气、天然气、热力、电力8种主要覆盖居民燃料、取暖、交通、电力等多方面生活需求的能源进行统计分析。由于能源平衡表中对居民能源消费量的统计使用的是实物量，因而各类能源消费量的单位是不一致的，无法直接进行加总或比较，结合《中国能源统计年鉴》中提供的各类能源转化为标准煤的转换系数，将居民能源消费中的各类能源消费转换为统一的标准煤单位，然后进行加总或横向比较，进而分析我国各地区城乡居民生活消费差异及其分布、变化趋势。本章使用的各类家庭能源转换为标准煤单位的转换系数见表5-1。

**表5-1 各类能源转换为标准煤的转换系数**

单位：吨标准煤

| 能源 | 煤炭 | 汽油 | 煤油 | 柴油 | 液化石油气 | 天然气 | 热力 | 电力 |
|---|---|---|---|---|---|---|---|---|
| 转换系数 | 0.7143 | 1.4714 | 1.4714 | 1.4517 | 1.7143 | 1.215 | 0.03412 | 0.1229 |

资料来源：《中国能源统计年鉴》。

参照表5-1的换算方法获得我国2002—2017年各省份城镇和乡村地区居民在各类家庭能源上的消费量，进而将各省份城镇、乡村地区居民的能源消费量分别进行加总，获得我国各年份城镇、乡村地区居民能源消费数据，表5-2为特定年份我国城镇、乡村地区居民家庭能源消费的基本数据。

**表5-2 2002—2017年我国城镇、乡村地区居民家庭能源消费量及占比**

| 年份 | 地区 | 能源消费总量/万吨标准煤 | 煤炭 | | 清洁能源 | | 电力 | |
|---|---|---|---|---|---|---|---|---|
| | | | 消费量/万吨标准煤 | 占比/% | 消费量/万吨标准煤 | 占比/% | 消费量/万吨标准煤 | 占比/% |
| 2002 | 全国 | 21794.5 | 7013.30 | 32.18 | 2324.19 | 10.66 | 2224.88 | 10.21 |
| | 城镇 | 16478.24 | 3002.16 | 18.22 | 1998.71 | 12.13 | 1393.39 | 8.46 |
| | 农村 | 5915.94 | 4500.89 | 76.08 | 265.22 | 4.48 | 999.42 | 16.89 |
| 2005 | 全国 | 34260.79 | 8807.28 | 25.71 | 3254.77 | 9.50 | 3497.78 | 10.21 |
| | 城镇 | 26343.89 | 3263.02 | 12.39 | 2761.41 | 10.48 | 2128.51 | 8.08 |
| | 农村 | 8046.59 | 5544.26 | 68.90 | 493.36 | 6.13 | 1369.27 | 17.02 |
| 2010 | 全国 | 58011.63 | 8160.93 | 14.07 | 4772.69 | 8.23 | 6224.64 | 10.73 |
| | 城镇 | 48319.74 | 3187.95 | 6.60 | 4015.51 | 8.31 | 3631.66 | 7.52 |
| | 农村 | 9782.37 | 4972.98 | 50.84 | 817.22 | 8.35 | 2623.44 | 26.82 |
| 2015 | 全国 | 78424.66 | 7184.59 | 9.16 | 6573.66 | 8.38 | 8999.59 | 11.48 |
| | 城镇 | 65978.2 | 1977.48 | 3.00 | 5233.22 | 7.93 | 5090.57 | 7.72 |
| | 农村 | 13370.88 | 5207.10 | 38.94 | 1362.79 | 10.19 | 3909.03 | 29.24 |
| 2017 | 全国 | 89396.32 | 6830.70 | 7.64 | 7536.32 | 8.43 | 10632.44 | 11.89 |
| | 城镇 | 74411.79 | 1730.18 | 2.33 | 5722.97 | 7.69 | 6139.36 | 8.25 |
| | 农村 | 15523.49 | 5100.54 | 32.86 | 1659.32 | 10.69 | 4561.59 | 29.39 |

从总体能源消费上来看，2002年我国居民家庭能源消费总量中煤炭消费占比约为32.18%，是居民能源消费中的主导能源。清洁能源（液化石油气和天然气）消费占比和电力能源消费占比不相上下，均在10%左右。城镇地区的居民在能源消费总量上占比较大，几乎占了全国能源消费总量的75.61%。在煤炭能源的消费上，大部分的煤炭消费集中在农村地区，虽然农村地区的能源消费总量远远低于城镇，但是在具体的能源消费中，煤炭是农村地区的主导能源，几乎占据了农村地区能源消费总量的76.08%。清洁能源的消费在城镇和农村地区也存在着较

大的差距，城镇地区居民的清洁能源消费量远远超过农村地区居民，前者几乎是后者的6倍。而且城镇地区居民的清洁能源消费占比达到了12.13%，超过全国平均水平，而农村地区居民的清洁能源消费占比却只有4.48%。在电力能源的消费上，虽然农村地区的电力消费量远远低于城镇地区，但是电力消费在农村居民能源消费总量中所占的比重却高于城镇地区。可见，我国城镇地区和农村地区无论是在能源消费总量还是在能源消费结构上，均表现出较大的差异。

2015年，我国居民能源消费总量在2002年的基础上几乎翻了两番。在具体的能源消费种类上，煤炭消费总量基本上与2002年保持一致；相反，清洁能源和电力能源消费总量增长迅速。在能源消费结构上，消费量基本保持不变的煤炭能源消费占比下降了20多个百分点，而相应地清洁能源消费量增长的同时其消费占比却下降了2个百分点，电力能源消费总量增长的同时其消费占比仅仅比2002年上升了1个百分点，这一方面说明随着时间的推移我国居民能源消费量增长迅速，另一方面说明居民的能源消费种类逐渐丰富。煤炭消费量保持稳定而其他能源消费量持续增长，意味着居民的能源消费正向清洁化、便利化的现代能源（电力、天然气等）转变。与此同时，城镇和农村地区居民家庭能源消费也发生了较大的变化。在城镇地区，居民的煤炭消费量急剧下降，其占比也下降至3%，清洁能源和电力能源消费量却在持续增长，但这两类能源的消费占比却有所下降。在农村地区，煤炭消费量虽然在增长，但其增长的速度远远低于居民能源消费总量的增长速度，因而煤炭消费量占比急剧下降至38.94%；相反，清洁能源消费量和电力能源消费量不仅绝对量增长迅速，而且这两类能源的消费量占比也在上升，尤其是电力能源，已经成为仅次于煤炭的第二大能源。

2017年，在居民家庭能源消费总量持续增长的趋势下，煤炭能源的消费量再次下降，其在总能源消费量中所占的比重下降至7.64%；相反，清洁能源和电力能源的消费量则持续增长，其在总能源中所占的比重呈现出稳中有所增长的趋势，分别达到了8.43%和11.89%。值得注意的是，虽然清洁能源和电力能源在总能源消费中并未占据主导地位，但是在2017年，这两类能源的绝对消费量和消费比重均超过了煤炭能源，这意味着以煤炭为主要家庭能源的时代已经彻底成为过去，我国居民整体能源消费状态已经转向以清洁能源、电力能源为主的时代，同时居民能源消费种类也逐渐趋于多样化，汽油、热力等能源也逐渐成为居民生活中不可或缺的能源。

图5-1清晰地展示了2002—2017年我国城乡地区居民能源消费总量及其变化趋势。从图中可以看出，虽然随着时间的推移我国居民总体能源消费量、城镇和农村地区能源消费量均在持续增长，但是城镇、农村地区居民能源消费量之间的差距却呈现出逐渐扩大的趋势。城镇地区居民能源消费量及其增长速度在全国居民能源消费中占据主导地位，而且二者的增长速度基本保持一致；相反，农村地区居民能源消费量虽然也呈现出逐渐增长的趋势，但其增长速度远远低于城镇地区，因而与城镇地区的差距在逐渐增大。

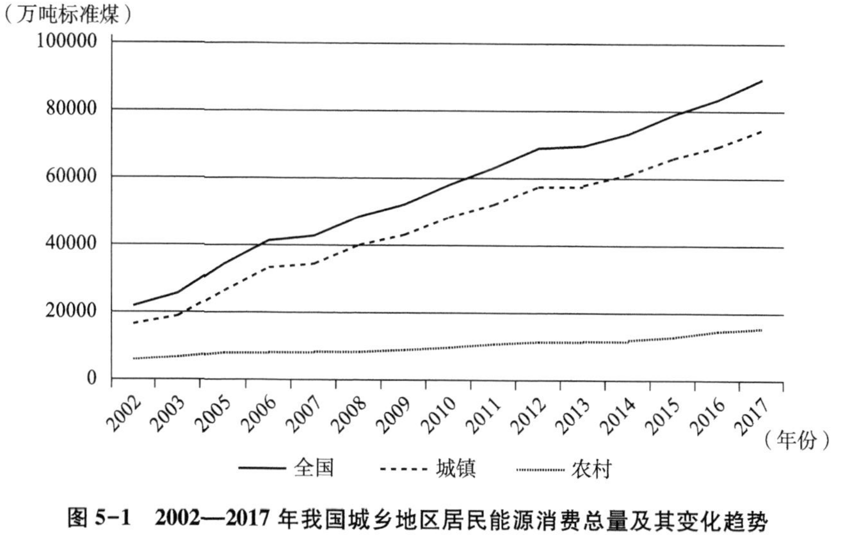


**图5-1　2002—2017年我国城乡地区居民能源消费总量及其变化趋势**

除了整体上城乡居民能源消费量差距随着时间的推移而逐渐扩大以外，城乡居民在能源消费总量上的差距在不同的地区表现出不同的分布差异，图5-2至图5-6分别显示了2002年、2005年、2010年、2015年和2017年我国30个省份城乡居民能源消费总量的分布状态。

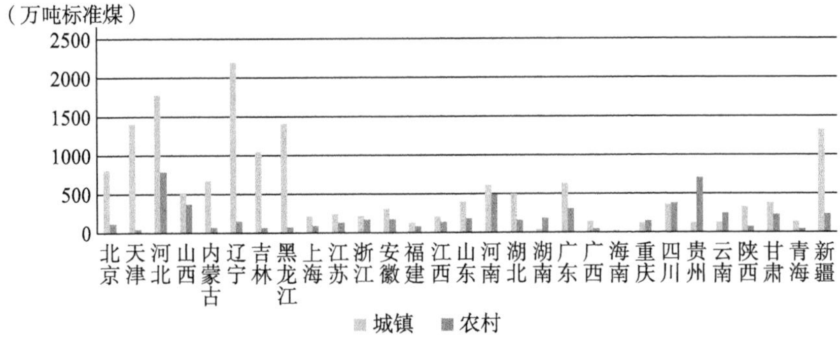


**图 5-2　2002 年我国各省份城乡居民能源消费分布①**

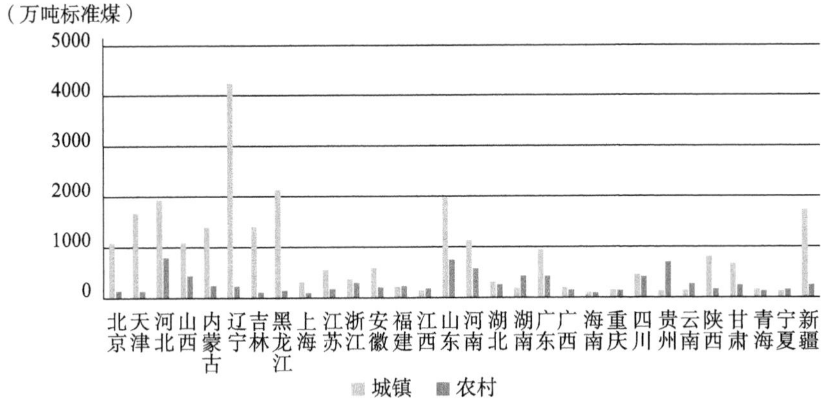


**图 5-3　2005 年我国各省份城乡居民能源消费分布**

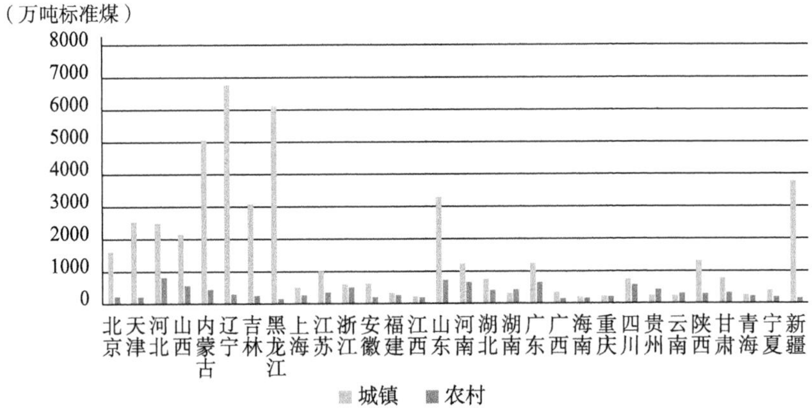


**图 5-4　2010 年我国各省份城乡居民能源消费分布**

① 在 2002 年我国各省份能源消费（实物量）数据表中，宁夏回族自治区的能源消费量数据是缺失的，因而图中并未呈现宁夏回族自治区的城乡居民能源消费分布。

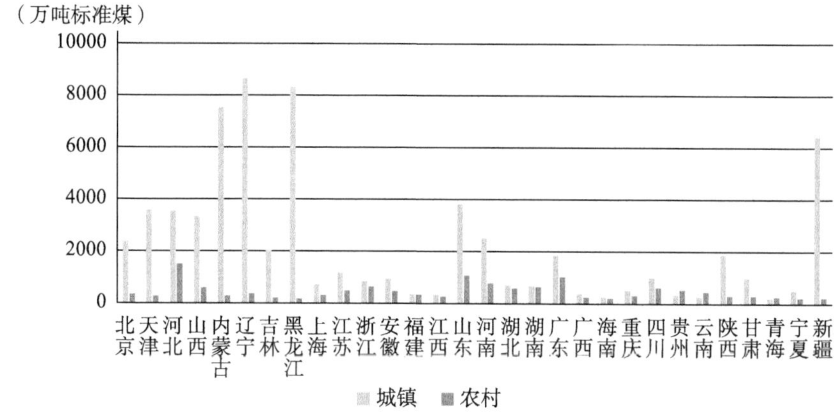


**图 5-5　2015 年我国各省份城乡居民能源消费分布**

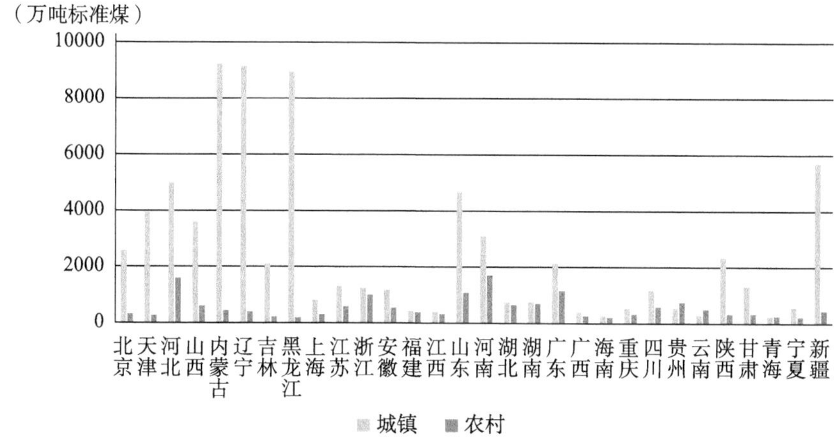


**图 5-6　2017 年我国各省份城乡居民能源消费分布**

从图 5-2 至图 5-6 中可以看出，我国 30 个省份中，城镇居民和农村居民在能源消费上均存在着差异，而且这种城乡差异在 30 个省份之间表现出参差不齐的分布状态。2002—2017 年，从总体上看，我国城镇居民的能源消费量呈爆发式增长，而农村地区居民的能源消费却增长乏力，因而城乡差距在逐渐扩大。具体而言，2002 年，我国城镇地区居民能源消费量最高的 5 个省份依次是辽宁、河北、黑龙江、天津、新疆，这 5 个省份城镇居民能源消费量均超过了 1000 万吨标准煤；而在农村地区，居民能源消费量最高的 5 个省份依次是河北、贵州、河南、四川和山西，其居民能源消费量分别为 785.37 万吨标准煤、705.02 万吨标准煤、485.59 万吨标准煤、378.56 万吨标准煤和 373.97 万吨标准煤，远远低于城镇地区居民能源消费量，其他省份农村居民的能源消费量均远低于 300 万吨标准煤。上海、江苏、浙江、安徽、福建、江西、广西、甘肃和青海 9 个省份城镇和农村居民能源消费量均低于 500 万吨标准煤，地区间差距较低；而湖南、重庆、四川、贵州、云南 5 个省份，农村居民的能源消费量略高于城镇地区；城乡居民能源消费差距较大的省份有内蒙古、辽宁、吉林、黑龙江、新疆、北京等。

2005 年，辽宁城镇居民的能源消费量达到了 4234.55 万吨标准煤，成为全国城镇居民能源消费量最高的省份；其次是黑龙江和山东，其城镇居民能源消费量分别为 2138.02 万吨标准煤和 1971.21 万吨标准煤；河北和新疆的城镇居民能源消费量分别居第四位和第五位，消费量依次是 1937.32 万吨标准煤和 1730.52 万吨标准煤；城镇居民能源消费量超过 1000 万吨标准煤的省份还有北京、天津、山西、内蒙古、吉林、河南 6 个省份。而在农村地区，多数省份居民的能源消费量依然维持在 500 万吨标准煤以下，只有河北、山东、河南、贵州 4 个省份的农村居民能源消费量超过了 500 万吨标准煤，而且都在 1000 万吨标准煤以下；福建、江西、湖南、贵州、云南 5 个省份的农村居民能源消费量略高于城镇地区。与 2002 年相比，城镇地区居民消费量增长迅速，且这种增长集中在东北和华北地区，中部和东部沿海地区城镇居民能源消费量略有增长，农村地区能源消费量基本保持稳定。

2010 年，我国城乡居民能源消费量均有所增长，但 30 个省份的农村居民能源消费量仍均位于 1000 万吨标准煤以下，大部分省份城镇地区居民的能源消费量远远高于该水平。其中，城镇地区居民能源消费量最高的 5 个省份依次是辽宁、黑龙江、内蒙古、新疆、山东，其能源消费量依次是 6766.51 万吨标准煤、6111.84 万吨标准煤、5070.65 万吨标准煤、3766.67 万吨标准煤和 3290.49 万吨标准煤；其余省份中，天津、河北、山西、吉林 4 个省份城镇地区居民能源消费量位于 2000 万~3000

万吨标准煤；北京、河南、广东、陕西4个省份城镇居民能源消费量位于1000万~2000万吨标准煤；上海、江苏、浙江、安徽、福建、江西6个东部沿海地区的省份及湖北、湖南、广西、海南、重庆、四川、贵州、云南、甘肃、青海、宁夏11个中西部地区的省份城乡居民能源消费量均在1000万吨标准煤以下；贵州和云南两地的农村居民能源消费量依然略高于城镇地区。华北和东北地区多数省份的城乡居民能源消费差距依然在持续扩大。

2015年，辽宁、黑龙江、内蒙古、新疆和山东5个省份的城镇地区居民能源消费量依然是我国城镇地区居民能源消费量的前五名，其能源消费量分别达到了8664.56万吨标准煤、8320.82万吨标准煤、7532.54万吨标准煤、6434.68万吨标准煤和3819.50万吨标准煤。而在农村地区，除了河北、山东、广东3个省份农村居民能源消费量略高于1000万吨标准煤以外，其余省份的农村居民能源消费量依然位于1000万吨标准煤以下，增长缓慢。以华北（北京、天津、河北、山西）和东北（辽宁、黑龙江、内蒙古）地区为主的城乡居民能源消费差距在持续扩大，而中、西部地区以及东南沿海地区的大多数省份城乡居民能源消费量增长较为平缓，且城乡差距基本保持稳定。

2017年，辽宁、内蒙古和黑龙江3个省份城镇居民的能源消费量达到了9000万吨标准煤，是我国城镇居民能源消费量最高的3个省份，新疆城镇地区居民能源消费量较2015年有所降低，从6434.68万吨标准煤下降至5691.58万吨标准煤，山东城镇居民能源消费量从3819.50万吨标准煤增长至4664.22万吨标准煤，上述5个省份依然是中国城镇居民能源消费量最高的地区。而在农村地区，居民能源消费量与2015年相比，基本上没有显著的变化，大部分省份的农村居民能源消费量都在1000万吨标准煤以下，且一些省份（北京、天津、吉林、四川）的农村居民能源消费量甚至有所下降，这一方面可能与我国持续推进的“节能减排”“能源结构转型”等发展战略改善了农村地区的能源消费结构有关，低效率能源逐渐被高效率的清洁能源所替代，因而总体能源消费量有所降低；另一方面也可能与持续推进的城镇化进程有关，大量居民逐渐从农村地区流向城镇地区，农村地区人口数量的降低带来了能源消费量的下降。

### 5.1.3 城乡居民能源消费结构差异及其变化趋势分析

除能源消费量以外，能源消费结构也反映了居民的能源消费倾向。“能源消费阶梯”理论认为，居民能源消费除了消费量随着经济水平和社会发展条件持续增长外，能源消费种类也呈现出由低效率、高污染的能源逐渐向高效率、清洁、便利的现代能源转变的特征。因而，观察城乡居民能源消费的分布差异，不仅要关注居民能源消费绝对量上的分布差异，而且要关注居民能源消费结构上的分布差异。表5-2显示了部分年份我国城乡居民在煤炭、清洁能源、电力三类能源上的消费量及占比，可以看出随着时间的推移，不同种类能源在城乡居民家庭能源中的占比呈现出差异化的变化趋势。城乡居民能源消费结构差异在不同的省份之间也表现出不同的分布状态，本节针对我国30个省份之间城乡居民能源消费结构的分布差异及其变化趋势进行分析。

(1) 各省份城乡居民煤炭消费占比分布及其变化趋势

图5-7①显示了2002年我国30个省份中城镇、农村地区居民的能源消费中煤炭消费所占的比例。由图中可以看出，2002年，我国大部分省份农村地区居民的能源消费中煤炭消费占比普遍高于城镇地区，其中山西、湖南、贵州、云南、甘肃、青海、新疆7个省份的农村地区居民能源消费中煤炭占比均达到了90%以上；此外，在华北、东北以及西北地区的农村居民能源消费中煤炭能源的消费占比也基本上达到了60%~80%。相反，在城镇地区，煤炭并不是主要的家庭能源，安徽、福建、江西、山东、湖北、湖南、贵州、云南8个省份的城镇地区煤炭

---

① 在湖南省2002年能源平衡表统计数据中，无论是城镇地区还是农村地区，煤炭均为当地居民的唯一家庭能源，因而城镇地区和农村地区居民家庭能源中煤炭消费占比均为100%。

消费占比相对较高，大约在 40%~70%，而其他大多数地区的城镇居民煤炭消费占比都在 30%以下。

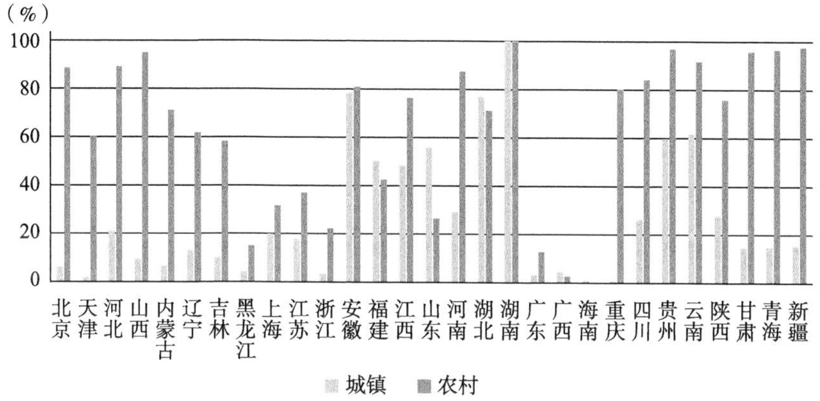


**图 5-7　2002 年我国各省份城乡居民煤炭消费占比分布①**

2005 年，我国各省份城镇和农村地区居民能源消费中煤炭消费占比分布如图 5-8 所示。从图中可以看出，与 2002 年相比，煤炭消费在我国大部分省份的农村地区依然占据很高的比重，尤其是在山西、贵州、甘肃、青海、新疆 5 个省份，其煤炭消费占比依然高达 90%以上。而在城镇地区，煤炭消费占比在大多数省份均有所下降，尤其是在安徽、福建、江西、山东、河南、湖北、湖南等地，其煤炭消费在城镇居民能源消费中的比重较 2002 年有明显的下降。贵州、安徽和湖北 3 个省份的城镇居民煤炭消费占比是最高的，分别是 50. 11%、46. 54%和 42. 86%；江西、河南、湖南、云南、陕西 5 个省份城镇居民的煤炭消费占比在 30%~40%；其余省份城镇居民的煤炭消费均在 30%以下。煤炭消费占比在城镇地区和农村地区的差距在逐渐扩大，在城镇地区居民能源消费总量持续增长的趋势下，城镇居民煤炭消费占比逐渐下降意味着城镇地区居民的能源消费已经开始向其他能源转型，而农村地区依然保持着较高的煤炭消费比重。

① 在 2002 年我国各省份能源消费（实物量）数据表中，宁夏回族自治区的能源消费量数据是缺失的，因而图中并未呈现宁夏回族自治区的城乡居民煤炭消费占比分布。

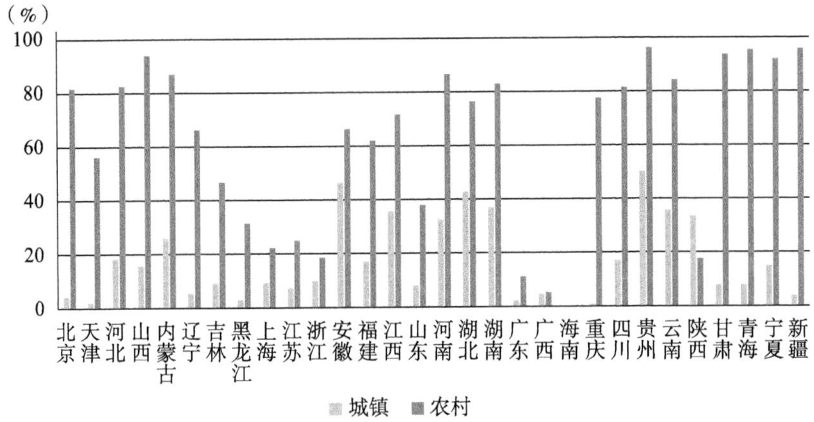


**图 5-8　2005 年我国各省份城乡居民煤炭消费占比分布**

2010 年，我国各省份城乡居民能源消费中煤炭消费占比的分布如图 5-9所示。从图中可以看出，煤炭消费占比在城镇地区和农村地区均有所下降，在城镇地区下降较为显著。煤炭消费占比在大部分省份的城镇地区都降到了 20%以下，只有贵州、湖北、安徽、云南 4 个省份的城镇居民能源消费中煤炭消费占比依然保持在 20%以上，分别是 50. 19%、34. 37%、26. 17%、23. 89%。而在农村地区，虽然煤炭消费占比有所下降，但下降幅度并不大，在山西、内蒙古、贵州、甘肃、青海、宁夏、新疆 7 个省份的农村地区，煤炭消费占比依然在 80%～90%；大多数省份农村地区居民能源消费中煤炭消费占比保持在 30%～70%。东北三省（辽宁、吉林、黑龙江）农村地区居民煤炭消费占比在 20%～30%，而城镇地区居民煤炭消费占比远远低于 10%。在上海、江苏、浙江、广东、广西等沿海发达地区，城镇和农村居民的煤炭消费占比均远远低于 10%，且城乡之间的差距并不大，这可能与这些发达地区煤炭资源禀赋低，但是现代清洁能源（天然气、电力等）基础设施普及程度较高有关系。

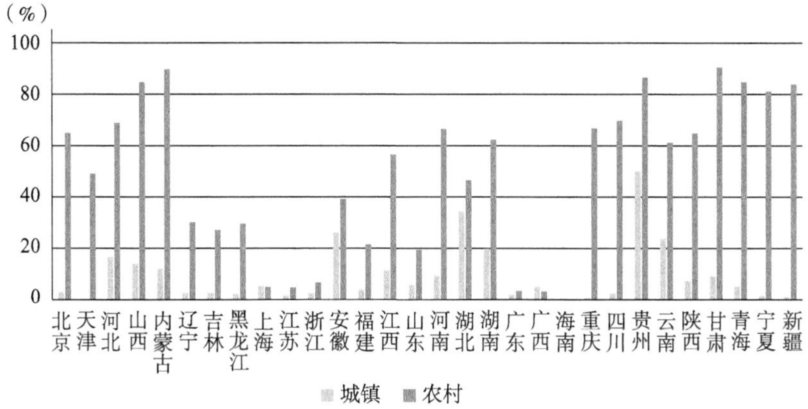


**图 5-9　2010 年我国各省份城乡居民煤炭消费占比分布**

2015 年，煤炭消费占比在各个省份的城镇地区和农村地区进一步下降，这与我国逐渐推进的“节能减排”“促进能源消费结构清洁化、现代化转型”发展战略不无联系。图 5-10 显示了我国 30 个省份城镇地区和农村地区煤炭消费在居民能源消费中的占比分布状态。

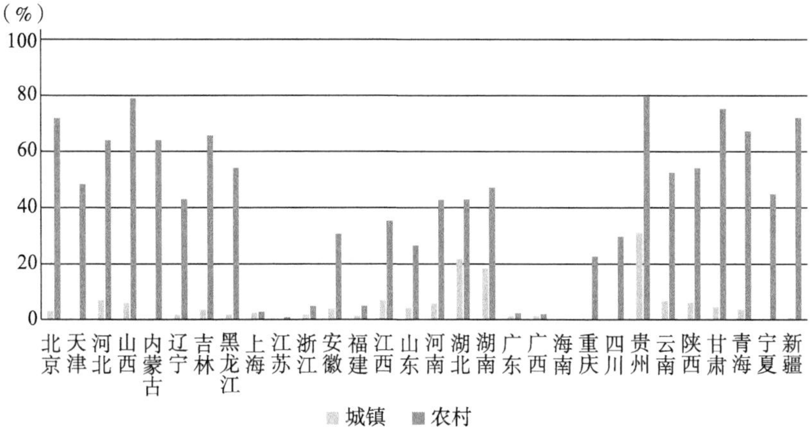


**图 5-10　2015 年我国各省份城乡居民煤炭消费占比分布**

从图 5-10 可以看出，煤炭消费占比在大多数省份的城镇地区已经降至 10%以下，只有贵州、湖北、湖南 3 个省份城镇居民的煤炭消费占比超过了 10%，分别为 30.96%、21.64%和 18.32%。在农村地区，煤炭消费占比依然较高，在华北（北京、天津、河北、山西、内蒙古）、东北（辽宁、吉林、黑龙江）和西部（贵州、云南、陕西、甘肃、青海、宁夏、新疆）地区的农村，煤炭消费占比均在40%~80%。而在中部部分地区及东南沿海地区的农村，煤炭消费占比基本在50%以下。经济较为发达的上海、江苏、浙江、广东等沿海地区城乡居民煤炭消费占比低于10%，且差距较低，与2010年的分布状态保持一致。

2017年，我国各省份城乡居民煤炭消费占比持续下降，图5-11显示了2017年我国各省份城乡居民煤炭消费占比的分布状态。从图中可以看出，贵州、湖南、湖北3个省份城镇煤炭消费占比分别下降至16.89%、15.60%和12.10%，其余省份城镇居民的煤炭消费占比均在10%以下。而在农村地区，煤炭消费占比与2015年相比，并未表现出显著性的变化，各省份煤炭消费占比分布状态也基本上与2015年保持一致。进一步改善农村地区，尤其是华北、东北及西北农村地区能源消费结构，降低其煤炭消费占比是我国能源消费结构转型的重点。

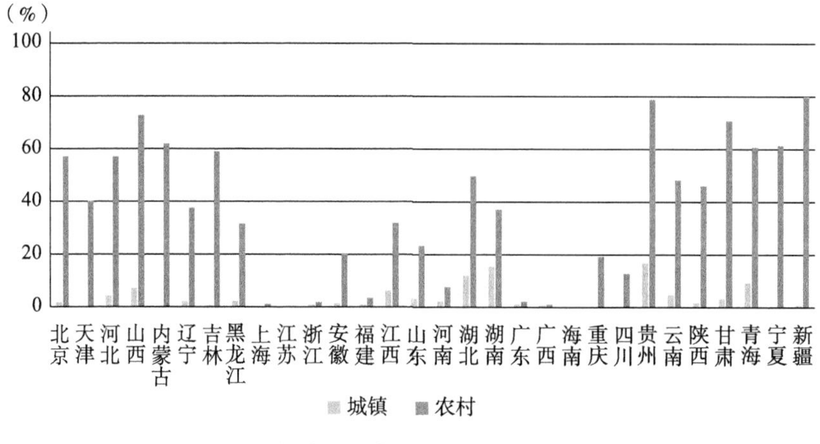


**图5-11　2017年我国各省份城乡居民煤炭消费占比分布**

（2）各省份城乡居民清洁能源消费占比分布及其变化趋势

在我国居民能源消费中，主要的能源种类有煤炭、汽油、煤油、柴油、液化石油气、天然气、热力和电力8种。在这8种家庭能源中，煤炭是主要的烹饪和取暖燃料；煤油则主要用作照明，尤其是在早期电力尚未普及的偏远地区，煤油是当地居民最主要的照明用能源，然而随着我国电力基础设施在城镇和农村地区的大力普及，使煤油的消费量迅速降低；汽油和柴油是主要的交通能源，随着城乡居民生活水平的提高，居民对于舒适、自由的出行需求持续增长，这进一步促进了居民汽油和柴油的消费量增长；液化石油气和天然气则是主要的烹饪用能，与煤炭呈替代性关系，相对于煤炭这种化石燃料而言，液化石油气和天然气具有清洁、便利、热效率高等优点，因而被认为是相对清洁的现代能源。本节将我国30个省份城乡居民生活用液化石油气和天然气能源实物量转换为标准煤单位，然后进行加总，获得城乡居民生活用清洁能源消费量，然后测算其在当地居民能源消费总量中的比重，并考察不同省份之间城乡居民清洁能源消费占比的差异性分布状态。

图5-12显示了2002年我国各省份城乡居民能源消费中清洁能源消费占比的分布状态。从图中可以看出，2002年，我国大部分省份的城镇居民均可以获得清洁能源基础设施服务，然而在大多数省份的农村地区，居民的清洁能源消费量为0，主要原因是清洁能源消费的基础设施并未普及。由此可见，城乡居民在清洁能源基础设施服务可获得性上存在着较大的差异。在少数获得清洁能源基础设施服务的省份，清洁能源消费占比在城镇和农村地区呈现出较大的差距。值得注意的是，城镇地区居民清洁能源消费占比普遍高于农村地区，然而天津、辽宁、吉林、上海4个省份农村地区居民清洁能源消费占比略高于城镇地区。在大部分的西北地区，农村居民的清洁能源消费量为0，因而其清洁能源消费占比均为0。清洁能源基础设施普及是此时影响城乡居民清洁能源消费差距的主要原因。

2005年，我国30个省份城乡居民清洁能源消费占比如图5-13所示。从图中可以看出，与2002年相比，很多省份农村地区居民的能源

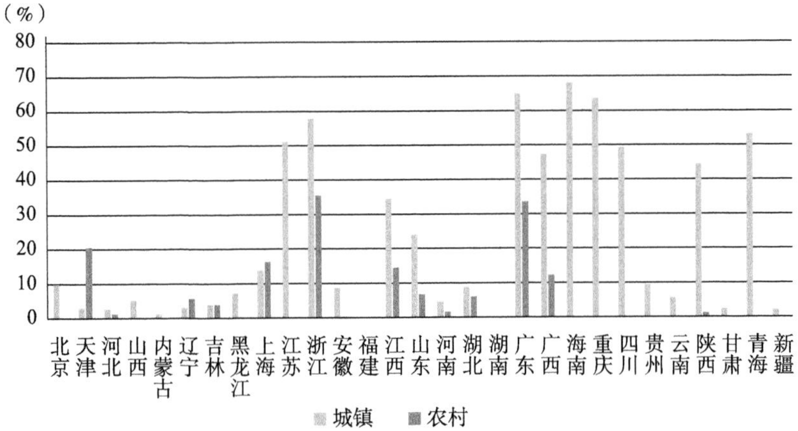


**图 5-12　2002 年我国各省份城乡居民清洁能源消费占比及分布①**

消费中出现了清洁能源，虽然其占比远远低于 10%，但是已经实现了零的突破，这些省份包括北京、江苏、福建、云南、甘肃；在部分地区（天津、辽宁、吉林、上海、陕西），农村居民清洁能源消费占比甚至高于城镇地区，其中陕西、上海、浙江、广东 4 个省份农村居民的清洁能源消费占比已经超过了 30%；在大多数省份的城镇地区，清洁能源消费占比依然高于农村地区。重庆、青海、四川、广东 4 个省份城镇居民的清洁能源消费占比较高，达到了 50%~70%。相反，华东和东北地区的一些省份（天津、河北、山西、内蒙古、辽宁、吉林、黑龙江），中西部地区的一些省份（安徽、河南、云南、陕西、甘肃、宁夏、新疆），城镇居民的清洁能源消费占比普遍低于 10%。可见，清洁能源消费占比的分布与各省份经济发展水平的分布并不总是一致的，经济相对较为发达的东部地区以及东南沿海地区无论是城镇居民还是农村居民清洁能源消费占比都不是很高，相反西部地区的部分省份城镇居民清洁能源消费占比远远高于全国平均水平，这可能与当地的清洁能源资源禀赋较高有关。

2010 年，随着我国能源基础设施普及程度进一步推进，大多数农

① 在 2002 年我国各省份能源消费（实物量）数据表中，宁夏回族自治区的能源消费量数据是缺失的，因而图中并未呈现宁夏回族自治区的城乡居民清洁能源消费占比分布。

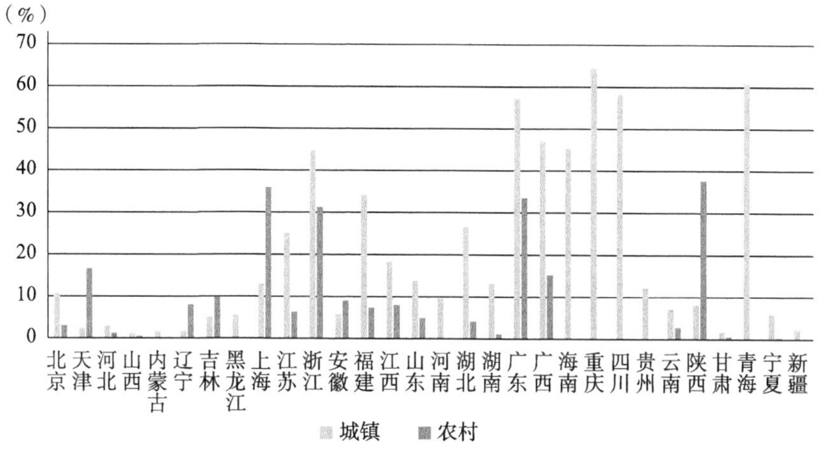


**图 5-13　2005 年我国各省份城乡居民清洁能源消费占比及分布**

村地区居民均能获得清洁能源服务，因而能源消费中均出现了清洁能源消费占比的数据。在城镇居民清洁能源消费中，四川、重庆、浙江、广西、广东 5 个省份清洁能源消费占比较高，分别为 63.87%、46.67%、43.63%、40.63%和 39.89%；福建、江西、海南 3 个省份城镇居民清洁能源消费占比保持在 20%～40%，上海、江苏、安徽、湖北、湖南、陕西、青海 7 个省份城镇居民清洁能源消费占比在 10%～20%，其余省份城镇居民清洁能源消费占比均在 10%以下。在农村地区，大多数省份农村居民的清洁能源消费占比在 10%左右，少数省份（上海、浙江、广东）农村居民清洁能源消费占比超过了 30%。随着清洁能源服务可获得性在农村地区的普及，我国大部分省份城乡居民在清洁能源消费上的差距呈缓慢下降的趋势（见图 5-14）。

2015 年，城镇地区居民清洁能源消费基本上保持稳定，农村地区居民清洁能源消费呈逐渐上升趋势，因而城乡居民清洁能源消费差距在逐渐缩小。图 5-15 显示了 2015 年我国各省份城乡居民清洁能源消费占比的分布状态。虽然我国城镇地区居民清洁能源消费占比的分布基本上与 5 年前保持一致，但是我国城镇居民能源消费总量呈持续增长趋势，

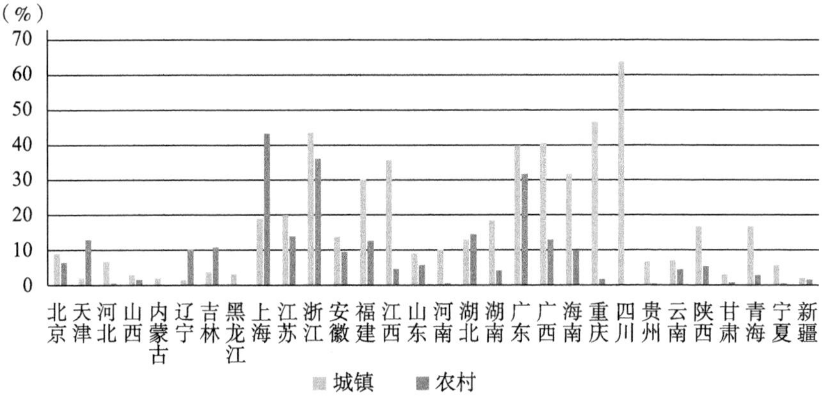


**图 5-14　2010 年我国各省份城乡居民清洁能源消费占比及分布**

这意味着城镇居民清洁能源消费量增长速度与其能源消费总量的增长速度保持一致。与 5 年前相比，大部分省份农村居民的清洁能源消费均呈增长趋势。只有黑龙江农村地区居民的清洁能源消费占比为 0，其余省份均实现了农村地区居民清洁能源可获得性。清洁能源基础设施普及程度进一步缩小了城乡居民清洁能源消费差距。

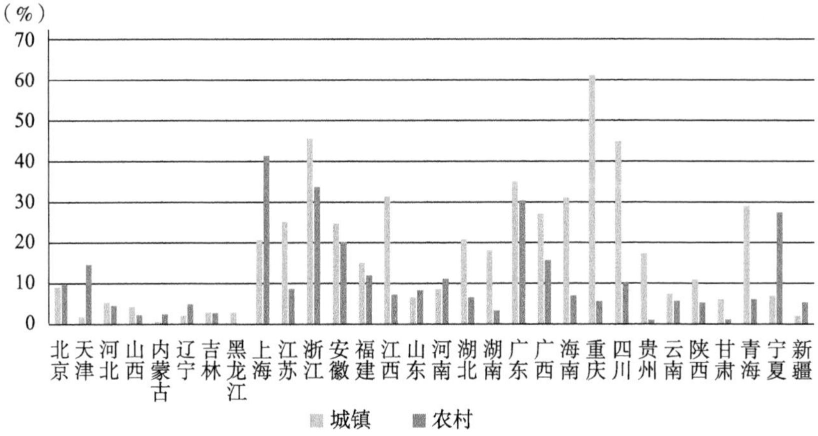


**图 5-15　2015 年我国各省份城乡居民清洁能源消费占比及分布**

2017 年，我国 30 个省份城乡均实现了清洁能源可获得性服务，图 5-16显示了 2017 年我国各省份城乡居民清洁能源消费占比及分布状态。从图中可以看出，与 2015 相比，农村地区清洁能源消费增长迅速，尤其是在北京、天津、河北、山西、内蒙古、辽宁、黑龙江和上海 8 个省份，农村地区居民清洁能源消费占比显著高于城镇地区。京津冀地区以及东北地区一直是我国煤炭消费量较高且空气污染较为严重的地区，尤其是在冬季，这些地区的取暖能源主要以煤炭为主，因而以 PM2.5 为主要污染物的空气质量指数多次出现“爆表”，严重影响着当地环境质量、交通出行以及居民身心健康，为了改善空气质量，降低污染水平，以“煤改气”为主要措施的“节能减排”发展策略在京津冀地区以及东北地区迅速推行，通过改进城乡居民燃气管道基础设施、集中供暖锅炉设施等提高居民能源消费中清洁能源消费比重，降低对煤炭能源的依赖性，进而降低化石能源燃料产生的空气污染，这极大地提高了京津冀地区和东北地区居民的清洁能源消费量，改善了农村地区的能源消费结构，因此农村地区清洁能源消费占比呈现出高于城镇地区的分布状态。与 2015 年相比，其他省份城镇地区的清洁能源消费占比依然保持相似的分布状态，而农村地区清洁能源消费占比则呈现出显著的增长，城乡差距进一步缩小。

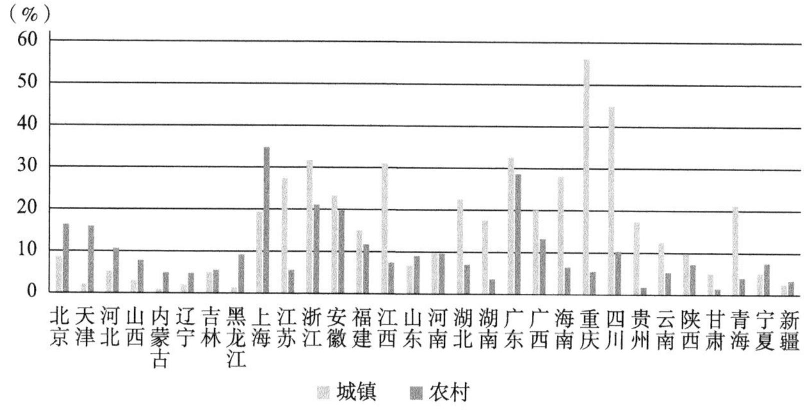


**图 5-16　2017 年我国各省份城乡居民清洁能源消费占比及分布**

## 5.2 城乡居民能源消费的影响因素分解分析

### 5.2.1 LMDI 模型

在研究能源消费与碳排放等环境问题的影响因素分析中，因素分解法是较为常用的方法，其主要包括指数因素分解法（IDA）和结构因素分解法（SDA）。对数平均迪氏分解法（Logarithmic Mean Dirisial Index，LMDI）为指数因素分解法中的一种，它能够有效解决数据0值和负值的问题，并且在分解的过程中不包括无法解释的残差项，因而得到了多数学者的青睐。郭文和孙涛（2015）利用 LMDI 方法分别从能源结构、能源强度、人口规模、城镇化、居民消费和消费抑制等方面探讨了我国居民能源消费的影响因素，并重点分析了城镇化进程对居民能源消费量的影响。余利娥（2018）通过引入城镇化和城乡“二元”变量，对 LMDI 方法进行拓展，并对我国居民能源消费的驱动因素进行研究，重点对比分析了城乡居民在人口规模、收入变动、能源结构等方面的差异对居民能源消费的不同影响。本节借鉴余利娥（2018）的做法，通过对 LMDI 方法进行拓展，重点分析城乡居民人口、收入、能源消费结构等方面的变动对我国居民能源消费量的影响。分解过程如下所示。

首先设定能源消费恒等式（5-1）：

$$E = \sum_i E_i = \sum_i P \times \frac{Y}{P} \times \frac{E}{Y} \times \frac{P}{E} \times \frac{E_i}{P}$$
$$= \sum_i (P_u + P_r) \times \left[\frac{Y_u}{P_u} \frac{Y_r}{P_r}\right] \times \left[\frac{P_u}{P} \frac{P_r}{P}\right]^T \times \frac{E}{Y} \times \frac{P}{E} \times \left[\frac{E_{iu}}{P_u} \frac{E_{ir}}{P_r}\right] \times \left[\frac{P_u}{P} \frac{P_r}{P}\right]^T \quad (5-1)$$

其中，$E$ 表示居民能源消费量；下标 $i$ 表示居民能源消费种类；$P$ 表示人口总量；$P_u$ 表示城镇居民人口数量；$P_r$ 表示农村居民人口数量；

$Y$ 表示居民可支配收入；$Y_u$ 表示城镇居民的可支配收入；$Y_r$ 表示农村居民的可支配收入；$E_i$ 表示居民 $i$ 类能源的消费量；$E_{iu}$表示城镇居民 $i$ 类能源的消费量；$E_{ir}$表示农村居民 $i$ 类能源的消费量。

设定 $IL_u=\frac{Y_u}{P_u}$表示城镇地区居民的人均可支配收入，用以代表城镇居民的收入水平；同时令 $IL_r=\frac{Y_r}{P_r}$表示农村地区居民的人均可支配收入，用以代表农村居民的收入水平；设定 $EI=\frac{E}{Y}$，用以表示居民获得单位可支配收入所消费的能源量，即能源强度；设定 $ES=\frac{P}{E}$，用以表示单位生活能源所能满足的人口数量，即能源供给率；设定 $EPC_{iu}=\frac{E_{iu}}{P_u}$、$EPC_{ir}=\frac{E_{ir}}{P_r}$分别表示城镇地区居民和农村地区居民对 $i$ 类能源的人均消费量；设定 $PP_u=\frac{P_u}{P}$、$PP_r=\frac{P_r}{P}$分别表示城镇和农村地区人口所占的比重。式（5-1）可以重新表达为：

$$E=\sum_i(P_u+P_r)[IL_u\times IL_r]\times[PP_u\times PP_r]^T\times EI\times ES\times [EPC_u\times EPC_r]\times[PP_u\times PP_r]^T \tag{5-2}$$

对式（5-2）两端取对数，再取微分，可得：

$$d\ln E=\frac{d(P_u+P_r)}{P}+\frac{d(IL_uPP_u+IL_rPP_r)}{IL_uPP_u+IL_rPP_r}+d\ln EI+d\ln ES+\frac{d(\sum_i EPC_{iu}PP_u+\sum_i EPC_{ir}PP_r)}{\sum_i EPC_{iu}PP_u+\sum_i EPC_{ir}PP_r} \tag{5-3}$$

进一步地，设定 $r_{iu}=\frac{EPC_{iu}PP_u}{\sum_i EPC_{iu}PP_u+\sum_i EPC_{ir}PP_r}$，表示城镇地区

居民对 $i$ 类能源的消费量在居民生活能源总消费量中的比例；令 $r_{ir}=\frac{EPC_{ir}PP_r}{\sum_i EPC_{iu}PP_u+\sum_i EPC_{ir}PP_r}$，表示农村地区居民对 $i$ 类生活能源的消费量在居民生活能源总消费量中的比例；则有 $\sum_i(r_{iu}+r_{ir})=1$，因而可以获得如下等式：

$$\frac{d(\sum_i EPC_{iu}PP_u+\sum_i EPC_{ir}PP_r)}{\sum_i EPC_{iu}PP_u+\sum_i EPC_{ir}PP_r}=\sum_i(r_{iu}d\ln EPC_{iu}+r_{ir}d\ln EPC_{ir}+r_{iu}d\ln PP_u+r_{ir}d\ln PP_r) \quad (5-4)$$

同样地，设定 $s_u=\frac{IL_uPP_u}{IL_uPP_u+IL_rPP_r}$，表示城镇地区居民可支配收入占居民总体可支配收入的比重；令 $s_r=\frac{IL_rPP_r}{IL_uPP_u+IL_rPP_r}$，表示农村地区居民可支配收入占居民总体可支配收入的比重，则我们可以获得如下等式：

$$\frac{d(P_u+P_r)}{P}=PP_u d\ln P_u+PP_r d\ln P_r \quad (5-5)$$

$$\frac{d(IL_uPP_u+IL_rPP_r)}{IL_uPP_u+IL_rPP_r}=s_u d\ln IL_u+s_r d\ln IL_r+s_u d\ln PP_u+s_r d\ln PP_r \quad (5-6)$$

将式（5-4）、式（5-5）、式（5-6）依次代入式（5-3）中，可以得到如下等式：

$$d\ln E=d\ln[(P_u^{PP_u}\times P_r^{PP_r})\times(IL_u^{s_u}\times IL_r^{s_r}\times PP_u^{s_u}\times PP_r^{s_r})\times EI\times ES\times \sum_i(EPC_{iu}^{r_{iu}}\times EPC_{ir}^{r_{ir}}\times PP_u^{r_{iu}}\times PP_r^{r_{ir}})] \quad (5-7)$$

根据式（5-7）可以得到基于因素分解的居民能源消费恒等式：

$$E=\sum_i(P_u^{PP_u}\times P_r^{PP_r}\times IL_u^{s_u}\times IL_r^{s_r}\times PP_u^{s_u}\times PP_r^{s_r}\times EI\times ES\times EPC_{iu}^{r_{iu}}\times EPC_{ir}^{r_{ir}}\times PP_u^{r_{iu}}\times PP_r^{r_{ir}}) \quad (5-8)$$

LMDI 模型又可以分为“乘法分解”和“加法分解”两种方法来求解。乘法分解是指将基期和报告期的能源消费量之比表示为各个影响因素的相对贡献的乘积，加法分解则是指将能源消费量的绝对变化分解为各个影响因素对能源消费变化量的贡献量。两种分解方法在分解结果上基本保持一致。加法分解相对于乘法分解的结果更加直观，因而也被更多的研究学者青睐。这里采用加法分解法进行求解。结合式（5-8），将我国居民生活能源消费量从观测基期（0 期）到观测末期（$T$ 期）的变化总效应（$\Delta E$）分解为城镇地区的人口规模效应（$\Delta E_{P_u}$）、农村地区的人口规模效应（$\Delta E_{P_r}$）、城镇地区居民收入效应（$\Delta E_{IL_u}$）、农村地区居民收入效应（$\Delta E_{IL_r}$）、能源强度效应（$\Delta E_{EI}$）、能源供给率效应（$\Delta E_{ES}$）、城镇居民能源消费结构效应（$\Delta E_{EPC_u}$）、农村居民能源消费结构效应（$\Delta E_{EPC_r}$）、城镇化效应（$\Delta E_{PP}$）9 个方面，因此有：

$$\Delta E = E^T - E^0 = \Delta E_{P_u} + \Delta E_{P_r} + \Delta E_{IL_u} + \Delta E_{IL_r} + \Delta E_{EI} + \Delta E_{ES} + \Delta E_{EPC_u} + \Delta E_{EPC_r} + \Delta E_{PP} \tag{5-9}$$

在式（5-9）中，各类效应的具体表达式如下所示：

$$\Delta E_{P_u} = \sum_i L(E_i^T, E_i^0) \times (PP_u^T \ln P_u^T - PP_u^0 \ln P_u^0) \tag{5-10}$$

$$\Delta E_{P_r} = \sum_i L(E_i^T, E_i^0) \times (PP_r^T \ln P_r^T - PP_r^0 \ln P_r^0) \tag{5-11}$$

$$\Delta E_{IL_u} = \sum_i L(E_i^T, E_i^0) \times (s_u^T \ln IL_u^T - s_u^0 \ln IL_u^0) \tag{5-12}$$

$$\Delta E_{IL_r} = \sum_i L(E_i^T, E_i^0) \times (s_r^T \ln IL_r^T - s_r^0 \ln IL_r^0) \tag{5-13}$$

$$\Delta E_{EI} = \sum_i L(E_i^T, E_i^0) \times \ln(EI^T / EI^0) \tag{5-14}$$

$$\Delta E_{ES} = \sum_i L(E_i^T, E_i^0) \times \ln(ES^T / ES^0) \tag{5-15}$$

$$\Delta E_{EPC_u} = \sum_i L(E_i^T, E_i^0) \times (r_{iu}^T \ln EPC_{iu}^T - r_{iu}^0 \ln EPC_{iu}^0) \tag{5-16}$$

$$\Delta E_{EPC_r} = \sum_i L(E_i^T, E_i^0) \times (r_{ir}^T \ln EPC_{ir}^T - r_{ir}^0 \ln EPC_{ir}^0) \tag{5-17}$$

$$\Delta E_{PP} = \sum_i L(E_i^T, E_i^0) \times (s_u^T \ln PP_u^T - s_u^0 \ln PP_u^0 + s_r^T \ln PP_r^T - s_r^0 \ln PP_r^0 + r_{iu}^T \ln PP_u^T - r_{iu}^0 \ln PP_u^0 + r_{ir}^T \ln PP_r^T - r_{ir}^0 \ln PP_r^0) \tag{5-18}$$

其中：

$$L(E_i^T, E_i^0) = \begin{cases} \dfrac{E_i^T - E_i^0}{\ln E_i^T - \ln E_i^0}, & E_i^T \neq E_i^0 \\ E_i^T, & E_i^T = E_i^0 \end{cases} \tag{5-19}$$

### 5.2.2 数据来源

我国城乡居民各类能源消费量来源于《中国统计年鉴》《中国能源统计年鉴》，并且各类能源消费量按照标准煤折算系数均折算为标准煤单位，便于加总计算和比较；人口数据和居民可支配收入数据来源于《中国统计年鉴》，各年份居民可支配收入均以1995年为基期进行调整。本章在计算居民能源消费量时统计了煤炭、汽油、煤油、柴油、液化石油气、天然气、热力和电力8种主要的家庭能源。基于本节中对我国城乡居民能源消费分析的区间设定，设定2002年为基期，2017年为样本末期。

### 5.2.3 分解结果及分析

根据上文设定的LMDI能源消费分解分析方法及式（5-9）至式（5-19），2002—2017年我国城乡居民能源消费变动的影响因素分解结果如图5-17所示。

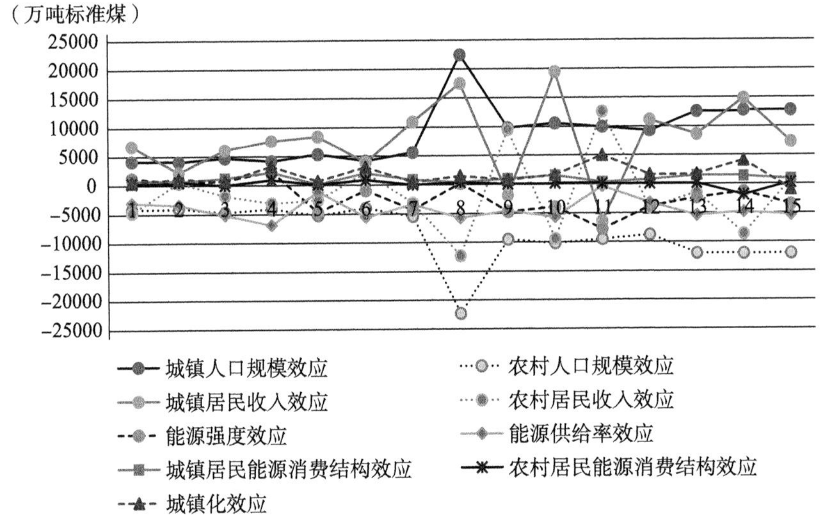


**图5-17 2002—2017年中国居民能源消费变动影响因素分解结果**

在图5-17中，从LMDI分解效应来看，城镇人口规模效应、城镇居民收入效应、城镇居民能源消费结构效应以及居民城镇化效应正向推动中国居民能源消费量的增长；而农村人口规模效应、农村居民收入效应、能源强度效应、能源供给率效应、农村居民能源消费结构效应对我国居民能源消费的增长起抑制作用。2002—2017 年，随着我国城镇化的快速发展，城镇人口数量快速增加。2002 年，我国城镇人口数量约为 50212 万人，农村人口数约为 78241 万人。2017 年，我国城镇人口数增长了 31135 万人，达到 81347 万人；而我国农村人口数量却减少了 20580 万人，为 57661 万人，人口城镇化率从 2002 年的 39.09%增长至 2017 年的 58.52%。2002—2017 年，我国居民家庭能源总消费量增长了约 67541 万吨标准煤，其中城镇人口规模的增长引致的居民能源消费量的增加量约为 87831.08 万吨标准煤；与之相反，农村人口规模的减少引致的居民能源消费量的减少量约为 85269.94 万吨标准煤。城镇居民收入水平的增长在各年份均引致居民能源消费量的增长，而农村居民收入水平的增长仅在部分年份引致居民能源消费量的增长，在其他年份则会引致居民能源消费量的下降，这可能与收入增长引致的能源消费种类升级有关，即随着收入水平的提高，农村居民可以购买具有更高能效的能源来满足日常生活所需，因而会产生收入水平增长而能源消耗总量降低的情况。此外，居民收入引致的能源消费变动效应与人均可支配收入水平、可支配收入占居民总体可支配收入的比重这两个因素相关。2002—2017 年，我国城镇居民人均可支配收入水平以及城镇居民可支配收入占居民总体可支配收入的比重均不断增长，因而城镇居民收入水平的增长不断推进我国居民能源消费量的增加；与此同时，我国农村地区的人均可支配收入水平虽然也在持续增长，但是其可支配收入在居民总体可支配收入中所占的比重却在不断下降，从 2002 年的 33.26%下降至 2017 年的 21.10%，而且农村居民可支配收入占居民总体可支配收入的比重降低的幅度大于农村居民人均可支配收入增长的幅度，因而从总体上来看，农村居民收入水平的变动抑制了我国居民能源消费量的增长。

居民能源消费结构效应不仅与居民各类家庭能源的人均消费量有关，而且与各类家庭能源的消费量在居民能源消费总量中所占的比例有关。2002—2017 年，我国城镇居民能源消费结构变化较大，除煤炭的消费量大大减少以外，汽油、液化石油气、天然气、热力和电力能源的消费量都呈现出大幅增长的趋势；而农村居民的能源消费结构变动相对较小，除了电力消费量出现大幅度增长以外，汽油、液化石油气、天然气和热力能源的消费量增长并不大，煤炭的消费量虽然有所减少，但是减少的速度较为缓慢。总的来说，城镇居民能源结构变动推动我国居民能源消费量增长的幅度较大，而农村居民能源消费结构的变化对我国居民能源消费量增长的抑制作用较小。随着能源技术的进步和逐渐普及、居民收入水平的增长以及我国“节能减排”“清洁生产与消费”“绿色、低碳、环保”等发展策略的宣传、相关规制措施的实施，越来越多的节能家电进入城镇和农村地区居民家庭，居民获得单位可支配收入所消费的家庭能源量越来越少，即能源强度在持续降低，这会对居民能源消费量的增长起到抑制效应。单位家庭能源能满足的居民人数则越来越多，即能源供给率在持续增长，这同样会抑制居民能源消费量的增长。随着我国城镇化率的增长，城镇化效应对居民能源消费量的增长起到持续促进的作用。

从整体来看，在对我国居民能源消费量的增长起到促进作用的因素中，各因素促进作用的强弱表现为城镇人口规模效应>城镇居民收入效应>城镇居民能源消费结构效应>城镇化效应。在对我国居民能源消费量的增长起到抑制作用的因素中，各因素的抑制作用强弱表现为农村人口规模效应>农村居民收入效应>能源供给率效应>能源强度效应>农村居民能源消费结构效应。此外，在不同的时间段里，各因素对居民能源消费总量的贡献呈现出波动性变化。

### 5.2.4 分阶段分解分析

我国居民能源消费总量从 2002 年的 22394.18 万吨标准煤波动增长

至 2017 年的 89935. 28 万吨标准煤，每一年的增长速度均不相同。本节按照我国居民能源消费总量的年增长率将 2002—2017 年的样本期间划分为三个子阶段：第一阶段为 2002—2006 年，此阶段我国居民能源消费量的年增长率均大于 10%，而且增长速度呈现出逐年上升的趋势；第二阶段为 2007—2011 年，此阶段我国居民能源消费量的年增长率在 10%上下，呈现出不断波动的变化趋势；第三阶段为 2012—2017 年，此阶段我国居民能源消费量的年增长率均低于 10%，且增长速度呈现出逐渐下降的趋势。三个阶段中，各影响因素对我国居民能源消费量增长的贡献如图 5-18、图 5-19、图 5-20 所示。

2002—2006 年，我国居民能源消费量不仅绝对量持续增长，而且年增长速度也在不断增长。在此阶段，引致居民能源消费量增长的因素包括城镇人口规模的增长、城镇居民收入水平的增长、城镇居民能源消费结构的变化、城镇化水平的提升、农村居民能源消费结构的变化及能源强度的变化 6 个因素。其中，城镇居民人均收入水平的增长对能源消费量增长的贡献最高，达到了 23230. 04 万吨标准煤；其次是城镇人口规模的增长引致的居民能源消费量的增长，贡献值为 17744. 62 万吨标准煤；城镇地区居民能源消费结构的变化引致能源消费量增长了 12819. 07 万吨标准煤，能源强度的变动以及农村能源消费结构的改变对能源消费量增长的贡献分别为 4735. 55 万吨标准煤和 1396. 59 万吨标准煤。此外，人口城镇化水平的提高也对能源消费量起到促进作用，其贡献值约为 55. 30 万吨标准煤，与其他因素的贡献度相比较低，因而在图中并未显示。农村人口规模的减少、农村居民人均可支配收入水平的提升以及能源供给率的增长对我国居民能源消费量的增长起到有效的抑制作用。其中，能源供给率的增长意味着随着能源效率的提升，单位能源消耗能够满足更多人口的基本能源需求，这会降低居民基本家庭能源的消费量，在此期间其对我国居民能源消费量增长的贡献度为-18090. 9 万吨标准煤，即由于能源供给率提升，在其他条件不变的情形下，能源消费总量会降低 18090. 9 万吨标准煤。农村人口规模的降低引致能源消费量的减少量约为 17546.1 万吨标准煤，农村居民可支配收入水平的提升也会在一定程度上降低能源消费总量。收入增长引致的能源消费升级，高效率能源逐渐取代低效率能源，引致居民的能源消费总量有所降低。

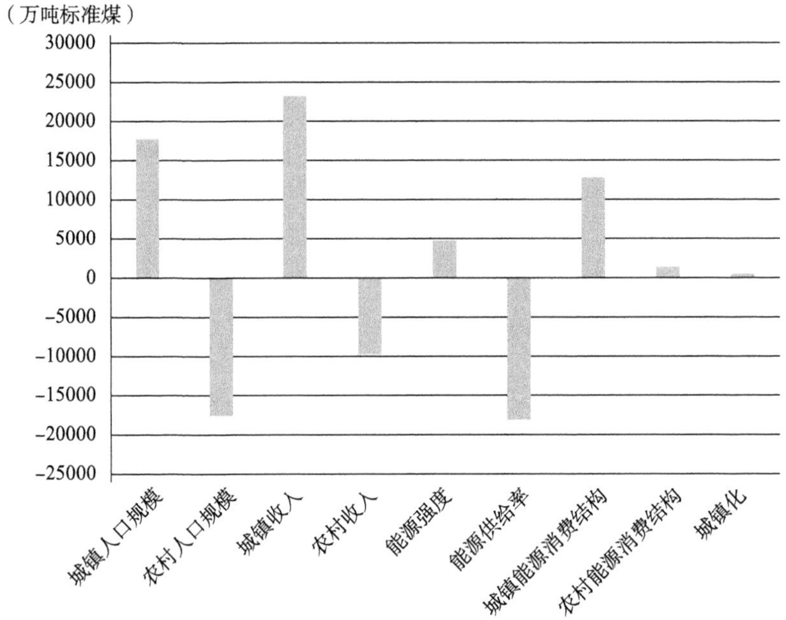


**图 5-18　第一阶段居民能源消费变动分解结果**

2007—2011 年，我国居民能源消费量的增长速度有所放缓，年增长率基本上都在 10%以下，且增长速度呈现出波动中有所下降的趋势。从图 5-19 可以看出，城镇人口规模的增长、城镇居民人均可支配收入水平的增长、城镇居民能源消费结构的变化、农村居民能源消费结构的变化以及城镇化进程的推进均对我国居民能源消费量的增长起到促进作用；与之相反，农村人口规模的减少、农村居民收入水平的提高、能源强度的变化则是显著抑制居民能源消费量增长的因素。具体而言，城镇居民人口规模的增长对居民能源消费量增长的贡献度最大，约为 40273.57 万吨标准煤；其次是城镇居民人均可支配收入水平的提升，其贡献量为 30780. 27 万吨标准煤。城镇居民能源消费结构的变化对居民能源消费量增长的贡献量为 8955. 72 万吨标准煤；而农村居民能源消费结构的变动以及城镇化进程的贡献量则分别为 331. 57 万吨标准煤和 60. 2 万吨标准煤。在抑制居民能源消费量增长的因素中，农村人口规模的减少所起到的抑制作用最大，其贡献量约为-39506. 8 万吨标准煤。农村人口向城镇地区流动的同时，引致城镇地区能源消费量的增长和农村地区能源消费量的下降，二者作用力的综合结果为 766. 81 万吨标准煤，这意味着人口向城镇地区流动总体上会促进居民能源消费量的增长。与城镇居民收入水平提高引致的能源消费量增长不同的是，农村地区居民人均可支配收入的增长对能源消费起到抑制作用，表明此阶段农村居民收入水平增长引致高能效能源的使用降低了居民总能源需求量，居民家庭能源需求依然停留在满足基本家庭能源需求的阶段。能源强度的变化以及能源供给率的增长均对居民能源消费量起到抑制作用，这与第一阶段的表现不太一致。能源强度表示居民获得单位可支配收入对家庭能源的需求量。在第一阶段，居民获得单位可支配收入的能源需求量处于持续上升阶段，从 0. 38 吨/元上升至 0. 44 吨/元，即居民能源需求量随着收入增长而上升，因而引致总体能源消费量的增长；而在第二阶段，居民获得单位可支配收入的能源需求量则从 0. 40 吨/元逐渐下降至 0. 33 吨/元，即居民获得单位可支配收入所需要的能源消费量持续下降，这可能是因为技术改进带来的能效提升，居民满足基本生活需求所需要消耗的能源量越来越小，也说明能源需求在居民可支配收入中所占的比重在降低，这符合“能源消费阶梯”理论。能源供给率的持续增长也说明能源效率在此阶段显著提升，而居民满足生活需求的能源消费量由于能源效率的提升而呈下降状态，即能源供给率的提升显著抑制居民能源消费量的增长；能源强度和能源供给率对居民能源消费量的贡献量分别为-9423. 1万吨标准煤和-19095. 4 万吨标准煤，能源供给率提升在很大程度上抑制了居民能源消费量的增长。

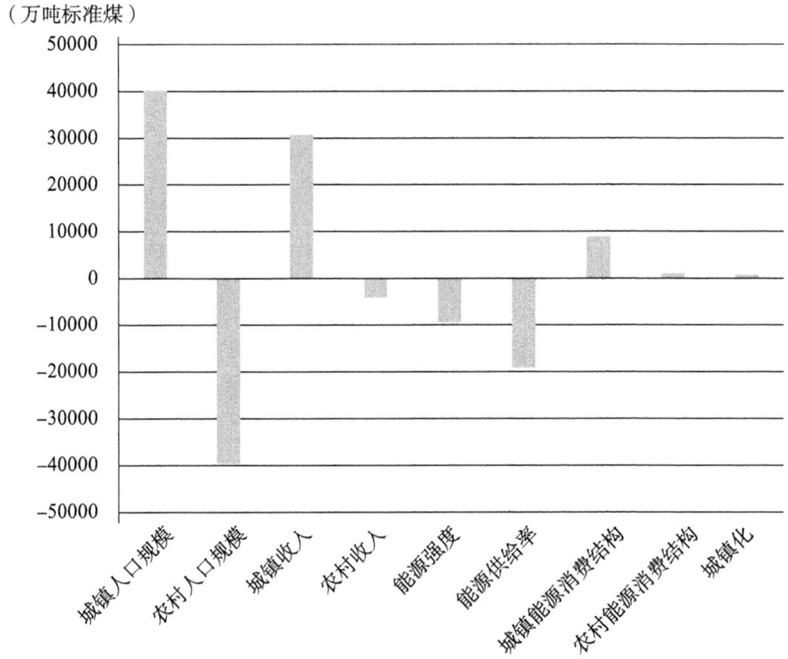


**图 5-19　第二阶段居民能源消费变动分解结果**

2012—2017 年，我国居民能源消费量虽然依然保持增长趋势，但是年增长速度却在逐渐降低，基本上保持在 5%~9%。在此阶段，我国居民能源消费量的各驱动因素及各因素的影响方向基本上与第二阶段保持一致。能源消费量的增长主要来源于城镇人口规模的增长、城镇居民人均可支配收入水平的提升、农村居民人均可支配收入水平的提升、城镇居民家庭能源结构的变化、农村居民能源消费结构的变化以及城镇化进程；与之相反，农村人口规模的减少、能源供给率的提升以及能源强度的变化 3 个因素是抑制能源消费量增长的主要因素。具体而言，城镇居民人口规模的增长以及农村居民人口规模的下降对居民能源消费量的贡献分别是 58465.35 万吨标准煤和-55353.8 万吨标准煤；人口由农村向城镇地区流动的过程对居民能源消费量的综合影响结果为 3111.52 万吨标准煤，这意味着人口从农村地区向城镇地区流动的过程不仅代表着能源消费量从农村转移到城市，而且意味着单位人口能源消费量的增长，即城镇居民单位人口能源消费量显著高于农村地区居民。在这一阶段，城镇居民人均可支配收入和农村居民人均可支配收入的增长均对我国居民能源消费量的增长起到促进作用，其贡献量分别是34986.8万吨标准煤和635万吨标准煤。城镇居民人均可支配收入水平的增长一直是居民能源消费量增长的主要促进因素，而与前两个阶段均不同的是，在第三个阶段中，农村居民人均可支配收入水平的增长对我国居民能源消费总量的作用从前两个阶段的抑制作用转向促进作用，即农村居民人均可支配收入的增长对我国居民能源消费量起到了促进作用，虽然其贡献量相对于城镇居民的收入效应而言比较小。这意味着随着我国农村居民收入水平进一步提高，居民对于家庭能源的消费需求已经从基本生活需求逐渐扩展至享受型需求，因而随着收入水平的增长、能源消费结构的改善以及能源利用效率的提升，居民满足基本家庭能源需求的能源消费量逐渐下降，而随着收入水平进一步的提升，居民的家庭能源需求逐渐拓展升级，由基本需求拓展为提高生活质量的享受型需求，因而能源消费量再次随着收入水平而增长。能源强度和能源供给率的增长对能源消费量的贡献与第二阶段保持一致，分别为-19988.2万吨标准煤和-18900.3万吨标准煤。无论是城镇地区还是农村地区，能源消费结构对能源消费量的增长均起到促进作用，其贡献量分别是15901.61万吨标准煤和114.83万吨标准煤，基本上与前两个阶段的作用方向保持一致；而不同的是，城镇居民能源消费结构的促进作用持续增强，农村居民能源消费结构的促进作用则逐渐减弱。与前两个阶段相比，城镇化进程对居民能源消费量的促进作用有所增长，其贡献量约为124.05万吨标准煤。农村居民人均可支配收入、农村居民能源消费结构以及城镇化进程对居民能源消费量增长的贡献量相较于其他因素而言较小，鉴于图中数据刻度的设定，并未在图中清晰地显示出来。

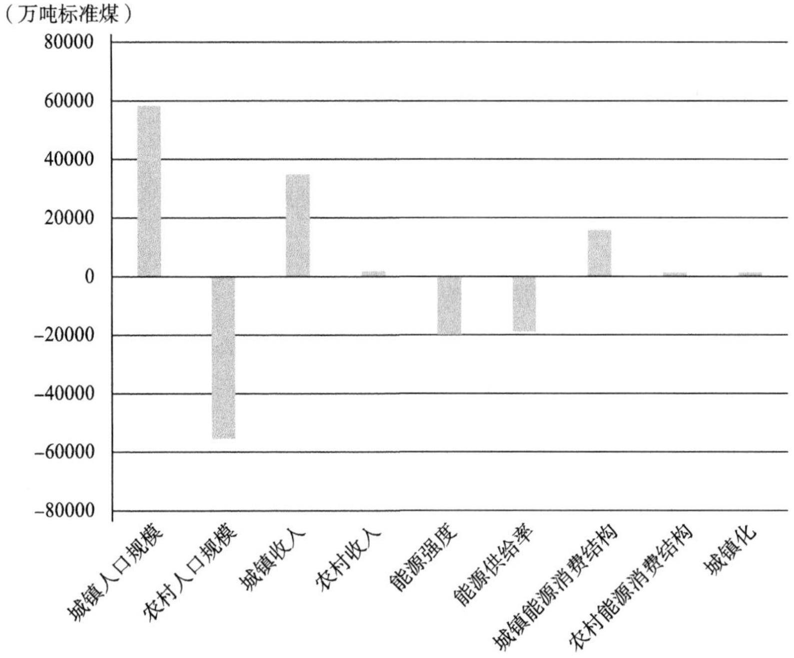


**图 5-20　第三阶段居民能源消费变动分解结果**

## 5.3　本章小结

本章基于 2002—2017 年我国 30 个省份能源消费平衡表中的能源消费量统计数据，对我国各个地区之间的城镇、农村居民在各类能源消费上的差异进行了分析。本章重点关注城镇和农村地区居民在能源消费总量、消费结构上的分布差异。在能源消费总量上，城镇地区居民的能源消费量始终高于农村地区居民，而且在整体研究期间，城镇地区居民能源消费量的增长速度较快，农村地区居民能源消费量虽然也呈现出逐渐增长的趋势，但其增长速度低于城镇地区，因而城乡居民之间的能源消费差距呈逐渐增长的趋势。在能源消费结构上，城镇地区居民的煤炭消费比重相对较低，而且消费量下降速度很快；而在农村地区，煤炭消费依然在长期内占据主导地位，但其消费比重在整个样本期间均有所下降，使得地区之间呈现出较大的差异。在清洁能源消费占比方面，城镇地区尤其是西部石油、天然气资源储量较为丰富的地区，其清洁能源消费占比较高；此外，东部沿海经济发达省份居民的清洁能源消费占比也较高，而在中部地区以及华北地区清洁能源消费占比并不高，而且大多数的清洁能源消费都集中在城镇地区。由于农村地区清洁能源基础设施服务的缺乏，其清洁能源消费量远远低于城镇地区。2015 年，我国 30 个省份的农村地区基本实现了天然气的普及，使得城乡之间在清洁能源消费方面的差距有所降低。在描述性统计分析的基础上，本章进一步利用经典的 LMDI 因素分解分析方法对我国居民能源消费量增长的驱动因素进行分析，探讨了城乡居民人口的变动、收入水平的提升、能源消费结构的变化、能源强度、能源供给率、城镇化水平等因素对能源消费量变动的影响方向和程度。从总体上看，城镇和农村地区居民人口流动引致的人口规模的变化对我国居民能源消费量的影响最为显著，其次为城乡居民收入水平的增长引致的能源消费量增长效应。值得注意的是，农村居民收入水平的增长在不同阶段对居民能源消费量的作用截然不同：2011 年之前，农村居民收入水平提升会在一定程度上降低居民家庭能源总消费量；而 2011 年以后，农村居民收入水平的提升对能源消费量起促进作用。城镇和农村地区居民能源消费结构、能源供给率、能源强度等因素也对居民能源消费起到一定的作用，而且这些因素的影响方向和程度呈现出阶段性差异。

# 6

# 基于能源需求和能源效率的家庭能源消费分析

居民家庭能源消费不仅与居民收入水平、能源价格、城镇化水平、能源消费结构等经济社会因素相关，而且与居民家庭住房条件、自然环境、居民家庭属性特征（受教育程度、家庭规模）等因素相关。此外，居民能源消费的各种方式引致的能源消费效率也与居民能源消费量密切相关。在前面章节中，本书重点从能源消费结果的角度对我国各省份居民的能源消费量、消费结构等分布状态进行分析，通过因素分解的方式考察了不同因素在城乡居民能源消费量的增长中所发挥的作用。居民能源消费是一个循序渐进的过程，不同的阶段、不同的用能方式都会对居民的用能效率产生影响，进而影响到居民最终的能源消费结果。然而，在既有的文献中，居民人均能源消费量或者单位 GDP 能源消费量通常被用作能源效率的替代变量，鲜有文献对居民的能源消费效率进行估计和分析。本章基于居民的能源需求模型和相关数据，利用随机前沿分析框架和相应的模型估计方法对我国 2002—2017 年 30 个省份居民在能源消费方面的能源利用效率进行估计，并基于居民家庭能源效率的估计结果对我国地区间的能源消费差异进行分析。

## 6.1 能源需求模型

### 6.1.1 能源需求理论

居民的能源需求通常用作家庭取暖、照明、烹饪、热水等方面，家庭生产理论的研究框架可以用于居民能源需求的设定。根据家庭生产理论，在居民的家庭生产行为中，居民会通过在市场上购买“产品”作为家庭生产的“投入”，来获得家庭生活的“产出”，即家庭效用。在家庭生产理论的框架下，居民的总体能源需求可以看作一个投入需求函数。

基于上述讨论，可以设定居民家庭能源需求函数如式（6-1）所示：

$$E_{it}=E(P_{it}, Y_{it}, POP_{it}, AHS_{it}, HDD_{it}, CDD_{it}, SDH_{it}, D_t, EF_{it}) \tag{6-1}$$

其中，$E_{it}$表示 $i$ 地区居民在 $t$ 年的能源需求量；$P_{it}$表示能源实际价格；$Y_{it}$表示 $i$ 地区居民在 $t$ 年的实际收入水平；$POP_{it}$表示 $i$ 地区 $t$ 年的人口数量；$AHS_{it}$表示 $i$ 地区 $t$ 年平均家庭规模；$HDD_{it}$表示 $i$ 地区 $t$ 年需要供暖的天数；$CDD_{it}$则表示 $i$ 地区 $t$ 年需要制冷的天数；$SDH_{it}$表示 $i$ 地区 $t$ 年棚户住宅的比例；$D_t$ 表示时间序列的虚拟变量；$EF_{it}$则表示 $i$ 地区 $t$ 年的“潜在能源效率”。这种“潜在能源效率”包含了一系列可能会影响到居民能源利用效率的因素，如不同的技术条件和资本设备、不同的规制策略，以及各种社会因素（道德、价值观、生活方式等）。较低的“潜在能源效率”意味着能源利用的非效率（或“能源的浪费”），在这种情形下，提高居民的节能意识和节能行为以促使能源利用回归到“最优”的能源消费状态应该是当地能源部门的重点任务。

然而，在现实统计数据中，我们只能观察到居民的终端能源消费结果，而不能直接观测到居民的能源利用效率。因此，这种“潜在的能源效率”指标需要通过估计获得。为了获得居民“潜在能源效率”水平，识别最优的能源利用方式，随机前沿模型应运而生。

随机前沿方程（SFA）早期主要应用于生产领域来测度经济生产过程的最优状态。该方程的中心思想是基于当前经济体的各种状态测算出该经济体的最优（最大或最小）经济指标。在投入需求方面，该方程可以用于测度某企业或家庭在获得既定产出水平下的最小投入水平；而实际观测到的该企业或家庭的投入水平与测度获得的最小成本条件下的投入水平之间的差距即为技术或资源配置带来的非效率部分(Kumbhakar et al.，2000)。若将该函数视为家庭能源消费函数，基于该函数测算的前沿部分即为在既定的家庭状态以及自然条件下满足家庭基本能源需求所需要消耗的最低能源数量。因而，使用SFA模型的主要目的在于获得家庭或地区能源需求投入的最低基准水平，这反映了地区家庭部门在最优能源利用效率条件下满足基本家庭需求所需要的能源量。通过对比分析实际能源消费以及最优能源需求量，能有效识别某地区的家庭部门能源消费效率是否处于最优前沿线上。如果某地区家庭部门的能源消费效率并不位于最优前沿线上，则其能源消费与最优前沿线之间的差距即为该地区家庭部门能源消费中的非效率部分。

在对能源效率的衡量中，EIA（1995）曾经讨论过以能耗强度作为能源效率的替代变量的方式，并指出“能耗强度”与“能源效率”经常在学术研究中被交替性使用，以表达同一意思。事实上，能耗强度并不能完全包含那些必须通过能源效率准确表示的因素，例如尽管不同测度方式下的能耗强度变化趋势均能在一定程度上反映能源效率的变动趋势，但是能够引起能耗强度变化的因素与引起能源效率变化的因素并不一致，即能耗强度变量对能源效率变量的替代作用存在一定的限制。因此，对于能源效率的估计不仅是能源经济研究的需要，而且也是一国或地区能源政策部门制定能源政策的重要依据。

### 6.1.2 模型设定

在本章中，居民家庭能源消费的能源利用效率水平可以被看作一个单边的、非负的数值，不同地区、不同年份的居民家庭能源利用效率可以通过对式（6-1）进行双对数变换，基于SFA方法（Aigner et al.，1977）通过估计获得。具体而言，不同地区、不同年份居民家庭能源利用效率可以表示为

$$e_{it}=\alpha+\alpha^{p}P_{it}+\alpha^{y}Y_{it}+\alpha^{pop}POP_{it}+\alpha^{ahs}AHS_{it}+\alpha^{hdd}HDD_{it}$$
$$+\alpha^{cdd}CDD_{it}+\alpha^{sdh}SDH_{it}+\alpha^{Dt}D_{t}+v_{it}+\mu_{it} \tag{6-2}$$

其中，因变量 $e_{it}$ 表示居民生活能源消费总量的对数形式，即前文中的 $E_{it}$，自变量中的各个变量均是式（6-1）中各个变量的对数形式。与式（6-1）不同的是，这里的残差项包含了两个独立的部分：第一部分残差 $v_{it}$ 表示对称性扰动项，与一般的实证方程中的残差项一致，代表了噪声的影响效应，并且基本服从正态分布；第二部分残差 $\mu_{it}$ 即为式（6-1）中代表“潜在能源效率”的部分（$EF_{it}$），这里代表着能源的非效率使用，即“能源的浪费”部分。在此处，$\mu_{it}$ 是一个单边的、非负的、随时间推移而变化的随机分布项，一般被设定为服从三种分布，即单边正态分布①、指数分布、截断型正态分布。能源利用设备的改进或者是能源使用方法的改进均会促使地区居民家庭生活能源利用效率的提高。这种来自技术进步、管理方法改进、能源生产和消费的社会创新，对于能源需求的影响可通过能源价格的变动（$P_{it}$）、时间虚拟变量（$D_t$）以及能源效率项来进行控制。式（6-2）是对不同地区、不同年份“潜在能源效率”进行估计的主要方程。

## 6.2　基于随机前沿模型的能源消费效率分析

### 6.2.1　数据来源

本章对我国各省份居民能源消费效率的研究基于 30 个省份（西藏自治区、香港、澳门和台湾地区除外）2002—2017 年的面板数据展开。居民家庭能源消费量数据来源与计算方法同前文保持一致，居民家庭收入水平、受教育程度、家庭规模、各省份气候状况等数据来源于各年份《中国统计年鉴》，其中居民家庭收入水平数据均经过“消胀”处理，

① 单边正态分布的假设对于这里需要估计的能源效率（$EF_{it}$）来讲，可能是一个相对较强的假设，但是它能够保证对每个地区 $i$ 的能源效率的准确识别。

统一调整为 2000 年价格；居民能源消费价格数据在统计数据库中并无直接的代表，本节使用《中国统计年鉴》中的居民生活用“燃料价格指数”进行替代，并经过“消胀”处理，统一调整至 2001 年价格；此外，关于居民生活中取暖天数和制冷天数的数据在我国统计数据年鉴中无法获得，使用各地区年平均气温、年最高气温以及空气湿度三个方面的自然气候数据来表示影响居民能源消费的自然条件因素，数据来源于各年份《中国气象年鉴》。各个变量的描述性统计特征见表 6-1。

**表 6-1 变量描述性统计特征**

| 变量 | 符号 | 均值 | 标准差 | 最小值 | 最大值 |
|---|---|---|---|---|---|
| 能源消费量 | *ec* | 1833.94 | 1948.92 | 21.40 | 9671.85 |
| 人均收入 | *y* | 15939.44 | 7554.03 | 2943.52 | 48543.79 |
| 人口 | *pop* | 4414.93 | 2654.57 | 529 | 11169 |
| 能源价格 | *jg* | 147.63 | 28.31 | 97.1 | 210.55 |
| 平均家庭规模 | *fmz* | 2.87 | 0.25 | 2.35 | 3.78 |
| 受教育程度 | *edu* | 8.56 | 1.07 | 5.98 | 12.11 |
| 年平均气温 | *aqw* | 14.55 | 5.08 | 4.3 | 25.4 |
| 年最高气温 | *mqw* | 36.98 | 2.74 | 27.4 | 43 |
| 年平均湿度 | *sd* | 65.53 | 10.13 | 42 | 85 |

### 6.2.2 计量模型识别

关于面板数据随机前沿分析（SFA）模型，既往的研究学者提出了两种主要的计量识别方式：①Aigner 等（1977）提出在面板数据中进行 SFA 估计的最基础的估计方式，即混合模型估计（Pooled Model，PM）；②Pitt 和 Lee（1981）提出随机效应模型（Random Effects Model，REM）估计 SFA，他们认为这种面板随机效应可以被视为非效率部分，而不是通常所认为的异质性。在上述两个识别模型中，面板随机效应 SFA 模型存在一个显而易见的缺点，即那些不可观测的、不随时间推移而变化且与个体特定特征相关的异质性也被归类于非效率的部分，而且该方法估计所得的效率部分并不会随时间推移而变化，在这种情况下，非效率部分应该是$\mu_i$，而不是式（6-2）中的$\mu_{it}$。为了解决这一问题，Greene（2005a，2005b）提出真实随机效应模型（TREM），该模型通过在混合估计模型（PM）中加入随机个体效应将其拓展为真实随机效应模型（TREM）。在TREM模型中，式（6-2）中的常数项α被一组地区确定的随机效应序列所替代，用于表示包括所有不可观测的、不随时间推移而变化的社会经济和环境因素带来的影响。因此，TREM模型可以将不随时间推移而变化、不可观测的异质性从随时间推移而变化的效率部分进行分离，从而克服了普通的面板SFA分析的缺陷；但是在使用TREM对面板数据进行SFA估计时，其估计所得的效率结果并不包含不随时间推移而变化的非效率部分。如果能源效率的某些来源造成了不随时间推移而变化的过度能源消耗，这些模型的估计会提供较高水平的能源效率估计。

Farsi等（2005）指出，在三种面板SFA估计模型（PM，REM，TREM）中，由于不可观测的因素并不是完全独立于解释变量，因而均存在着“不可观测的变量误差”。为了解决这方面的计量问题，Pitt和Lee（1981）提出对REM估计中的“非效率”的影响因素进行异质性分析，即在进行面板SFA的真实随机效应估计的过程中同时对影响其“非效率”的因素进行估计，假定个体特定效应$\mu_i$与解释变量之间可能存在的相关关系为：

$$\mu_i = AX_i\pi + \gamma_i \quad AX_i = \frac{1}{T}\sum_{t=1}^{T} X_{it},\ \gamma_i \sim iid(0,\ \sigma_\delta^2) \qquad (6-3)$$

其中，$X_{it}$表示所有解释变量构成的向量；$AX_i$表示所有解释变量的均值构成的向量；π表示相应的系数向量。在REM估计中，式（6-3）和式（6-2）被联合进行估计。在SFA估计中，由于误差项是一个合成的非对称项，因而其估计系数并不是Mundlak经典估计的内估计量。但是由于个体效应与解释变量之间的相关性至少有一部分已经被模型所包含，这里的异质性偏差相对较低，而且经过Mundlak调整后的REM前沿估计框架通过将非效率因素与不可观测的异质性相分离降低了非效率估计的偏差。因此，MREM 应该是进行非效率估计的较好方法。

在 SFA 模型对效率进行估计的结果中，那些随时间推移而变化的非效率部分可以用下式表示：

$$EF_{it}=\frac{E_{it}^{F}}{E_{it}}=\exp(-\hat{u}_{it}) \tag{6-4}$$

其中，$EF_{it}$表示 $i$ 地区 $t$ 年份实际观测到的能源消费量；$E_{it}^{F}$表示前沿估计所得的 $i$ 地区 $t$ 年份的最小能源需求量。$EF_{it}=1$ 表示 $i$ 地区 $t$ 年份的居民生活能源消耗处于完全效率状态，实际能源消费量与理论最优能源消费量完全一致；而当 $EF_{it}<1$ 则表示该地区居民生活能源消费并未达到完全效率状态，其与 1 之间的差距即为非效率部分。在估计完式（6-2）后，式（6-4）被用以估计各地区不同年份的能源效率值。

### 6.2.3 计量结果分析

表 6-2 显示了基于不同模型设定条件下的估计结果。在表 6-2 中，对于模型的估计分别采用真实固定效应模型和真实随机效应模型两种方法。这两种方法均是在效率因素随时间推移而变动（time-varying）的基本假定下进行的设定，其中真实固定效应模型（True fixed-effects model）参考了 Greene（2005a）的设定，真实随机效应模型（True random-effects model）则参照了 Greene（2005b）的设定。如前文所述，在不同的模型设定中，对于“非效率”部分的分布形态的设定有三种基本形式，即半正态分布（half-normal distribution）、截断型正态分布（truncated-normal distribution）及指数分布（exponential distribution），这三种分布形态均满足“非效率”部分为非负值的基本设定，只是在具体形态分布上有所不同。在具体估计中，对于真实固定效应模型的估计，分别设定“非效率”部分服从截断型正态分布、半正态分布、指数分布三种进行估计，结果为表中的列（1）、列（2）、列（3）所示，而在真实随机效应模型的估计中，列（4）的估计结果为在“非效率”部分服从指数分布的设定下所得的估计结果，而在列（5）的估计结果中，在第（4）列的基础上进而假定“非效率”部分的异质性影响主要来源于家庭属性特征

因素（收入水平、受教育程度、家庭规模）及地区能源价格的差异。

**表 6-2 面板 SFA 模型估计结果**

| 变量 | True fixed-effects model | | | True random-effects model | | |
|---|---|---|---|---|---|---|
| | (1) | (2) | (3) | (4) | (5) | |
| | lnec | lnec | lnec | lnec | lnec | Sigma_u |
| ln*y* | 0.057<br>(0.36) | 0.057<br>(0.36) | 0.055<br>(0.30) | 0.112<br>(0.79) | -0.020<br>(-0.14) | -0.873<br>(1.25) |
| ln*jg* | 0.195<br>(0.73) | 0.195<br>(0.73) | 0.135<br>(0.47) | 0.118<br>(0.45) | -0.212<br>(-0.75) | -3.077**<br>(-1.99) |
| ln*edu* | -0.032<br>(-1.55) | -0.032<br>(-1.55) | -0.034<br>(-1.54) | -0.033<br>(-1.53) | -0.020<br>(-0.74) | 0.080<br>(0.26) |
| ln*fmz* | -0.439<br>(-1.27) | -0.439<br>(-1.28) | -0.246<br>(-0.66) | -0.637*<br>(-1.86) | -1.062**<br>(-2.39) | -11.38<br>(-1.08) |
| ln*pop* | 0.281<br>(0.75) | 0.281<br>(0.75) | 0.037<br>(0.09) | 0.491***<br>(5.37) | 0.715***<br>(9.16) | — |
| ln*aqw* | -0.050<br>(-0.33) | -0.050<br>(-0.33) | 0.021<br>(0.13) | -0.327**<br>(-2.50) | -0.519***<br>(-4.18) | — |
| ln*sd* | 0.124<br>(0.27) | 0.124<br>(0.27) | -0.113<br>(-0.23) | -0.702*<br>(-1.79) | -1.122***<br>(-3.11) | — |
| ln*mqw* | 0.337<br>(0.64) | 0.337<br>(0.64) | -0.356<br>(-0.66) | 0.223<br>(0.46) | 0.144<br>(0.27) | — |
| $D_t$ | 0.067***<br>(3.97) | 0.067***<br>(3.97) | 0.074***<br>(3.96) | 0.065***<br>(4.14) | 0.075***<br>(4.87) | — |
| *_cons* | — | — | — | 4.699<br>(1.44) | 8.582**<br>(2.54) | 31.469*<br>(1.85) |
| *Sigma_u* | 7.341*<br>(1.76) | 0.003<br>(002) | 0.195***<br>(9.36) | 0.204***<br>(9.06) | 0.175<br>(0.01) | — |
| *Sigma_v* | 0.342***<br>(24.77) | 0.413***<br>(30.96) | 0.342***<br>(24.77) | 0.356***<br>(23.65) | 0.361***<br>(17.57) | — |
| *lambda* | 21.465***<br>(5.16) | 0.007<br>(0.04) | 0.571***<br>(20.62) | 0.574***<br>(19.11) | 0.491***<br>(11.15) | — |

注：*、**、***分别代表10%、5%、1%的显著性水平。

在表 6-2 中的估计结果中，*Sigma_u* 表示“非效率”部分的期望均值，*Sigma_v* 表示残差项的期望均值，*lambda* 表示在总残差中“非效率”部分所占的比重，其具体表达式为 *lambda*=*Sigma_u*/*Sigma_v*。在上述基于真实固定效应模型的估计中，当“非效率”部分设定为截断型半正态分布以及指数分布时，即第（1）列和第（3）列所显示的结果中，“非效率”部分与一般残差项的比重在1%的水平上显著异于0，说明这两种对“非效率”部分的分布设定基本上能够识别出“非效率”部分对于整体残差的影响。在第（3）列中，当“非效率”部分被设定为服从指数分布时，其波动在系统总体残差波动中所占的比重约为12.57%，这意味着潜在效率损失达到10%以上。本节使用真实随机效应模型再次进行估计，将“非效率”部分设定为服从指数分布，所得结果为第（4）列和第（5）列，其中第（4）列并未对影响“非效率”部分波动的因素进行估计，而在第（5）列中将家庭属性因素（受教育程度、家庭规模、家庭收入水平）以及能源价格因素纳入影响各地区居民能源消费效率的因素中，以识别地区间这些因素的异质性对能源消费“非效率”部分的差异性影响。第（4）列和第（5）列的估计结果基本上与前三列保持一致，但是在估计系数的显著性方面有较大的提高，同时对模型的残差项的估计结果也均在1%的水平上显著，在残差项的总体波动中，*Sigma_u* 的波动所占的比重在第（4）列和第（5）列分别为24.72%和19.03%，均大于第（3）列估计中“非效率”部分的残差波动在总残差波动中所占的比重，这意味着真实随机效应模型的估计对“非效率”部分的识别更为严格。鉴于第（5）列的估计结果中同时考虑了影响“非效率”部分的异质性因素，其估计更为符合居民能源消费的实际状态，即居民在能源消费种类、能源消费器具的效率等级选择、能源消费方式等方面均与实际能源价格水平、居民家庭收入水平、家庭规模以及受教育程度相关，因而本节基于第（5）列的估计结果对影响我国居民能源消费的因素进行分析。

从表6-2的第（5）列估计结果中可以看出，居民家庭平均规模变量（ln*fmz*）的估计系数显著为负，说明随着居民家庭平均规模（户均人口数量）的增长，居民家庭总体能源消费量会显著下降，这意味着居民家庭能源的消费具有显著的规模效应，即居住在同一家庭中的人口数量的增多并不会同比例提高能源需求。而地域人口变量却与能源消费量显著正相关，即随着地区居民人口数量的增长，地区居民能源消费量也呈持续增长的趋势。这是由人口数量增长所带来的能源基本需求量的增长，这里的增长所表达的是基本能源需求的增长，与家庭户均规模的增长而引致的能源消费下降并不冲突。前者代表人口基数增长带来的基本家庭能源需求增加，后者则代表同一家庭内部人口数量的增加，某种程度上会实现能源消费的集约化利用，如取暖、照明等家庭用能并不会严格随着家庭人口数的增长而同比增加。居民生活地区的平均气温水平（ln*aqw*）与居民能源消费量显著负相关，即生活在年平均气温较高的地区的居民能源消费量低于生活在年平均气温较低的地区的居民，这意味着在我国位于低纬度地区的南方省份居民在能源消费方面的消费量低于位于相对高纬度的北方地区居民，这与我国的居民用能现实也是相符的。在我国北方地区，尤其是秦岭—淮河地理位置以北的地区，冬季的日平均温度均低于 15℃，属于我国冬天需要集中供暖或者居民自行采暖的地区，而该地理位置线以南的地区，冬天的日平均气温相对较高，当地居民在冬季对于取暖能源的需求量相对较低。生活取暖用能是我国居民能源消费中占比相对较高的用能之一，因而随着年平均气温的升高，我国居民的能源消费量呈现出逐渐降低的趋势。年平均空气湿度（ln*sd*）与居民能源消费量也呈显著负相关关系，这与年平均气温和居民能源消费量之间的关系相一致。此外，年最高气温与居民能源消费之间正相关，这与年平均气温对居民能源消费的影响保持一致，但其系数在统计上不具有显著性。年份变量（$D_t$）的估计系数为正，且在 1%的水平上具有显著性，这与我国居民能源消费随着时间的推移而逐渐增长密切相关，也与前面章节中对于我国居民能源消费量的趋势分析保持一致。除此以外，居民收入水平变量（ln*y*）、能源价格指数变量（ln*jg*）以及居民受教育程度变量（ln*edu*）与居民能源消费之间的关系均表现为负，而且估计结果不具有显著性。这一方面可能是因为居民能源消费量已经越过了满足基本生存需求的初级阶段，收入水平和能源价格因素已经不再是居民能源消费的基本约束条件，因而二者的作用并不显著；另一方面也可能与数据和模型的选择有关。居民受教育水平与能源消费量呈负相关关系，这可能是由于受教育水平较高的居民可能会选择更为有效的能源利用方式和工具，因而其总能源消费量有所下降，也可能受教育水平较高的居民更容易注意到“节能减排”“节约环保”等可持续发展策略而选择更为节约、环保的生活方式，从而降低了能源消费量。在本节中，二者之间的负相关关系并不具有显著性。

在影响“非效率”部分的因素中，只有能源价格指数变量（ln*jg*）对 *Sigma_u* 的影响显著为负，这意味着不同地区的能源价格指数及其变动对地区居民家庭能源的消费确实存在差异性的影响，这也是产生地区间居民能源消费效率差异的原因之一。此外，居民收入水平因素、居民家庭规模因素与 *Sigma_u* 负相关，且均不具有显著性，而居民受教育水平因素与 *Sigma_u* 正相关，但并不显著，这说明在不同的地区居民受教育程度与居民能源消费之间的关系存在着差异性，这也在一定程度上影响着居民能源消费效率。

### 6.2.4 能源效率分析

在分析了居民家庭能源需求量的影响因素以及“非效率”部分之后，本节基于面板 SFA 模型重点就居民能源消费的效率及其“非效率”部分进行测度和分析。表 6-3 给出了基于不同的模型［表 6-2 中第（3）列、第（4）列、第（5）列模型］估计下所得到的居民能源消费效率，即前文所述的“潜在能源效率”的统计性特征。

**表 6-3 基于不同模型估计下的能源效率统计性特征**

| | True fixed-effects model | True random-effects model | True random-effect model with Sigma_u |
|---|---|---|---|
| 最大值 | 0.932 | 1.000 | 0.947 |
| 均值 | 0.835 | 0.829 | 0.829 |
| 最小值 | 0.128 | 0.122 | 0.129 |
| 标准差 | 0.123 | 0.092 | 0.087 |

从总体来看，在三种模型估计下的居民能源消费效率基本上保持在83%~95%。基于模型（5）估计的“潜在能源效率”的标准差约为0.087，是三个模型估计下标准差最小的，这意味着该模型对于“潜在能源效率”的估计是最优的。因而这里使用模型（5）估计所得的“潜在能源效率”对我国地区间居民能源消费的效率状态进行分析。

我国不同年份各省份居民能源消费的效率分布存在着差异，而且随着时间的推移，各省份的“潜在能源效率”的演变趋势也不尽相同。表6-4给出了基于模型（5）估计所得的我国各省份不同年份居民能源消费效率的效率值及其效率排名情况。

**表6-4　各省份不同年份居民能源消费效率及其排名**

| 省份 | 2002年 | | 2005年 | | 2010年 | | 2017年 | |
|---|---|---|---|---|---|---|---|---|
| | 效率值 | 排名 | 效率值 | 排名 | 效率值 | 排名 | 效率值 | 排名 |
| 北京 | 0.862 | 10 | 0.847 | 19 | 0.848 | 14 | 0.827 | 24 |
| 天津 | 0.863 | 9 | 0.857 | 13 | 0.8477 | 15 | 0.8356 | 18 |
| 河北 | 0.891 | 3 | 0.871 | 6 | 0.831 | 19 | 0.865 | 7 |
| 山西 | 0.765 | 23 | 0.825 | 26 | 0.924 | 3 | 0.834 | 20 |
| 内蒙古 | 0.564 | 28 | 0.767 | 29 | 0.235 | 28 | 0.894 | 1 |
| 辽宁 | 0.798 | 21 | 0.868 | 7 | 0.319 | 26 | 0.8358 | 17 |
| 吉林 | 0.856 | 12 | 0.863 | 10 | 0.688 | 23 | 0.774 | 30 |
| 黑龙江 | 0.758 | 24 | 0.799 | 28 | 0.183 | 29 | 0.870 | 4 |
| 上海 | 0.831 | 17 | 0.840 | 24 | 0.950 | 1 | 0.807 | 27 |
| 江苏 | 0.771 | 22 | 0.856 | 15 | 0.903 | 6 | 0.859 | 8 |
| 浙江 | 0.821 | 19 | 0.866 | 9 | 0.128 | 30 | 0.849 | 11 |
| 安徽 | 0.815 | 20 | 0.857 | 14 | 0.919 | 4 | 0.852 | 10 |
| 福建 | 0.853 | 13 | 0.8598 | 12 | 0.947 | 2 | 0.789 | 29 |
| 江西 | 0.879 | 6 | 0.841 | 22 | 0.724 | 22 | 0.821 | 25 |
| 山东 | 0.487 | 29 | 0.886 | 2 | 0.412 | 25 | 0.8658 | 6 |
| 河南 | 0.850 | 15 | 0.854 | 17 | 0.283 | 27 | 0.884 | 3 |
| 湖北 | 0.128 | 30 | 0.8406 | 23 | 0.912 | 5 | 0.828 | 23 |
| 湖南 | 0.723 | 27 | 0.875 | 4 | 0.889 | 7 | 0.8664 | 5 |
| 广东 | 0.852 | 14 | 0.862 | 11 | 0.504 | 24 | 0.847 | 12 |

续表

| 省份 | 2002 年 | | 2005 年 | | 2010 年 | | 2017 年 | |
|---|---|---|---|---|---|---|---|---|
| | 效率值 | 排名 | 效率值 | 排名 | 效率值 | 排名 | 效率值 | 排名 |
| 广西 | 0.822 | 18 | 0.844 | 20 | 0.862 | 10 | 0.844 | 13 |
| 海南 | 0.750 | 25 | 0.658 | 30 | 0.861 | 11 | 0.842 | 14 |
| 重庆 | 0.8644 | 7 | 0.8517 | 18 | 0.837 | 17 | 0.8364 | 15 |
| 四川 | 0.8640 | 8 | 0.856 | 16 | 0.847 | 16 | 0.815 | 26 |
| 贵州 | 0.910 | 1 | 0.893 | 1 | 0.773 | 21 | 0.8360 | 16 |
| 云南 | 0.887 | 5 | 0.873 | 5 | 0.829 | 20 | 0.832 | 21 |
| 陕西 | 0.738 | 26 | 0.8411 | 21 | 0.870 | 9 | 0.886 | 2 |
| 甘肃 | 0.862 | 11 | 0.879 | 3 | 0.836 | 18 | 0.8354 | 19 |
| 青海 | 0.888 | 4 | 0.867 | 8 | 0.873 | 8 | 0.805 | 28 |
| 宁夏 | 0.904 | 2 | 0.801 | 27 | 0.851 | 13 | 0.829 | 22 |
| 新疆 | 0.842 | 16 | 0.831 | 25 | 0.860 | 12 | 0.856 | 9 |

注：表中对于各省份“潜在能源效率”的排序按照能源效率由高到低的降序排列，排名为 1 表示能源效率水平最高，排名为 30 则表示能源效率水平最低；部分省份的能源效率值取小数点后四位小数是为了在省份之间进行能源效率值的排序。

从表 6-4 中可以看出，我国各省份不同年份居民能源消费的“潜在能源效率”水平存在着较为显著的差异，而且这种地区间的能效差距随着时间的推移呈现出多样化的演变趋势；各省份居民能源消费效率也呈现出迥异的变化趋势。从能源效率的绝对值来看，能源效率波动中逐渐上升的有山西、内蒙古、黑龙江、辽宁、上海、江苏、浙江、安徽、福建、河南、湖北、湖南、广西、陕西和新疆 15 个省份，而其余的 15 个省份中，居民家庭能源效率水平则在波动中呈现出下降的趋势。从纵向发展趋势来看，2002 年我国 30 个省份居民能源消费的平均效率值为 0.790，能源效率值最高的省份为贵州，能源效率值达到了 0.910，即在实际能源消费量中，有 91%的部分属于理想状态下的能源消费，只有不到 10%的能源消费量属于效率低于理想状态而导致的能源浪费。与之相反，2002 年能源效率值最低的省份为湖北，其能源效率值仅有 0.128，即理想状态下的能源消费量在实际能源消费量中的比重仅为 12.8%，超过 85%的实际能源消费均是由能源消费的低效率而引致的能源浪费，地区间能源消费效率值的标准差为 0.156。2017 年，我国 30 个省份能源消费效率平均值上升至 0.841，比 2002 年高了约 5.1 个百分点。其中，能源消费效率值最高的省份为内蒙古，能源消费效率值约为 0.894，即理想能源消费量占实际能源消费量的 89.4%，约 10%的能源消费属于效率低于理想效率水平而产生的能源浪费；能源效率值最低的省份为吉林，其能源效率值约为 0.774，即在实际能源消费量中，有 77.4%的能源消费量属于满足理想状态下的能源消费量，由于效率低下造成的能源浪费量占比约为 22.6%。地区间能源消费效率值的标准差约为 0.027，远远小于 2002 年地区间能源消费效率之间的标准差，这意味着地区间能源效率水平的差距也在进一步缩小，多数地区居民能源消费效率与 2002 年相比有所提高。

与居民能源消费效率不断提高的趋势相同的是，我国居民能源消费量也呈现出不断增长的趋势，这说明我国居民能源消费效率的提升并未显著降低居民对于家庭能源的需求量。从理论上来讲，居民对于家庭能源的需求是基于其取暖、照明、烹饪、制冷甚至是娱乐等方面的需求，当居民的这些需求得到充分满足时，居民的能源消费量会保持在一个稳定的水平，此时能源消费效率的提升会在保证居民能源需求获得充分满足的前提下降低居民的能源消费量。然而恰恰与此相反，我国居民的能源消费量与能源消费效率在样本期内均表现出持续增长的趋势，这值得我们关注并进行深层次分析。

### 6.2.5 能源消费效率与能源消费量关系的探讨

Filippini 和 Hunt（2011）的研究指出，居民能源消费效率与居民的能源消费强度（人均能源消费量）呈显著的负相关关系。基于此，在对地区间的能源效率进行比较时，可以看到，当地区间能源消费效率呈上升趋势时，其能源消费强度则会呈现出下降的趋势。但是，Filippini 和 Hunt（2012）又指出，如果居民家庭能源的消耗强度是一个完美的或者近乎完美的衡量居民能源消费“潜在能源效率”的指标，即在标准的能源消耗强度衡量指标中包含了居民能源消费的所有信息，那么能源效率值与能源消费强度之间的负相关关系应该一直都是显著存在的。然而，事实并非如此。运用 Spearman 偏相关性分析发现，我国各地区居民能源消费强度与能源消费的“潜在能源效率”之间并不总是显著的负相关，各年份两个变量之间的偏相关关系见表 6-5。

表 6-5 地区间能源效率与能源消费强度之间的偏相关系数

| 年份 | 2002 | 2003 | 2004 | 2005 | 2006 | 2007 | 2008 | 2009 | 2010 |
|---|---|---|---|---|---|---|---|---|---|
| 相关系数 | 0.416** | 0.232 | 0.310* | -0.017 | 0.389** | 0.148 | 0.380** | 0.504*** | 0.632*** |
| 年份 | 2011 | 2012 | 2013 | 2014 | 2015 | 2016 | 2017 | 样本整体 | |
| 相关系数 | 0.451** | 0.427** | 0.448** | 0.339* | 0.283 | 0.214 | 0.211 | 0.296*** | |

注：***、**、*分别表示 1%、5%和 10%的显著性水平。

从表 6-5 中可以看出，除了 2005 年的地区间能源效率与能源消费强度之间的偏相关系数为负值以外，其余年份均为正值，而且多数年份的偏相关系数至少在 10%的水平上具有显著性。此外，整体的能源消费效率与能源强度的偏相关系数也在 1%的显著性水平上为正值，这说明我国大多数地区居民的家庭能源人均消费量会随着其能源消费效率的增长而逐渐增加，这似乎与理论不相符，而且有悖于 Filippini 和 Hunt（2011）的研究结果。事实上，这与我国居民家庭能源消费所处的阶段以及沿着能源阶梯向不同的阶段攀爬有关系。2002—2017 年，我国居民能源消费量呈显著持续增长的趋势，不仅表现在能源消费总量上的增长，而且在人均能源消费量上也表现出不断增长的趋势，这与我国居民人均能源消费量普遍低于世界平均水平，并未达到理想能源需求状态有关。居民对于家庭能源的需求主要用作取暖、烹饪、照明、制冷、娱乐等方面，在达到理想需求量之前，居民的家庭能源需求会随着收入水平的增长、用能基础设施的普及而持续增长，直到达到理想用能状态。以人均电力消费量为例，2000 年世界平均人均电力消费量为 2318 千瓦时，中国人均电力消费量仅为 993 千瓦时，远远低于世界平均水平，而同期的美国、加拿大、澳大利亚等发达国家的人均电力消费量则远远高于世界平均水平，分别为13660千瓦时、17037千瓦时和10129千瓦时，这说明我国居民的家庭能源基本需求远未得到满足。2016年底，世界平均人均电力消费量增长至3110千瓦时，美国、加拿大、澳大利亚等发达国家的人均电力消费量却有所下降，分别降至12825千瓦时、14844千瓦时和9911千瓦时，但依然远远高于世界平均水平，这种小幅度的下降趋势说明这些发达国家居民的能源消费已经达到了理想需求状态，因而出现了不升反降的趋势；而在我国，2016年底，人均电力消费量约为4279千瓦时，虽然略微高于世界平均水平，但是依然远远低于发达国家水平，说明我国居民生活用电量远远未达到理想用能需求的水平，依然处于持续上升的阶段。随着我国能源开采和利用技术的改进以及能源基础设施和相关服务的逐渐普及，居民能源消费呈现出逐渐增长的趋势，虽然能源消费效率在逐渐提升，但居民的能源消费量依然未达到理想需求状态，因而出现了能源消费量与能源利用效率同时增长的局面。Filippini和Hunt（2011）的研究对象主要是OECD国家，即发达国家和地区，与中国的情况截然不同。在OCED地区，2000年人均电力消费量约为7947千瓦时，在此后十几年间，该地区人均电力消费量呈现出缓慢增长的态势，2016年底，其人均电力消费量约为8048千瓦时，与2000年相比增长幅度很有限，这说明这些地区的居民在电力方面的能源需求已经接近理想需求状态，因而其上升趋势并不明显；而在此期间，其能源消费效率在持续增长，因而作者能够得出能源消费量与其能源消费效率负相关的结论。Filippini和Hunt（2012）在基于美国居民家庭能源消费效率的研究中再次得到了类似的结论，即美国各个州的能源消费“潜在能源效率”与其能耗强度（人均能源消费量、单位建筑物能源消费量）呈负相关关系。综上所述，本节中出现的居民能源消费强度与“潜在能源效率”在大部分年份呈现显著正相关关系，且与既有研究（Filippini和Hunt，2011）结论相悖的现象得以清晰地阐释。

图6-1和图6-2分别显示了2002年和2017年我国各省份居民人均

能源消费量和能源效率的分布状态，从图中可以识别能源效率分布与能源消费强度分布之间的关系。

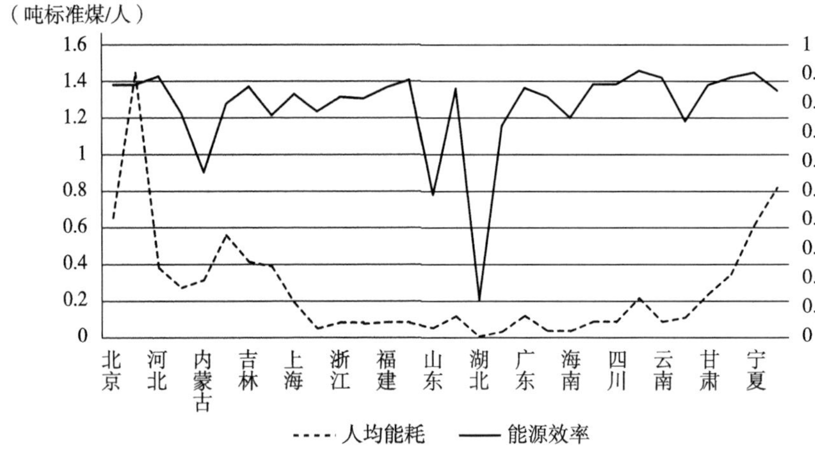


**图 6-1　2002 年我国各省份人均能源消费量与能源效率分布状态**

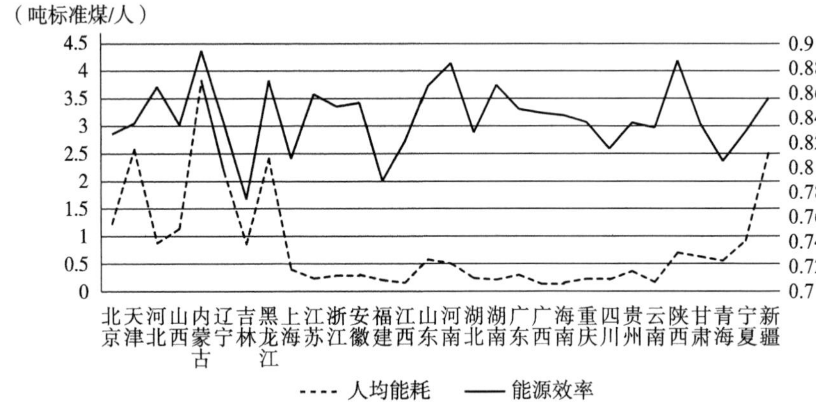


**图 6-2　2017 年我国各省份人均能源消费量与能源效率分布状态**

由图 6-1 中可见，2002 年我国各省份居民人均家庭能源消费量与能源效率的分布在大多数省份并不是一致的，在北京、天津、河北及青海、宁夏、新疆等地，虽然居民的人均能源消费量相对其他地区较高，但其能源消费效率基本上保持在平均水平附近，既未显著高于平均水平，也未显著低于平均水平；在内蒙古、山东、湖北、陕西等地，能源效率值显著低于其他省份，而这些地区的居民人均能源消费量在所有省份居民人均能源消费量中也是相对较低的状态，居民的基本用能需求难以得到满足。随着时间的推移以及经济的发展，居民能源消费量与能源效率之间的关系逐渐趋于一致。从图 6-2 中可以看出，2017 年各省份居民人均能源消费量的分布与其能源效率分布基本上达到“同高同低”的相对分布状态，这种正相关的分布状态在北京、天津、河北、陕西、内蒙古以及东北三省、青海、宁夏、新疆等地区尤为明显。而在中部及东部沿海地区，各省份居民人均能源消费量的分布较为平均，但能源消费效率分布却表现出较大的波动性，这意味着人均能源消费量与能源效率之间的正相关关系并不在所有的省份成立。这也说明了另外一个事实：在一些文献中，人均能源消费量或者单位 GDP 的能源消费量通常被用作社会能源效率的替代变量，这在某些地区是可以成立的，但并不是所有的地区都适用，即能源消耗强度在一定程度上可以作为能源效率的替代变量，但并不能完美地对后者进行替代，因而基于能源需求方程和实际能源消费量以及其他因素数据对能源效率进行估计是非常有必要的，而且有助于我们直观地对地区间能源效率及其演变进行识别和分析。

## 6.3 本章小结

在多数的研究文献中，“人均能源消费量”或者“单位 GDP 能源消费量”通常被视为一国或地区能源利用效率的主要替代变量，而本节基于居民家庭能源需求函数以及随机前沿分析模型对各地区居民的能源消费效率进行估计，以准确测度居民的实际能源利用效率。本章使用的能源需求函数控制了居民收入水平、能源价格、人口规模、平均家庭规模、居民受教育水平、地区年平均气温、地区年最高气温以及地区年平均湿度等因素，并对居民的实际能源利用效率进行估计和分析。估计结果显示，我国地区间居民能源消费效率存在着较大的差异，这种差异与地区之间的收入水平分布并不总是一致的。随着时间的推移，我国地区间居民能源消费效率水平逐渐提高，同时地区间的差距不断降低。居民的能源消费效率分布具有地域性特征，在东北三省、华北地区及西北部地区居民的能源消费效率水平相对较高，而且这些地区的人均能源消费量相对其他地区较高；而中部地区及东部沿海地区的居民人均能源消费量并不高，但是其能源消费效率水平却在全国平均水平上下波动。

本章的研究具有一定的政策指导意义：

（1）基于居民人均能源消费量或者单位 GDP 能源消费量，对地区居民家庭能源利用效率进行估计存在较为明显的误差；而基于随机前沿模型分析方法、居民家庭能源实际消费量及影响居民能源消费的家庭属性因素、自然条件因素、经济因素等变量，对居民能源消费的“潜在能源效率”进行估计所得的效率结果更能清晰反映居民家庭能源利用的效率水平。因此，地方政府对居民家庭能源利用效率的考察应当以该模型所得的“潜在能源效率值”为基础。

（2）2002—2017 年，我国各省份居民人均能源消费量与其“潜在能源效率”之间呈显著的正相关关系。这种正相关关系说明我国居民对于家庭能源的需求依然处于理想需求状态之下，与世界平均人均能源消费量相比，我国居民的人均能源消费量依然较低，因而在未来的一段时间内，我国居民的能源消费依然会呈现出持续增长的趋势。能源消费效率的提高则意味着在满足居民家庭能源需求方面，更多的能源被有效地利用，从而降低了“能源浪费”的程度。在“节能减排”“可持续发展”的发展战略下，进一步提高居民家庭能源利用效率有助于减少能源消费中的“能源浪费”，加快居民能源消费达到理想需求状态，提升居民生活幸福感。

（3）在不同的省份和地区，居民能源消费效率和其人均能源消费量呈现出不同的分布特征。在东北（黑龙江和辽宁）及华北地区，居民的人均能源消费量较高，而且其能源消费效率也在全国平均水平以上，这意味着在这些地区通过提升居民能源消费效率以降低“节能”

压力的效果不会太理想，政府可以尝试通过互联网、电视、广播、街头标语宣传等方式提高居民的节能意识，普及生活节能方式，从而避免不必要的能源浪费，减缓居民能源消费量的增长速度。而在中部地区、东部沿海地区及西部的四川、贵州、云南等地，居民的人均能源消费量处于较低的水平，其中福建、吉林、青海、上海等地的能源效率在2017年处于较低的水平，而这些省份在过去的年份中均曾是能源消费效率排名比较靠前的省份，这意味着这些地区的居民能源消费中因为无效率使用而浪费的能源越来越多，有提升能源消费效率的潜力。同时，这些地区居民人均能源消费量远低于其他地区，这意味着未来一段时间内这些地区的居民能源消费量会出现较为强劲的增长，因而提升能源消费效率措施的实施，既能降低能源的浪费，也能减缓这些地区能源消费增长的压力。

# 7

# 居民家庭能源消费的驱动因素分析

居民个人和家庭是其家庭能源消费的主要载体和重要场所，居民家庭人口年龄结构、受教育程度、家庭规模等家庭属性特征因素势必会影响到居民的能源消费行为。自改革开放以来的40多年间，中国居民家庭同时经历了人口和家庭结构的双重变迁①；自1990年以来，我国持续推进的城镇化进程开启了史无前例的大规模人口迁移，我国的城镇人口占比从1990年的26.4%迅速上升至2017年的58.5%。大量人口涌入城镇地区，不仅带来了人口分布格局的变化，也影响着城镇地区的能源消费和污染排放。与此同时，生活方式的转变也改变着人们的能源选择和能源消费方式。此外，我国居民在经历快速城镇化的过程中，同时经历了以控制人口总量增长速度为目的的"计划生育"政策。人口综合生育率自20世纪80年代开始下降，90年代初跌破更替水平，1995年以后一直处于不足1.5的低位水平②。随着我国持续地将"计划生育"作为一项基本国策执行，其后果之一便是人口快速的老龄化，2000年我国65岁及以上老人在总人口中的比重第一次达到了7%，这意味着中国开始进入人口老龄化社会；此后的十几年间，我国老年人口的比重持续上升，2017年这一比重上升至11.4%。基于联合国（United Nations，

① 胡湛，彭希哲．中国当代家庭户变动的趋势分析——基于人口普查数据的考察［J］．社会科学研究，2014，3：145-166.

② 郭志刚．清醒认识中国低生育率风险［J］．国际经济评论，2015，2：100-119.

2015)[①] 的预测，到 2030 年，我国老年人口的比重将会达到 17.2%。城镇化快速的推进、人口老龄化逐渐加剧等一系列人口变迁因素，或直接或间接地影响了我国居民家庭结构的转型，这种转型又进一步影响着居民的能源消费行为。本章基于我国居民能源消费状况及居民家庭属性特征的变化趋势，对居民能源消费的驱动因素进行实证分析，重点探讨居民家庭属性特征因素（家庭规模、受教育程度、人口抚养比、年龄结构等）对居民能源消费的影响及其分布状态。

## 7.1 文献回顾

在早期关于居民能源消费影响因素的文献中，多数文献关注经济发展、收入增长、能源价格等宏观因素对居民能源消费的影响。近年来，学者逐渐开始关注宏观因素之外的人口特征、家庭规模等因素对居民能源消费的影响，对居民能源消费的研究逐渐从宏观社会经济因素转向微观家庭因素。

从人口分布结构的角度来看，人口城镇化进程对于能源消费种类、消费方式等的影响受到了较多学者的关注，然而这种人口城镇化对居民能源消费的影响无论是在理论上还是在实证研究方面，均尚未达成一致的结论。从理论上讲，城镇化进程伴随着技术革新、经济规模扩张、人口密集居住等，这不仅会提高能源供给效率，也会降低居民的人均能源消费量。但是，大量的农村人口涌入城镇地区，这些人口的收入水平、生活方式和消费行为也会逐渐趋于“城镇化”，从而带来能源消费的增长（Jiang et al.，2004；Pachauri et al.，2008；蒋耒文，2010）。在实证分析方面，任正委和米红（2016）针对浙江省内县域居民 2000 年和 2010 年的能源消费数据进行研究，发现城镇化水平的提高显著增加了

① 资料来源：United Nations Department of Economics and Social Affairs，World Population Prospects：The 2015 Revision。

居民的人均电力消费量。Fan 等（2017）对我国 1996—2012 年的省际居民能源消费的分析同样认为，城镇化的推进是我国居民能源消费量持续增长的重要因素，但这一因素的影响作用随着时间的推移正在逐渐减弱。在另外一些研究中，学者基于不同经济发展阶段对城镇化在居民能源消费方面的影响进行分析，如 Poumanyvong 和 Kaneko（2010）对 99 个国家在 1975—2005 年的能源消费面板数据进行实证研究，认为在收入水平较高的国家中，城镇化水平与能源消费量显著正相关，而在收入水平较低的国家中，城镇化水平却在一定程度上降低能源消费量；此外，城镇化对于能源消费的影响程度在高收入水平国家更为凸显。王芳和周兴（2012）基于 9 个国家的面板数据分析了城镇化水平与碳排放之间的关系，认为二者之间存在着倒“U 形”的关系。虽然该文献并未直接探讨城镇化与能源消费量之间的关系，但是其碳排放的计算是依据能源消费量进行的，因而可以认为该文献探讨了城镇化与能源消费量之间的倒“U 形”发展关系。但需要注意的是，在上述两项实证研究中，能源消费量均指一国（地区）的整体能源消费量，而居民能源消费量并未被单独考虑。

从人口年龄结构来看，人口老龄化也会改变居民能源消费结构。比如，人口老龄化会逐渐降低对交通、通信、娱乐、运动等方面的能源需求（Prskawetz et al.，2004），但同时会增加家庭生活照明、取暖等方面的能源消费（O'Neil et al.，2002）。综合而言，人口老龄化对居民能源消费的影响不尽相同。在实证研究方面，Yamasaki 和 Tominaga（1997）针对日本的研究发现，日本的人口老龄化增加了该国的人均能源消费量，主要原因在于老年人待在家里的时间较长，而且日本的政府补贴政策使老年人在家庭生活中能更多地使用家用电器。O'Neil 和 Chen（2002）针对美国的研究发现，户主的年龄与其能源消费量呈显著正相关。与前两项研究的结论有所不同的是，张妮妮和徐卫军（2011）基于我国山西、江苏两省地区农户的能源消费调查数据进行的实证研究认为，有老年人一起生活的居民家庭能源消费量显著低于没有老年人一起生活的居民家庭，可能的原因是农村老年人的生活相对单调且更倾向于使用传统生物质能源。

在家庭规模方面，从理论上讲，居民家庭人口数量的增长会导致家庭能源使用的规模效应增加，因而降低家庭能源消费量。在实证研究方面，国内外的大多数研究也证实了这一点（O'Neil et al.，2002；沈小波，2014；仇焕广等，2015；任正委等，2016）。但是，周晖等（2003）针对我国北京市居民夏季生活用电的调查数据分析显示，在控制了收入水平、住房面积、户型、楼层等变量后，居民家庭规模对家庭用电量的影响并不显著。傅崇辉等（2013）认为，居民家庭规模的变动以及家庭人口年龄结构（人口老龄化）对居民能源消费的影响并不是独立的。例如，老龄化的加剧会促使老年家庭空巢化、家庭规模小型化，进而影响居民的家庭能源消费量。

总而言之，在关于居民家庭能源消费的研究中，大多数文献都集中从经济发展、收入水平或消费水平、能源价格变动等宏观因素研究能源消费的影响，而从人口或居民家庭变迁视角对其能源消费进行研究的文献还比较有限，少数的研究中虽然涉及这些家庭属性特征因素，但这些文献多数只关注到其中一种或两种属性特征，而且这些研究的结论依然存在着差异性。另外，值得注意的是，少数的关注人口结构或居民家庭属性特征对居民能源消费影响的研究集中在农村地区的能源消费或少数省份的横截面数据的研究上；而对于全国整体层面、长期内的能源消费的研究依然是凤毛麟角。事实上，改革开放以来我国持续推进的城镇化进程、户籍制度改革、区域经济一体化、“计划生育”政策等均从各个角度影响着人口和居民家庭结构，进而影响着居民的能源消费情况。深入了解人口以及家庭结构变迁对居民能源消费的影响，对于科学判断我国能源消费的增长态势，探索科学、合理、公平、有效的节能减排政策具有重要的指导意义。因此，本章基于我国 2002—2017 年各省份居民的能源消费面板数据，从人口结构变迁以及家庭属性特征变动等方面对影响居民能源消费的因素进行分析。

## 7.2 关于居民能源消费影响因素的实证研究

### 7.2.1 数据来源和变量测度

本章基于我国省际居民能源消费情况，重点探讨人口结构变迁以及居民家庭属性特征变动对其能源消费的影响。本书设定的核心被解释变量为人均能源消费量，能源消费量原始数据来源于我国各省份、各年份的能源消费平衡表（实物量），结合各类能源的转换标准煤系数将各类能源的消费量转换为以标准煤为统一度量单位，然后将各类能源消费量进行加总，获得居民能源消费总量，最后结合各省份的居民数量计算得到各地区居民人均能源消费量。为考察居民人口结构变迁以及家庭属性特征对其能源消费的影响，本书设定的关键自变量包括反映人口区域分布的城镇化率，反映人口年龄结构的65岁及以上老年人口在总人口中的比重，反映人口平均受教育程度的地区平均受教育年限，反映居民家庭规模的地区平均每户人口数。居民收入水平、能源价格指数变量用以控制居民的收入水平以及能源价格波动对其能源消费的影响。各变量的描述性统计特征见表7-1。

**表7-1 各变量描述性统计特征**

| 变量 | 2002年 | | | 2017年 | | |
|---|---|---|---|---|---|---|
| | 最大值 | 均值 | 最小值 | 最大值 | 均值 | 最小值 |
| 人均能源消费量/吨标准煤（*ecp*） | 1.446 | 0.255 | 0.007 | 3.824 | 0.835 | 0.135 |
| 城镇化率/%（*ur*） | 78.56 | 39.45 | 20.85 | 87.7 | 59.92 | 46.02 |
| 人均受教育程度/年（*edu*） | 11.08 | 9.37 | 7.78 | 11.82 | 11.11 | 10.27 |
| 家庭规模/个（*fmz*） | 3.42 | 2.87 | 2.45 | 3.58 | 3.07 | 2.51 |
| 老年人口比重/%（*old*） | 13.44 | 8.05 | 4.76 | 14.28 | 11.08 | 7.28 |
| 人均收入水平/元（*inc*） | 12389 | 8042 | 5689 | 48543 | 28449 | 2943 |
| 能源价格指数（*p*） | 111.5 | 102.85 | 97.1 | 210.35 | 170.45 | 132.42 |

从表 7-1 中可以看出，2002 年我国居民人均能源消费量的最大值只有 1.446 吨标准煤，均值约为 0.255 吨标准煤；2017 年居民人均能源消费量最大值为 3.824 吨标准煤，而最小值约为 0.135 吨标准煤，人均能源消费量呈现出持续增长趋势。从最大值、最小值以及均值的分布来看，我国地区间居民人均能源消费量存在着较大的差距，而且这种差距随着时间的推移呈逐渐扩张趋势。与此同时，我国居民城镇化水平持续推进，各省份城镇化水平逐渐提高，地区之间的城镇化差异逐渐降低。居民人均受教育年限在整个样本期内也呈现出逐渐增长的趋势，而且地区之间的差距在逐渐降低。2002—2017 年，家庭规模变化幅度较小。老年人口比有所增长，而且地区之间差距逐渐缩小，说明我国大部分省份均在进入人口老龄化社会阶段。人均收入水平增长幅度较高，但是地区之间的差距在逐渐拉大。能源价格指数呈持续增长趋势，且地区之间的差异越来越明显。

### 7.2.2 模型设定

为消除统计数据量纲上的差异，同时避免可能存在的异方差问题，在具体的模型估计中，将各个变量取自然对数；考虑到已有文献提出城镇化水平对居民能源消费的影响有可能是非线性的，为验证这一假设，在模型中加入城镇化水平的平方项。此外，本章在模型中加入了居民收入水平变量的平方项，以考察居民的能源消费水平与其收入水平之间可能存在的非线性关系。基本模型设定如下：

$$
\begin{aligned}
\ln ecp_{it} = {} & \alpha_0 + \alpha_1 \ln ur_{it} + \alpha_2 \ln fmz_{it} + \alpha_3 \ln old_{it} + \alpha_4 \ln edu_{it} \\
& + \alpha_5 \ln ur_{it}^2 + \alpha_6 \ln y_{it} + \alpha_7 \ln y_{it}^2 + \alpha_8 \ln p_{it} + c_i + \varepsilon_{it}
\end{aligned}
\tag{7-1}
$$

其中，下标 $i$ 和 $t$ 分别表示省份和时间；$ecp_{it}$表示 $i$ 地区在 $t$ 年的人均生活能源消费量；$ur_{it}$表示 $i$ 地区 $t$ 年的城镇化水平；$fmz_{it}$表示 $i$ 地区 $t$ 年份的平均家庭规模；$old_{it}$表示 $i$ 地区 $t$ 年份的老年人口占比；$edu_{it}$表示 $i$ 地区 $t$ 年份的人均受教育水平；$y_{it}$表示 $i$ 地区 $t$ 年份居民的人均收入水平；$p_{it}$表示 $i$ 地区 $t$ 年份的居民生活用能价格指数；$ur_{it}^2$和 $y_{it}^2$分别代表 $i$

地区 $t$ 年份城镇化水平和人均收入水平的平方项，用以考察二者与地区居民生活能源消费之间可能存在的非线性关系；$c_i$ 表示省级层面不随时间推移而变化的不可观测的异质性；$\varepsilon_{it}$ 为随机扰动项。在模型估计中，所有的变量均取其自然对数形式进行估计。

由于我国幅员辽阔，地理位置的差异显著影响着居民在冬季的取暖能源需求与消费（Brockett et al.，2002；张妮妮等，2011），因而有必要在模型中对各省份所处的地理位置进行控制。按照“秦岭—淮河”地理位置线确定我国南北方集中供暖区域（郑新业等，2014），从而对各省份进行划分，在模型中加入代表地区是否位于北方集中供暖区域的虚拟变量。此外，我国东部地区与中西部地区在经济发达程度上存在着较为明显的差距，因而在模型中对各省份是否位于东部地区进行控制。加入了南北方地区虚拟变量和东、中西部地区虚拟变量的模型为：

$$\ln ecp_{it} = \alpha_0 + \alpha_1 \ln ur_{it} + \alpha_2 \ln fmz_{it} + \alpha_3 \ln old_{it} + \alpha_4 \ln edu_{it} + \alpha_5 \ln ur_{it}^2 + \alpha_6 \ln y_{it} + \alpha_7 \ln y_{it}^2 + \alpha_8 \ln p_{it} + c_i + \sum_s \lambda_s D_s + \varepsilon_{it} \quad (7-2)$$

其中，$D_s$ 表示地区是否位于北方集中供暖区域或南方非集中供暖区域及是否位于东部或中西部地区省份的虚拟变量，其他变量的设定与式（7-1）相同。

### 7.2.3 模型估计和结果分析

（1）面板单位根检验

在进行面板模型估计之前，首先要对面板数据的平稳性进行检验。在时间序列数据中，如果某个变量的时间序列并不是“平稳序列”，则有可能存在着确定性趋势、结构变动或者随机趋势，这些“非平稳性”因素的存在通常会导致“虚假回归”现象，使传统的区间估计和相应的假设检验都无效。面板数据模型同时包含了多个个体以及每个个体的时间序列，因而也会存在“平稳性”问题，尤其是在研究期间较长的面板数据模型中，时间序列的“平稳性”显得尤为重要。因而，对面板数据进行单位根检验是非常有必要的。

常用的面板数据单位根检验方法包括 LLC 检验、HT 检验、Breitung 检验、IPS 检验、Fisher 检验以及 Hadri LM 检验，其中 LLC 检验、HT 检验和 Breitung 检验均假设各个面板单位的自回归系数均相同，即“共同根”假设，而其他检验则允许各个面板单位的自回归系数不相同。各个检验方式所使用的面板数据模型在截面数量（N）和时间长度（T）设定上有所不同，如 LLC 检验和 Breitung 检验通常适用于长面板，而 HT 检验则适用于时间维度 T 较小的短面板。各类检验方式在原假设和备择假设的设定上有所不同。基于此，本章选择 LLC 检验、Breitung 检验和 Fisher 检验三种方式对所选取的面板数据变量进行单位根检验。检验结果见表 7-2。

**表 7-2 各变量单位根检验结果**

| 变量 | LLC 检验 | Breitung 检验 | Fisher 检验 |
|---|---|---|---|
| ln*ecp* | -12.075*** | -2.102** | 16.300*** |
| ln*fmz* | -6.281*** | -2.831*** | 5.658*** |
| ln*edu* | -8.361*** | -3.027*** | 10.009*** |
| ln*old* | -5.924*** | -3.293*** | 16.631*** |
| ln*ur* | -38.703*** | -2.603*** | 7.571*** |
| ln*y* | -1.829** | -1.726** | 6.546*** |
| ln*p* | -4.776*** | -2.834*** | 12.979*** |
| $\ln ur^2$ | -31.829*** | -2.614*** | 7.550*** |
| $\ln y^2$ | -1.632* | -2.246** | 7.089*** |

注：在 LLC 检验和 Breitung 检验中，原假设均为 H0：panels contain unit roots，备择假设均为 H1：panels are stationary；在 Fisher 检验中，原假设为 H0：all panels contain unit roots，备择假设为 H1：at least one panel is stationary；*、**、***分别表示 10%、5%、1%的显著性水平；在 LLC 检验和 Breitung 检验中，表中给出的是经过偏差矫正的 t 统计量，而在 Fisher 检验中这里只报告了修正的卡方统计量的倒数值（modified inverse chi-squared Pm），其他统计量的结果与该统计量保持一致；$\ln ur^2$ 和 $\ln y^2$ 分别表示 ln*ur*（城镇化水平的自然对数）以及 ln*y*（居民收入水平）的平方项。

从表 7-2 中可以看出，无论是哪种单位根检验结果，其统计量均至少在 10%的显著性水平上拒绝原假设，说明本章所选取的变量均为平稳性序列，因而可以使用这些变量进行面板模型估计来获得有效且可信的估计结果。

（2）面板模型估计结果及分析

本书基于式（7-1）和式（7-2），对影响我国居民能源消费的因素进行估计，结果见表 7-3。

**表 7-3　面板模型估计结果**

| 变量 | (1)<br>OLS | (2)<br>FE | (3)<br>RE | (4)<br>GLS | (5)<br>GLS | (6)<br>GLS | (7)<br>GLS |
|---|---|---|---|---|---|---|---|
| ln*ur* | -6.462<br>(-1.12) | -5.713*<br>(-1.86) | -6.583**<br>(-2.34) | -6.739***<br>(-8.89) | -5.728***<br>(-7.05) | -9.882***<br>(-13.88) | -6.358***<br>(-7.97) |
| ln*y* | -10.32<br>(-1.31) | -0.871<br>(-0.43) | -2.905<br>(-1.39) | -2.641***<br>(-3.18) | -0.602<br>(-0.71) | -1.909***<br>(-2.73) | 0.119<br>(0.21) |
| ln*fmz* | -2.995***<br>(-3.50) | -0.222<br>(-0.54) | -0.509<br>(-1.23) | -1.098***<br>(-6.45) | -0.300***<br>(-2.92) | -0.984***<br>(-7.74) | -0.311***<br>(-3.29) |
| ln*old* | -0.061<br>(-0.21) | -0.074<br>(-0.61) | -0.042<br>(-0.33) | 0.02<br>(0.67) | -0.020<br>(-0.94) | -0.044<br>(-1.40) | -0.039**<br>(-2.26) |
| $\ln edu^2$ | 1.736<br>(1.33) | -1.032<br>(-1.50) | -0.256<br>(-0.39) | 1.382***<br>(7.40) | -0.798***<br>(-6.16) | 1.143***<br>(4.96) | -0.841***<br>(-5.53) |
| $\ln ur^2$ | 1.037<br>(1.32) | 0.933**<br>(2.20) | 1.032***<br>(2.73) | 1.036***<br>(9.92) | 0.927***<br>(8.89) | 1.515***<br>(15.47) | 1.028***<br>(9.73) |
| $\ln y^2$ | 0.470<br>(1.18) | 0.0622<br>(0.59) | 0.149<br>(1.37) | 0.105**<br>(2.48) | 0.032<br>(0.75) | 0.067*<br>(1.86) | -0.000<br>(-0.00) |
| ln*p* | 3.583***<br>(7.50) | 0.779**<br>(2.49) | 1.469***<br>(5.48) | 2.583***<br>(19.29) | 1.423***<br>(25.09) | 2.299***<br>(15.99) | 1.127***<br>(14.17) |
| _*cons* | 45.58<br>(1.29) | 8.216<br>(0.93) | 16.76*<br>(1.78) | 10.28**<br>(2.44) | 4.147<br>(1.31) | 13.777***<br>(4.14) | 2.837<br>(1.21) |
| $D_N$ | — | — | — | — | 1.322***<br>(53.34) | — | 1.296***<br>(39.99) |
| $D_E$ | — | — | — | — | — | -0.515***<br>(4.14) | -0.336***<br>(-9.71) |
| $D_N * D_E$ | — | — | — | — | — | — | 0.199**<br>(2.46) |

**续表**

| 变量 | (1) OLS | (2) FE | (3) RE | (4) GLS | (5) GLS | (6) GLS | (7) GLS |
|---|---|---|---|---|---|---|---|
| *N* | 480 | 480 | 480 | 480 | 480 | 480 | 480 |
| F | | 30.853 [0.000] | | | | | |
| Hausman 检验 | | 102.30 [0.000] | | | | | |
| 异方差检验 | | 17290.03 [0.000] | | | | | |
| 序列相关检验 | | 6.682 [0.015] | | | | | |
| 截面相关检验 | | -0.702 [0.472] | | | | | |

注：*、**、***分别表示10%、5%、1%的显著性水平；在截面相关检验中，共有三种检验方法，表中给出的是Pesaran 面板截面相关检验结果，Friedman 和 Frees 面板截面相关检验结果均与 Pesaran 检验结果保持一致，这里并未显示另外两种检验结果；括号内为相应统计量的 p 值。

在面板模型的估计中，首先使用面板混合模型（Pooled Model）对式（7-1）进行估计。混合估计的基本思想就是把所有的数据都放在一起，像对待横截面板数据那样进行简单的 OLS 回归。由于面板数据的特点，虽然通常可以假设不同个体之间的扰动项相互独立，但是同一个个体在不同时期的扰动项之间往往存在着自相关。此时，对标准误的估计应当采取聚类稳健的标准误（cluster-robust standard error），而所谓的聚类（cluster），即由每个个体不同时期的所有观测值所组成的。混合回归的基本假设是不存在个体效应，因而其估计结果通常被称为“总体平均估计量”（Population-Averaged Estimator，PA），即将个体效应都平均掉了。表7-3 中，第（1）列为使用混合模型并采用聚类稳健性标准误对模型估计系数进行显著性判断的估计结果。对于是否应当在面板估计中考虑个体效应，必须进行假设检验。通常使用的是 F 统计量进行联合约束性检验，其原假设为“H0：all $u_i = 0$”，即所有个体效应均为 0。本章对面板数据进行混合估计所得的 F 统计量为 30.853，其 p 值为 0.000，即在 1%的显著性水平上拒绝原假设，这意味着面板数据中的个体效应是显著存在的，不应该使用混合回归。在考虑面板个体效应的基础上，存在两种方法对面板数据进行估计：固定效应模型和随机效应模型。在面板固定效应模型中，这种不随时间推移而变化的不可观测的个体效应被假定为与某个解释变量相关；而在面板随机效应模型中，这种不随时间推移而变化的不可观测的个体效应则被假定为与所有解释变量均不相关。表 7-3 中的第（2）列、第（3）列分别是面板固定效应（Fixed Effects，FE）模型和面板随机效应（Random Effects，RE）模型的估计结果。从第（2）列、第（3）列的估计结果来看，两类模型的估计结果无论是在系数大小还是在显著性方面均存在着差异，究竟应该使用固定效应模型还是随机效应模型对研究数据进行估计分析，我们基于 Hausman 检验对此进行识别。表 7-3 中给出了 Hausman 检验的统计量和相应的 p 值。Hausman 检验的原假设为“H0：$u_i$与所有的变量均不相关”（即随机效应模型是正确的模型）。无论原假设是否成立，FE 估计量都是一致的。因此，如果 H0 成立，则说明 RE 比 FE 更有效；如果 H0 不成立，则说明 RE 估计不一致。这里的 Hausman 检验结果中的 p 值显著拒绝原假设，说明在这里的面板模型中，选择使用面板固定效应模型进行估计是比较合适的。

在选择面板固定效应模型进行估计时，模型数据可能存在的异方差、截面相关、序列相关问题会对估计结果产生影响，因而需要对这些可能存在的问题进行检验。表 7-3 中同样给出了在面板固定效应模型进行估计的基础上对模型可能存在的异方差、序列相关、截面相关问题进行检验的结果。异方差检验的原假设为“H0：不存在异方差”，其检验结果的 p 值显著拒绝原假设，说明模型数据存在着异方差；序列相关检验的原假设为“H0：不存在序列相关”，其检验结果的 p 值显著拒绝原假设，说明模型同时存在着序列相关问题；截面相关检验的原假设为“H0：不存在截面相关”，其检验结果的 p 值接受原假设，即模型不存在截面相关问题。基于此，选用同时包含了异方差、序列相关问题的面板广义最小二乘法（Generalized Least Square，GLS）对模型进行估计，所得结果如表 7-3 中第（4）列所示。

以表 7-3 中第（4）列的估计结果为依据进行分析，可以看出：

①城镇化水平与居民能源消费量显著负相关，而城镇化水平的平方项的估计系数则显著为正，说明二者之间存在着先下降后上升的“U形”关系；这与 Poumanyvong 和 Kaneko（2010）、沈可和史倩（2018）的研究有相似之处。城镇化初期，城市人口聚集产生规模效应，加上用能效率的提高以及能源消费种类的转变（从在农村以煤炭为主的能源消费方式转变为在城镇地区以天然气、电力为主的消费方式），人均能源消费量呈下降趋势；随着城镇化的逐渐扩张以及居民生活方式的转变，居民能源消费从满足基本生存需求逐渐拓展到满足更多方面的能源需求（娱乐），因而城镇化对居民能源消费的影响转为正向促进作用。根据回归系数可以推算，当城镇化水平超过 25.84%（当前我国绝大多数省份的城镇化水平均超过了这一临界值水平）时，居民能源消费量会随着城镇化水平的提高而快速增加。②居民收入水平与其能源消费量显著负相关，而其平方项与能源消费量呈正相关且具有显著性，说明随着居民收入水平的提升，其用于基本能源消费的支出比重正在持续降低，同时居民收入水平的进一步增长又伴随着能源消费的升级，因而能源消费量会出现小幅度的增长趋势。③居民家庭规模的增长与其能源消费量显著负相关，这与既往文献的研究结论保持一致，即居民家庭规模的增长会通过能源消费的规模化效应而降低其整体能源消费量。④老年人口比重与居民能源消费量之间的关系并不具有显著性。⑤居民平均受教育水平的提高会增加其能源消费量，一方面因为高教育水平人群对较高生活质量的追求使其消费更多的能源，另一方面接受教育的过程本身会增加能源（照明、取暖等）的消费量。⑥能源价格指数水平与能源消费量显著正相关，这说明我国居民的能源消费是缺乏价格弹性的，这与家庭能源的基本属性特征密切相关——作为基本生活必需品的能源，人们对能源的需求并不会随着价格的增长而下降。此外，自 2000 年以来，我国逐渐推进的“加快推进小康社会建设”措施，极大地改善了各地区居民的能源消费条件，能源服务可获得性和便捷性显著提高。与此同时，我国在基本家庭能源的价格控制方面基本实行政府指导定价原则（生活用

电、天然气、热力等)，虽然能源价格指数有所增长，但并不足以对居民的能源消费构成约束，因而居民的能源消费量与能源价格指数呈现出同时增长的趋势，这也说明我国居民的能源消费尚未达到理想需求状态，与同期世界发达国家的能源消费水平依然存在着较大的差距，居民的能源消费处于沿着“能源消费阶梯”从满足基础需求到满足理想需求逐渐过渡的过程中。

在基本模型估计的基础上，基于式（7-2）考察不同地理位置（南方/北方）和不同经济发展水平地区（东部/中西部）对居民能源消费可能存在的影响，估计结果见表 7-3 中的第（5）列至第（7）列。其中，第（5）列将位于南北方地区的省份[①]进行区分，以考察位于集中供暖区域的省份在能源消费上是否显著高于其他地区；第（6）列则将东部省份[②]和中西部省份进行区分，以考察经济发达地区居民在能源消费上是否显著高于其他地区；第（7）列则综合考察了经济发达且集中供暖的省份居民在能源消费上是否显著高于其他地区。

从表 7-3 第（5）列至第（7）列的估计结果中可以看出，在控制了是否集中供暖的地理位置因素以及经济发达程度因素后，主要解释变量的估计系数依然与前面几列的估计结果基本保持一致。如城镇化水平的系数依然显著为负，而其平方项的估计系数显著为正；家庭规模变量依然与居民能源消费水平显著负相关；老年人口比重变量依然与因变量呈负相关，其显著性有所变化；能源价格指数变量依然与居民的能源消费显著正相关；居民收入水平对其能源消费的影响基本上不显著，但其平方项的估计系数依然为正，但多数情况不显著。而居民受教育水平因素在第（5）列和第（7）列的估计中显著为负，在第（6）列的估计中则显著为正。在虚拟变量方面，第（5）列中控制了南北方是否集中供

① 根据集中供暖情况，将北京、天津、河北、内蒙古、辽宁、吉林、黑龙江、山东、河南、陕西、甘肃、青海、宁夏、新疆 14 个省份设定为北方地区，其他地区设定为南方地区。

② 根据我国东部、中部、西部经济带的划分，将北京、天津、河北、上海、江苏、浙江、福建、广东、海南 9 个省份设定为东部省份，其他省份为中西部省份。

暖的差异性影响，虚拟变量 $D_N$ 的系数显著为正，说明位于北方集中供暖区域的省份能源消费量上显著高于南方不需要集中供暖的省份，这与预期基本符合，即居住在气候寒冷地区的居民能源消费量上显著高于其他地区。第（6）列中控制了地区是否位于经济发达地区的差异性影响，虚拟变量 $D_E$ 显著为负，说明位于我国东部经济发达地区省份的居民能源消费量上显著低于中西部地区。这一方面可能因为经济发达地区较高的能源利用技术水平，另一方面也可能与中西部地区（尤其是西部地区）拥有较为充裕的煤炭、石油、天然气等矿产资源禀赋引致的居民能源消费无约束有关，同时也与前面章节的分析相一致，即西部的部分省份在天然气、煤炭等资源的消费上并不逊色于其他地区。第（7）列同时将虚拟变量 $D_N$ 和 $D_E$ 进行交乘，综合考察经济发达且位于北方集中供暖地区①的省份在能源消费量是否显著高于其他地区。实际上，这里综合考察了经济发达程度与地理位置在居民能源消费中的综合影响，交乘项（$D_N \times D_E$）显著为正，说明由地理位置引致的取暖能源消费在促进居民能源消费量上的正向作用大于经济发达相关的能源效率提高在降低居民能源消费上的负向影响，二者相抵的综合作用为正，但是与 $D_N$ 在第（5）列和第（7）列的估计系数相比，这里的交乘项估计系数值降低了许多，说明虽然北方地区居民由于冬季取暖能源消费而在整体能源消费上显著高于南方地区居民，但是经济水平的发展引致的能源利用技术水平提升会在一定程度上降低居民因为冬季取暖能源消费而增长的能源消费量。

在第（5）列至第（7）列加入了地区位置和经济发达程度的虚拟变量后所得的估计结果中，城镇化水平对居民能源消费影响的拐点分别发生在21.96%、26.08%和22.02%处，这与第（4）列估计所得的城镇化水平与居民能源消费“U形”关系的拐点（25.84%）很接近，再次印证了地区居民能源消费水平与其城镇化水平的“U形”发展关系。

---

① 实际上，这时的交叉项所包含的样本地区是北京、天津、河北3个省份。

截至2017年，我国各省份城镇化水平的均值约为59.92%，最小值为46.02%，即所有的省份城镇化水平已经远远超过“U形”曲线的拐点水平，意味着当前我国所有省份城镇化的推进均伴随着居民能源消费量的提升。

## 7.3 本章小结

本章基于中国2002—2017年的省级面板数据，从人口区域分布、年龄结构、居民家庭规模、收入水平、受教育程度等方面，探讨了居民家庭能源消费的驱动因素。从空间分布差异上来看，本章的分析结果显示，首先，生活在我国北方地区（“秦岭—淮河”分界线以北）各省份的居民人均能源消费量显著高于南方地区居民，其中冬季取暖能源消费量在北方居民的能源消费量中占据较大的比重，造成了南北方居民能源消费的差异；其次，经济发达地区居民的能源基础设施普及率及能源服务可获得性均高于其他地区，这可能促使当地居民消费更多的能源，同时经济发达地区在高效能能源以及高效用能产品、用能方式的供给方面较为充足，这会通过提升居民能源消费效率而降低其能源消费量，二者同时作用的结果，在本章的分析中显示为负，即经济发达地区虚拟变量与地区居民能源消费量显著负相关。从动态变化维度来看，2002—2017年，我国各省份居民人均能源消费量整体上呈现出持续增长的趋势，其中中部省份居民的人均能源消费量增长最快。在居民能源消费的驱动因素上，本章的实证研究发现，城镇化进程对我国居民人均能源消费量的影响显著，且其影响轨迹不是线性的，而是呈现出明显的先下降后上升的“U形”轨迹，即在城镇化的早期阶段，人口区域性分布的变动会导致居民人均能源消费量的下降，随着城镇化的持续推进，居民的人均能源消费量在经历过短暂的下降后开始持续上升。就目前我国各省份城镇化所处的阶段而言，城镇化水平与居民的能源消费均呈持续增长的趋势。居民家庭规模与其能源消费显著负相关，这意味着居民家庭规模的增长会通过规模效应降低其能源消费量。人口老龄化水平与居民能源消费水平负相关，但并不总是显著的。居民受教育水平在控制了南北方地理位置和经济发达程度后，对居民能源消费量的影响显著为负，即居民受教育水平的提高会降低其能源消费量，这可能与受过更多教育的人更关注能源利用效率有关。居民的收入水平对其能源消费量的影响并不总是显著的，而能源价格指数的变动与居民能源消费量却显著正相关，这说明随着经济发展和居民收入水平的提高，能源消费在居民可支配收入中所占的比重在持续降低，收入水平对能源消费的约束也逐渐消失。此外，能源价格指数的变动与居民能源消费量呈显著正相关关系，这说明能源价格的增长并未对居民的能源消费量起到抑制性作用，相反，却促进了居民的能源消费量，这一方面可能是因为我国在居民能源消费市场上的能源定价（如煤炭、电力、天然气、石油等）基本上属于政府指导定价，能源价格远远低于市场价格；另一方面也说明我国居民的能源消费处于从满足基本需求向满足理想需求快速升级的阶段。改革开放初期，我国居民的能源消费量与世界平均水平及发达国家居民的能源消费水平之间存在着显著的差距，而随着经济发展、人民生活水平的提高，我国居民的能源消费水平持续增长，与世界平均水平及发达国家居民能源消费水平之间的差距在逐渐缩小，因而我国居民能源消费量表现出与能源价格变动同时增长的趋势。

自2000年以来的20年间，我国经历了人口与家庭的双重转型：史无前例的城镇化、人口的快速老龄化及家庭规模的小型化。在未来一段时间内，人口结构和家庭变迁的进程还会进一步深化，这意味着我国居民能源消费量依然存在较大的上涨空间。居民能源消费量的持续增长一方面反映了人民生活水平的持续改善，另一方面也会对节能减排构成一定的压力。此外，从国际层面来看，我国目前的人均能源消费量与发达国家相比依然处于较低的水平，居民能源消费水平依然未达到理想的能源需求状态，未来还有一段持续增长的空间。因此，在我国持续推进“节能减排”的同时，要通过提高能源利用效率、改善能源使用结构、推广清洁能源和可再生能源使用等方式减轻居民能源消费增长带来的“节能减排”压力。

在过去的几十年间，我国政府已经注意到能源消费量迅速增长带来的环境污染问题，基于“节能减排”发展策略在生活能源消费部分也制定了一系列的改革措施。如在2005年实施了能效标识管理办法，通过对家用电器能效等级进行测度和标识管理，以提高居民在日常能源消费中的能效认知。2012年我国开始实施阶梯式累进电价政策，2017年开始实施居民生活用天然气阶梯式累进价格政策，这些措施致力于通过提升居民对能源消费价格的敏感性来提高居民的能源利用效率，取得了一定的效果，但仍有进一步完善的空间。2007年，财政部通过专项奖励的方式激励北方集中供暖地区进行室内供热系统计量和温度调控的改造，以提高居民取暖能源的利用效率。迄今为止，北方集中供暖省份的多数新建社区已经基本实现了室内供热系统的温度和供热时间自由调控，以室内供热流量作为收费标准，这极大地提高了热力能源的利用效率，降低了不必要的浪费；对2007年之前建成的按照供暖面积计费的小区进行供暖管道和温控改造依然是重点。此外，由于我国北方大部分地区的集中供暖依然以煤炭为主要的燃料，对空气造成了极大的污染，2015年以来我国逐渐在部分地区开展“煤改气”“热力循环再使用”等措施，以降低集中供暖带来的空气污染治理压力。在能源供给层面，政府也尝试了多项新的举措以降低能源消费增长带来的能源供给压力。例如，光伏扶贫项目是国家精准扶贫工程项目之一，在推进我国农村地区能源消费从传统的生物质能源向清洁、高效的电力能源转变，从而改善农村地区的能源消费结构方面发挥了重要的作用。在进一步的城镇化进程中，在人口、教育、交通、医疗等多方面城镇化的同时，更应该注意能源供给的现代化，充分利用建设新型城镇的机遇，合理规划能源供应结构，积极推进能源科技进步和居民家庭能源效率提升，提高天然气等清洁能源的供应比例；同时创造机会发展太阳能、风能、潮汐能等可再生能源在居民生活中的应用，减轻居民能源消费增长的压力。

# 8

# 研究结论和展望

能源与经济社会系统的生产和生活密切相关，居民能源消费作为仅次于工业生产的能源消费，正在成为能源消耗的主要增长源泉，其消费规模、结构和方式是经济发展水平和居民生活方式的真实反映，同时又与生态环境和温室气体排放息息相关，因而对居民能源消费进行研究的重要性并不亚于对生产部门能源消费的研究。中国现阶段正处于工业化和城镇化发展的中期阶段，居民能源消费不仅表现出持续增长的趋势，而且在地区间表现出差异化的发展趋势，对居民能源消费的研究不仅要关注其总体发展趋势，更应该关注其差异性分布状态。在确保社会经济平稳增长的同时，兼顾资源环境发展的协调性和包容性，实现发展成果公平共享，节能减排责任合理分担，是政策制定者和学术界共同关注的重要问题。

## 8.1 研究结论

本书从“能源阶梯”理论和家庭能源需求理论出发，基于居民家庭能源消费的统计数据，从差异化、平等性的角度对我国居民能源消费在沿着“能源消费阶梯”向上逐渐攀爬的过程中所经历的时间、空间分布变化及其发展趋势进行测度，并对其驱动因素进行实证分析。本书主要结论有以下几个方面：

（1）自改革开放以来，我国居民家庭能源消费量呈持续增长趋势，在总量增长之外，居民的能源消费种类也发生了较大的变化：20 世纪 90 年代前，煤炭不仅是主要的工业生产投入能源，而且是居民生活中最主要的家庭能源，而在 20 世纪 90 年代之后，煤炭在居民家庭能源中的消费量呈持续下降的趋势；与之相反，其他能源（石油产品、天然气、热力和电力）均呈现出稳定增长的趋势，居民的能源消费结构沿着“能源消费阶梯”从“能效低、污染大”但是“易开采、易使用”的传统化石燃料能源向“能效高、污染小”且“方便、快捷”但“开采成本大、基础服务依赖性强”的现代能源过渡。在能源消费结构转型过程中，与经济增长、社会基础设施建设的改善及人民生活水平提高相伴而生的是居民交通出行方式的改变，我国居民民用汽车保有量的飞速增长极大地促进了居民对石油产品的需求，而石油产品在居民能源消费总量中所占的比重已经超过了传统的煤炭能源，成为居民能源消费中占比最高的能源种类。由此可见，生活方式的转变是引致居民家庭能源消费量和结构变化的重要因素。

（2）在总量增长和能源消费结构转变的趋势下，居民家庭能源消费在空间维度上表现出差异化分布的特征。自 20 世纪 80 年代以来，我国城乡居民的人均能源消费量表现出巨大的差距，随着时间的推移，这种差距在逐渐缩小，推动这种差距逐渐缩小的主要原因是农村地区居民人均能源消费量的持续增长，其深层次的驱动力来自农村地区能源基础设施的持续改善及居民能源服务可获得性的提高。省际居民在各类能源消费方面也存在着地区差异：煤炭的消费主要集中在内蒙古、山西、河南、山东、新疆等煤炭资源禀赋相对较为充裕的地区；与之相反，东部经济发达地区居民的煤炭消费水平较低。液化石油气的消费则主要集中在经济发达的广东、浙江等沿海省份且其消费量持续增长，地区间差距逐渐增大；与之相反，天然气的消费主要集中在西部天然气资源禀赋较高的省份，地区间的差异波动较大。在电力消费中，东部沿海发达地区居民的电力消费量远远高于其他地区，且随着时间的推移，地区间居民电力消费均持续增长的同时差距却在逐渐扩大。本书基于收入差距领域不平等性测度方法对我国省际居民的能源消费分布状况进行测度，结果发现，三种不平等性测度方法（CV 系数、Gini 系数和 qGini 系数）的计算结果均一致，即省际居民在煤炭、液化石油气两类能源上的差异性（不平等性）在增长，而在天然气和电力两类能源上的消费差异在逐渐降低。进一步地，结合洛伦兹曲线，分别基于资源禀赋水平和居民家庭收入水平对地区间居民的能源消费分布差异性进行计算和分析，认为能源资源禀赋可能在一定程度上对部分地区居民的主要能源消费种类产生影响，但随着时间的推移，其对我国省际居民能源消费差异性分布的影响并不显著；相反，收入水平的差距在居民能源消费量、消费结构的地区分布中发挥着显著作用，然而应当注意的是，居民能源消费分布的不平等性并不总是与收入差距保持一致，能源基础设施以及能源服务的可获得性也是影响居民能源消费不平等性的重要因素。

（3）基于国际能源署关于“能源发展指数”的设定，对我国与世界主要国家和地区在居民能源消费方面的“能源发展指数”进行测度和对比分析，探讨我国居民能源消费所处的状态及与世界其他国家存在的差距。2000 年以来，我国居民家庭能源发展指数呈持续上升趋势，但依然低于世界平均水平；2010 年，我国居民家庭能源发展指数超过世界平均水平，此后呈持续增长趋势，但依然低于发达国家和地区水平。在“清洁发展”目标下，基于改进的“新型能源发展指数”对我国各省份居民的能源发展状态进行测度后发现，西部地区及部分中部地区省份的“新型能源发展指数”低于全国平均水平，而东部地区则普遍位于全国平均水平以上；在能源发展指数的子指标中，地区间居民在清洁能源消费占比上的差距是影响清洁能源发展的重要因素，此差距在中西部地区表现得尤为明显。基于不同的空间权重矩阵对我国省际“新型能源发展指数”进行空间相关性分析，认为我国各省份居民在能源消费状态上存在着较强的空间相关性，以地理相邻以及经济空间相邻分别为权重矩阵时，这种空间相关性均持续存在。

（4）在对我国居民能源消费状况及其分布状态进行测度的基础上，

分别从城乡差异、能源消费效率差异、居民家庭属性特征三个角度对引致我国居民能源消费差异性的驱动因素进行分析。基于 LMDI 分解方法对城乡居民能源消费增长的驱动因素进行分析，结果显示，城镇化引致的人口流动对我国居民能源消费量的影响最为显著；其次是居民收入水平增长带来的能源消费量变化，其中农村居民收入水平增长对其能源消费的影响在不同阶段表现出不同的驱动力，这是尤其需要引起注意的。基于家庭生产函数和理想能源需求模型，使用面板 SFA 分析方法对我国省际居民能源消费的“潜在能源效率”进行估计，认为我国省际居民在家庭能源的利用效率上存在着显著的差异，且地区间的差异随时间推移呈波动性变化，这些差异也是引致地区间能源消费变化的主要原因。2002—2017 年，我国大部分省份居民能源消费的“潜在能源效率”与其能源消费量呈同步增长的趋势，这与我国居民能源消费尚处于从满足基本需求向满足理想需求逐渐转变的过程有关。从人口结构、居民家庭属性变动的角度对影响居民能源消费的驱动因素进行实证分析，结果显示，城镇化水平与居民家庭能源消费之间呈“U 形”变动关系，当前我国绝大多数省份已经越过“U 形”曲线的拐点，处于城镇化引致的居民能源消费水平持续增长的阶段，因而城镇化依然是地区之间居民能源消费差异的重要驱动因素。居民家庭规模与其能源消费水平显著负相关，老年人口比重与其能源消费呈负相关。南、北方省份地理位置差异引致的冬季取暖能源需求差异对南北方居民能源消费量差异的影响显著为正，经济发达地区与不发达地区之间存在着显著的能源消费差异，经济的发展能够显著降低这种差距。然而，南、北方取暖差异引致的能源消费增长程度会超过经济发展引致的能源消费下降程度，因而改善北方地区省份取暖能源消费结构、提高其供暖能源利用效率依然是“节能减排”发展战略下降低居民能源消费持续增长的压力的重要途径。

## 8.2 研究展望

本书从居民能源消费出发，基于差异性角度探讨了我国居民能源消费的分布状态，并从城乡差异、能源消费效率差异、居民家庭属性特征等角度对其可能存在的驱动因素进行了实证分析。未来可从以下几个方面展开深入研究：

（1）关于居民能源消费分布差异性的微观层面研究。本书重点从国家整体层面、省际层面、城乡层面对居民能源消费的分布差异性进行分析。在未来的研究中，应当结合居民家庭能源消费状况调查数据从微观层面对其分布差异性进行分析，以进一步丰富该课题的研究内容。

（2）关于各因素对居民能源消费分布差异性的驱动因素的影响程度研究。在本书中，城乡差异、能源效率差异及居民家庭属性特征均在居民的能源消费中发挥着重要的作用，进而影响到居民能源消费的差异性分布状态，然而各因素对居民能源消费差异性分布状态的影响方向和影响程度有待进一步研究。

（3）在本书中，各省份居民能源消费的“潜在能源效率”存在着显著的差异，而且随着时间推移呈逐渐收敛的趋势；与此同时，我国居民的能源消费处于从满足基本生活需求向满足理想需求转变的过程中，居民的能源消费也呈持续增长的趋势，然而地区之间依然呈现出差异性的分布状态。在未来的研究中，应当对各省份居民能源消费所处状态及其“能源潜在效率”进行精准匹配，识别在“节能减排”发展战略下通过提高能源利用效率减少居民能源消费中的不必要浪费从而减缓能源消费增长压力的可行性。

（4）我国已经实施了多种能源举措，以改善居民能源消费条件、能源服务可获得性等，如“煤改气”“生活用电阶梯式电价改革”“家电能耗标识”等，这些政策如何影响居民的能源消费及其分布状态，目前尚未可知，这也是需要进一步展开研究的方向。

# 参考文献

[1] B BOARDMAN. Fixing fuel poverty: Challenges and solutions [M]. London : Earthscan, 2010.

[2] ROBERTS, D, VERA-TOSCANO, E, PHIMISTER, E. Fuel poverty in the UK: Is there a difference between rural and urban areas? [J]. Energy policy, 2015, 87: 216-223.

[3] J HILLS. Fuel Poverty: The problem and its measurement. interim report of the fuel poverty review [R]. Department of Energy and Climate Change , London, 2011.

[4] J HILLS. Getting the measure of fuel poverty: Final report of the fuel poverty review [R]. Department of Energy and Climate Change, London, 2012.

[5] DUBOIS, U, MEIER, H. Energy affordability and energy inequality in europe: Implications for policymaking [J]. Energy Research & Social Science, 2016, 18: 21-35.

[6] J D HEALY. Housing, Fuel poverty and Health. A pan-european analysis [M]. London : Ashgate, 2004.

[7] BARNES, D F , KHANDKER, S R, SAMAD, H A. Energy poverty in rural bangladesh [J]. Energy Policy, 2011, 39 (2): 894-904.

[8] H THOMSON, C SNELL. Quantifying the prevalence of fuel poverty across the european union [J]. Energy Policy, 2013, 52: 563-572.

[9] EUROPEAN ECONOMIC AND SOCIAL COMMITTEE. Energy poverty—the impact of liberalization and the economic crisis, CESE 990/

2010-TEN/420 Exploratory Opinion [R]. 2010.

[10] EUROPEAN ECONOMIC AND SOCIAL COMMITTEE. Opinion of the european economic and social committee on For coordinated european measures to prevent and combat energy poverty [R] (own-initiative opinion), 2013/c 341/05, 2013.

[11] HERRERO, S T, ÜRGE-VORSATZ, D. Trapped in the heat: A post-communist type of fuel poverty [J]. Energy Policy, 2012, 49: 60-68.

[12] WALKER, G, DAY, R. Fuel poverty as injustice: Integrating distribution, recognition and procedure in the struggle for affordable warmth [J]. Energy Policy, 2012, 49: 69-75.

[13] NUSSBAUMER, P , BAZILIAN, M, MODI, V. Measuring energy poverty: Focusing on what matters [J]. Renewable and Sustainable Energy Reviews, 2012, 16 (1): 231-243.

[14] WALKER, R, LIDDELL, C, MCKENZIE, P, MORRIS, C. Evaluating fuel poverty policy in Northern Ireland using a geographic approach [J]. Energy Policy, 2013, 63: 765-774.

[15] MAYER, I, NIMAL, E, NOGUE, P, SEVENET, M. The two faces of energy poverty: A case study of households' energy burden in the residential and mobility sectors at the city level [J]. Transportation Research Procedia, 2014, 4: 228-240.

[16] SIMCOCK, N, WALKER, G, DAY, R. Fuel poverty in the UK: Beyond heating [J]. People, Place and Policy, 2016, 10 (1): 25-41.

[17] ASIAN DEVELOPMENT BANK . Energy sector in the Lao People's democratic republic [M]. Mandaluyong: Working Paper, 2010.

[18] OKUSHIMA, S. Gauging energy poverty: A multidimensional approach [J]. Energy, 2017, 137: 1159-1166.

[19] NAVAJAS, F H. Engel curves, household characteristics and low-user tariff schemes in natural gas [J]. Energy Economics, 2009, 31

(1): 162-168.

[20] GUNDIMEDA, H, KÖHLIN, G. Fuel demand elasticities for energy and environmental policies: Indian sample survey evidence [J]. Energy Economics, 2008, 30 (2): 517-546.

[21] IRONMONGER, D, MANNING, I, VAN HOA, T. Longitudinal working models: Estimates of household energy consumption in Australia [J]. Energy economics, 1984, 6 (1): 41-46.

[22] MEIER, H, JAMASB, T, OREA, L. Necessity or luxury good? Household energy spending and income in Britain 1991-2007 [J]. The Energy Journal, 2013, 34 (4) .

[23] HASAN, S A, MOZUMDER, P. Income and energy use in Bangladesh: A household level analysis [J]. Energy Economics, 2017, 65: 115-126.

[24] MENDOZA J R, C B, CAYONTE, et al. Understanding multi-dimensional energy poverty in the philippines [J]. Energy Policy, 2019, 133: 110-886.

[25] NUSSBAUMER, P, BAZILIAN, M, MODI, V. Measuring energy poverty: Focusing on what matters [J]. Renewable and Sustainable Energy Reviews, 2012, 16 (1): 231-243.

[26] ALKIRE, S, FOSTER, J. Counting and multidimensional poverty measurement [J]. Journal of public economics, 2011, 95 (7-8): 476-487.

[27] DAY, R, WALKER, G, SIMCOCK, N. Conceptualising energy use and energy poverty using a capabilities framework [J]. Energy Policy, 2016, 93: 255-264.

[28] NJIRU, C W, LETEMA, S C. Energy poverty and its implication on standard of living in kirinyaga, Kenya [J]. Journal of Energy, 2018.

[29] ARISTONDO, O, ONAINDIA, E. Counting energy poverty in

Spain between 2004 and 2015 [J]. Energy Policy, 2018, 113: 420-429.

[30] 张建新，朱汉斌．非洲的能源贫困与中非可再生能源合作[J]．国际关系研究，2018，6：43-57.

[31] KHANNA, R A, LI, Y, MHAISALKAR, et al. Comprehensive energy poverty index: Measuring energy poverty and identifying micro-level solutions in South and Southeast Asia [J]. Energy Policy, 2019, 132: 379-391.

[32] 国际能源署官网，https：//www. iea. org/.

[33] 李慷，王科，王亚璇．中国区域能源贫困综合评价[J]．北京理工大学学报（社会科学版），2014，16（2）：1-12.

[34] 张忠朝．农村家庭能源贫困问题研究：基于贵州省盘县的问卷调查[J]．研究与探讨，2014，36（1）：29-33，39.

[35] International Energy Agency (IEA). World energy outlook 2002 [R]. Paris: Working Paper, 2002.

[36] 孙威，韩晓旭，梁育填．能源贫困的识别方法及其应用分析：以云南省怒江州为例[J]．自然资源学报，2016，4：575-586.

[37] 赵雪雁，陈欢欢，马艳艳，等．2000—2015年中国农村能源贫困的时空变化与影响因素[J]．地理研究，2018，37（6）：1115-1126.

[38] 张梓榆，舒鸿婷．多维能源贫困与居民健康[J]．山西财经大学学报，2020，42（8）：16-26.

[39] 李世祥，李丽娟．中国农村能源贫困区域差异及其影响因素分析[J]．农林经济管理学报，2020，19（2）：210-217.

[40] RUTH, M, LIN, A C. Regional energy demand and adaptations to climate change: Methodology and application to the state of Maryland, USA [J]. Energy Policy, 2006, 34 (17): 2820-2833.

[41] FAN, S, HYNDMAN, R J. The price elasticity of electricity demand in South Australia [J]. Energy Policy, 2011, 39 (6): 3709-3719.

[42] DILAVER, Z, HUNT, L C. Modelling and forecasting turkish residential electricity demand [J]. Energy Policy, 2011, 39 (6): 3117-3127.

[43] BERNARD, J T, BOLDUC, D, YAMEOGO, N D. A pseudo-panel data model of household electricity demand [J]. Resource and Energy Economics, 2011, 33 (1): 315-325.

[44] REISS, P C, WHITE, M W. Household electricity demand, revisited [J]. The Review of Economic Studies, 2005, 72 (3): 853-883.

[45] CARTER, A, CRAIGWELL, R, MOORE, W. Price reform and household demand for electricity [J]. Journal of Policy Modeling, 2012, 34 (2): 242-252.

[46] GOLLEY, J, MENG, X. Income inequality and carbon dioxide emissions: The case of Chinese urban households [J]. Energy Economics, 2012, 34 (6): 1864-1872.

[47] YOUN, H, JIN, H. J. The effects of progressive pricing on household electricity use [J]. Journal of Policy Modeling, 2016, 38 (6): 1078-1088.

[48] SALARI, M, JAVID, R. J. Residential energy demand in the United States: Analysis using static and dynamic approaches [J]. Energy Policy, 2016, 98: 637-649.

[49] REHDANZ, K. Determinants of residential space heating expenditures in Germany [J]. Energy Economics, 2007, 29 (2): 167-182.

[50] MEIER, H, REHDANZ, K. Determinants of residential space heating expenditures in great britain [J]. Energy Economics, 2010, 32 (5): 949-959.

[51] MORAL-CARCEDO, J, VICÉNS-OTERO, J. Modelling the non-linear response of Spanish electricity demand to temperature variations [J]. Energy Economics, 2005, 27 (3): 477-494.

[52] HAMILTON, I G, STEADMAN, P J, BRUHNS, et al. Energy efficiency in the British housing stock: Energy demand and the homes energy efficiency database [J]. Energy policy, 2013, 60: 462-480.

[53] SCHULER, A, WEBER, C, FAHL, U. Energy consumption for space heating of West - German households: Empirical evidence, scenario projections and policy implications [J]. Energy policy, 2000, 28 (12): 877-894.

[54] SANTAMOURIS, M, KAPSIS, K, KORRES, D, et al. On the relation between the energy and social characteristics of the residential sector [J]. Energy and Buildings, 2007, 39 (8): 893-905.

[55] SARDIANOU, E. Estimating space heating determinants: An analysis of Greek households [J]. Energy and buildings, 2008, 40 (6): 1084-1093.

[56] PACHAURI S, MUELLER A, KEMMLER A, et al. On measuring energy poverty in Indian households [J]. World development, 2004, 32 (12): 2083-2104.

[57] HERRERO S T, ÜRGE-VORSATZ D, PETRICHENKO K. Fuel poverty alleviation as a co-benefit of climate investments: evidence from Hungary [A] // EUROPEAN COUNCIL FOR ENERGY EFFICIENCY ECONOMICS. Proceedings of the European Council for an Energy Efficient Economy Summer Study [M]. France: Hyères, 2013: 1605-1616.

[58] DEPARTMENT OF TRADE AND INDUSTRY. UK Fuel Poverty Strategy [M]. London: HMSO, 2001.

[59] MARMOT REVIEW TEAM. The health impacts of cold homes and fuel poverty [M]. Friends of the Earth and the Marmot Review Team: London, UK, 2011.

[60] LACROIX, E, CHATON, C. Fuel poverty as a major determinant of perceived health: The case of France [J]. Public Health, 2015, 129 (5): 517-524.

[61] LIDDELL, C, GUINEY, C. Living in a cold and damp home: Frameworks for understanding impacts on mental well-being [J]. Public

Health, 2015, 129 (3): 191-199.

[62] THOMSON H, SNELL C, BOUZAROVSKI S. Health, Well-Being and energy poverty in europe: A comparative study of 32 european countries [J]. Public Health, 2017, 14: 584.

[63] PEATE I. Keeping warm: Health risks to vulnerable people [J]. Nursing and Residential Care, 2008, 10 (12): 606-610.

[64] DEAR K B, MICHAEL A J. The health impacts of cold homes and fuel poverty [J]. BMJ , 2011, 342: d2807.

[65] EL ANSARI W, EL-SILIMY S. Are fuel poverty reduction schemes associated with decreased excess winter mortality in elders? A case study from London, UK [J]. Chronic Illness, 2008, 4 (4), 289-294.

[66] LIDDELL C, MORRIS C. Fuel poverty and human health: A review of recent evidence [J]. Energy policy, 2010, 38 (6): 2987-2997.

[67] DAY R, HITCHINGS R. "Only old ladies would do that": Age stigma and older people's strategies for dealing with winter cold [J]. Health & Place, 2011, 17 (4): 885-894.

[68] STEWART J, HABGOOD V. Benefits of a health impact assessment in relation to fuel poverty: Assessing luton ' s affordable warmth strategy and the need for a national mandatory strategy [J]. The Journal of the Royal Society for the Promotion of Health, 2008, 128 (3): 123-129.

[69] HOWDEN-CHAPMAN, P. Housing standards: A glossary of housing and health [J]. Journal ofEpidemiology & Community Health, 2004, 58 (3): 162-168.

[70] Osman L M, Ayres J G, Garden C, et al. Home warmth and health status of COPD patients [J]. European Journal of Public Health, 2008, 18 (4), 399-405.

[71] ORMANDY D, EZRATTY V. Health and thermal comfort: From WHO guidance to housing strategies [J]. Energy Policy, 2012, 49:

116-121.

［72］丁士军，杨汉明．农户能源使用与农村贫困［J］．当代财经，2001，202（9）；24-26.

［73］丁士军，陈传波．贫困农户的能源使用及其对缓解贫困的影响［J］．中国农村经济，2002（12）：27-32.

［74］GERARDEN T，NEWELL R G，STAVINS R N．Deconstructing the energy-efficiency gap：Conceptual frameworks and evidence［J］．American Economic Review，2015，105（5）：183-86.

［75］GERTLER P J，SHELEF O，WOLFRAM C D，et al．The demand for energy-using assets among the world's rising middle classes［J］．American Economic Review，2016，106（6）：1366-1401.

［76］CHATON C，LACROIX E．Does France have a fuel poverty trap？［J］．Energy Policy，2018，113：258-268.

［77］ALBERINI A．Household energy use，energy efficiency，emissions，and behaviors［J］．Energy Efficiency，2018，11（3）：577-588.

［78］史清华，彭小辉，张锐．中国农村能源消费的田野调查：以晋黔浙三省 2253 个农户调查为例［J］．管理世界，2014，5：80-92.

［79］畅华仪，何可，张俊飚．挣扎与妥协：农村家庭缘何陷入能源贫困“陷阱”［J］．中国人口·资源与环境，2020，30（2）：11-20.

［80］丁文广，于娟，卜红梅．甘肃省能源资源禀赋与贫困关系的量化研究［J］．经济地理，2007，27（6）：1025-1029.

［81］肖运来，顾莉萍，张宏伟．贫困、能源与环境：贫困县农村炊事能源使用分析［J］．华中农业大学学报（社会科学版），2010，89（5）：35-42.

［82］郑顺安，李想，石祖梁，等．我国西北平原区农村生活能源消费和供需结构分析［J］．中国农业资源与区划，2017，38（10）：112-120.

［83］杨枝茂．农村能源供给侧改革对能源结构优化的影响［J］．农业经济，2019（6）：107-108.

[84] BOUZAROVSKI S, SARLAMANOV R, PETROVA S. The governance of energy poverty in southeastern Europe, IFRI South East Europe Programme, March 2011 [EB/OL]. https://inis.iaea.org/collection/NCLCollectionStore/_Public/48/009/48009680.pdf? r=1.

[85] RICHARD H. HOSIER, JEFFREY DOWD. Household fuel choice in zimbabwe: An empirical test of the energy ladder hypothesis [J]. Resources and Energy, 1987, 9 (4): 347-361.

[86] AMULYA K N, REDDY B, SUDHAKARA REDDY. Substitution of energy carriers for cooking in bangalore [J]. Energy, 1994, 19 (5): 561-571.

[87] MANZOOR ALAM, JAYANT SAATHAYE, DOUG BARNES. Urban household energy use in India: Efficiency and policy implications [J]. Energy Policy, 1998, 26 (11): 885-891.

[88] B SUDHAKARA REDDY. A multilogit model for fuel shifts in the domestic sector [J]. Energy, 1995, 20 (9): 929-936.

[89] ROBERT VAN DER PLAS DOUGLAS F. BARNES, WILLEM FLOOR. Tackling the rural energy problem in developing countries [J]. Finance & Development, 1997, 34 (2): 11-15.

[90] Van Ruijven B, Urban F, Benders R M, et al. Modeling energy and development: An evaluation of models and concepts [J]. World Development, 2008, 36 (12): 2801-2821.

[91] SOVACOOL BENJAMIN K. Conceptualizing urban household energy use: Climbing the "Energy Services Ladder" [J]. Energy Policy, 2011, 39 (3): 1659-1668.

[92] GREG HIEMSTRA-VAN DER HORST, ALICE J. HOVORKA. Reassessing the "energy ladder": Household energy use in Maun, Botswana [J]. Energy Policy, 2008, 36 (9): 3333-3344.

[93] MASERA O R, SAATKAMP B D, KAMMEN D M. From linear

fuel switching to multiple cooking strategies：A critique and alternative to the energy ladder model ［J］. World Development，2000，28（12）：2083-2103.

［94］张馨．城乡居民家庭能源消费及其生存现状的多维视角分析——以黄土高原西部地区为例［D］. 兰州大学，2012.

［95］GEORGE S. DONATOS，GEORGE J. MERGOS. Residential demand for electricity：The case of greece ［J］. Energy Economics，1991，13（1）：41-47.

［96］NGUYEN ANH TUAN，THIERRY LEFEVRE. Analysis of household energy demand in vietnam ［J］. Energy Policy，1996，24（12）：1089-1099.

［97］MUYEYE CHAMBWERA，HENK FOLMER. Fuel switching in Harare：An almost ideal demand system approach ［J］. Energy Policy，2007，35（4）：2538-2548.

［98］HARIPRIYA GUNDIMEDA，GUNNAR KOHLIN. Fuel demand elasticities for energy and environmental policies：Indian sample survey evidence ［J］. Energy Economics，2008，30（2）：517-546.

［99］张海鹏，牟俊霖，尹航．林区农村家庭生活能源消费需求实证分析：基于双扩展的线性支出系统模型［J］. 中国农村经济，2010，7：64-74.

［100］XIAOLI ZHAO，NA LI，CHUNBO MA. Residential energy consumption in urban China：A decomposition analysis ［J］. Energy Policy，2012，41（10）：644-653.

［101］国际能源署．世界能源展望2004［M］. 朱起煌，译．北京：中国石化出版社，2006.

［102］ANSELIN L，GETIS A. Spatial statistical analysis and geographic information systems ［J］. The Annals of Regional Science，1992，26（1）：19-33.

［103］程川，陈蓓，任绍光．重庆农村不同家庭能源消费研究［J］.

可再生能源，2004，5：26-28.

[104] MARSARKAR, SMNISLAM. Rural energy and its utilization in bangladesh [J]. Energy, 1998, 23 (9): 785-789.

[105] M M Ardehali. Rural energy development in Iran: Non-renewable and renewable resources [J]. Renewable Energy, 2006, 31 (5): 655-662.

[106] CHANDRA SHEKHAR SINHA, SHIRISH SINHA, VEENA JOSHI. Energy use in the rural areas of India: Setting up a rural energy data base [J]. Biomas and Bioenergy, 1998, 14 (5-6): 489-503.

[107] REETA SARMAH, M C BORA, D J BHATTACHARJEE. Energy profiles of rural domestic sector in six un-electrified villages of jorhat district of assam [J]. Energy, 2002, 27 (1): 17-24.

[108] WANG XIAOHUA, FENG ZHENMING. Survey of rural household energy consumption in China [J]. Energy, 1996, 21 (7-8): 703-705.

[109] WANG XIAOHUA, FENG ZHENMING. Rural household energy consumption in Yangzhong county of Jiangsu province in China [J]. Energy, 1997, 22 (12): 1159-1162.

[110] WANG XIAOHUA, FENG ZHENMING. Rural household energy consumption with the economic development in China: Stages and characteristic indices [J]. Energy Policy, 2001, 29 (15): 1391-1397.

[111] 牛叔文，王志锋，李国柱，等．陇中黄土丘陵地区农村生活能源资源潜力的估算和利用结构分析：以通渭县李店乡祁咀村为例[J]．资源科学，2007，29（3）：105-110.

[112] 吴燕红，曹斌，高芳，夏建新．滇西北农村生活能源使用现状及生物质能源开发利用研究：以兰坪县和香格里拉县为例[J]．自然资源学报，2008，23（5）：781-789.

[113] 程胜．中国农村能源消费及能源政策研究[D]．武汉：华中

农业大学，2009.

［114］邓可蕴．中国农村能源发展战略［M］．北京：中国建材工业出版社，1991.

［115］L X ZHANG, Z F YANG, B CHEN, G Q CHEN, et al. Temporal and spatial variations of energy consumption in rural China［J］. Communications in Nonlinear Science and Numerical Simulation, 2009, 14（11）：4011-4031.

［116］ZHONGREN ZHOU, WENLIANG WU, QUN CHEN, et al. Study on sustainable development of rural household energy in northern China［J］. Renewable and Sustainable Energy Review, 2008, 12（8）：2227-2239.

［117］贺海峰．我国农村生活用能结构转换及其环境效应研究［D］．武汉：华中师范大学，2011.

［118］AKINOBU MURATA, YASUHIKO KONDOU, MU HAILIN, et al. Electricity demand in the Chinese urban household-sector［J］. Applied Energy, 2008, 85（12）：1113-1125.

［119］牛叔文，赵春升，张馨，等．兰州市家庭用能特点及结构转换的减排效应［J］．资源科学，2010，32（7）：1245-1251.

［120］XIAOLI ZHAO, NA LI, CHUNBO MA. Residential energy consumption in urban China：A decomposition analysis［J］. Energy Policy, 2012, 41（10）：644-653.

［121］陈利顺，孙岩，戴大双，等．城市居民能源消费行为的评价方法研究［J］．软科学，2008，22（12）：29-33.

［122］芈凌云．城市居民低碳化能源消费行为及政策引导研究［D］．徐州：中国矿业大学，2011.

［123］刘文，赵小萍，王春清，等．吉林省生活用能消费的预测研究［J］．吉林建筑工程学院学报，2006，23（1）：9-11.

［124］吕秋芬．辽宁省居民生活能源消费状况分析［J］．北方经

济，2009，8：60-62.

[125] 焦有梅，白慧仁，蔡飞．山西城乡居民生活节能潜力与途径分析 [J]. 山西能源与节能，2009，53（2）：72-75.

[126] 樊静丽，廖华，梁巧梅，等．我国居民生活用能特征研究 [J]. 中国能源，2010，32（8）：33-36.

[127] 孙涵，王洪健，彭丽思，等．中国城镇居民生活完全能源消费影响因素的实证研究 [J]. 中国矿业大学学报（社会科学版），2015（3）：53-59.

[128] 申俊，孙涵，成金华．中国城镇居民能源消费及其影响因素 [J]. 北京理工大学学报（社会科学版），2016，18（1）：45-53.

[129] 李旭东．贵州省居民生活能源消费特征及影响因素研究 [J]. 贵州师范大学学报（自然科学版），2017，35（4）：7-16.

[130] 郭文，孙涛．城镇化对中国区域能源消费及居民生活能源消费的影响 [J]. 中国环境科学，2015，35（10）：3166-3176.

[131] 刘满芝，刘贤贤，陈梦．中国城镇生活能源消费：影响因素分解及空间差异分析 [J]. 首都经济贸易大学学报，2017，19（5）：13-20.

[132] 余利娥．中国居民生活能源消费影响因素分析：基于城乡“二元”结构 [J]. 西华大学学报（哲学社会科学版），2018，37（1）：56-63.

[133] 籍艳丽，李秀明．江苏居民生活能源消费及其影响因素分解：城乡比较 [J]. 常熟理工学院学报（哲学社会科学版），2020，3：95-103.

[134] FAN FENGYAN，LEI YALIN. Factor analysis of energy-related carbon emissions：A case study of Beijing [J]. Journal of Cleaner Production，2017，163：277-283.

[135] JIANG JINGJING，YE BIN，XIE DEJUN，et al. Provincial-level carbon emission drivers and emission reduction strategies in China：Combing multi-layer LMDI decomposition with hierarchical clustering [J]. Journal of Cleaner Produciton，2017，169（12）：178-190.

[136] WANG W, LIU X, ZHANG M, et al. Using a new generalized LMDI (logarithmic mean Divisia index) method to analyze China's energy consumption [J]. Energy, 2014, 67: 617-622.

[137] KUMBHAKAR, S C, LOVELL C A. Stochastic frontier analysis [M]. Cambridge : Cambridge University Press, 2000.

[138] EIA. Measuring energy efficiency in the United States' economy: A beginning. Energy Information Administration, DOE/EIA - 0555 (95) /2, Washington DC, USA, 1995.

[139] AIGNER D, LOVELL, C K, SCHMIDT P. Formulation and estimation of stochastic frontier production function models [J]. Journal of econometrics, 1977, 6 (1): 21-37.

[140] PITT M M, LEE L F. The measurement and sources of technical inefficiency in the Indonesian weaving industry [J]. Journal of development economics, 1981, 9 (1): 43-64.

[141] GREENE W H. Reconsidering heterogeneity in panel data estimators of the stochastic frontier model [J]. Journal of Econometrica, 2005, 126: 269-303.

[142] GREENE W H. Fixed and random effects in stochastic frontier models [J]. Journal of Product Analysis, 2005, 23: 7-32.

[143] FARSI M, FILIPPINI M, KUENZLE M. Unobserved heterogeneity in stochastic cost frontier models: An application to swiss nursing homes [J]. Applied Economics, 2005, 37 (18): 2127-2141.

[144] FILIPPINI M, HUNT L C. Energy demand and energy efficiency in the OECD countries: A stochastic demand frontier approach [J]. Energy Journal, 2011, 32 (2): 59-80.

[145] FILIPPINI M, HUNT L C. US residential energy demand and energy efficiency: A stochastic demand frontier approach [J]. Energy Economics, 2012, 34: 1484-1491.

［146］JIANG L，O'NEIL B C. The energy transition in rural China［J］. International Journal of Global Energy Issues，2004，21：2-26.

［147］PACHAURI S，JIANG L. The household energy transition in India and China［J］. Energy Policy，2008，11：4022-4035.

［148］蒋耒文．人口变动对气候变化的影响［J］．人口研究，2010，34（1）：59-69.

［149］任正委，米红．区域人口城镇化多维特征对居民电力消费的驱动影响：基于浙江省分县数据的实证研究［J］．人口研究，2016，40（4）：103-112.

［150］FAN J L，ZHANG Y J，WANG B. The impact of urbanization on residential energy consumption in China：An aggregated and disaggregated model［J］. Energy Policy，2017，8：3177-3192.

［151］POUMANYVONG P，KANEKO S. Does urbanization lead to less energy use and lower $CO_2$ emissions? A cross-country analysis［J］. Ecological Economics，2010，2：434-444.

［152］王芳，周兴．人口结构、城镇化与碳排放：基于跨国面板数据的实证研究［J］．中国人口科学，2012，2：47-56.

［153］PRSKAWETZ P，JIANG L，O'NEIL B C. Demographic composition and projections of car use in Austria［J］. Vienna Yearbook of Population Research，2004，2：175-201.

［154］O'NEIL B C，CHEN B S. Demographic determinants of household energy use in the United States［J］. Population and Development Review，2002，28：53-88.

［155］YAMASAKI E，TOMINAGA N. Evolution of an aging society and effect on residential energy demand［J］. Energy Policy，1997，11：903-912.

［156］张妮妮，徐卫军．农户生活用电消费分析：基于能源自选择行为［J］．中国农村经济，2011，7：72-84.